Sigrid-Maria Größing

ZWEI BRÄUTE FÜR EINEN KAISER

Sigrid-Maria Größing

Zwei Bräute für einen Kaiser

Sisi und ihre Schwester Nené

MITTELBAYERISCHE DRUCK- UND VERLAGS-GESELLSCHAFT

Die Deutsche Bibliothek – CIP-Einheitsaufnahme

Größing, Sigrid-Maria
Zwei Bräute für einen Kaiser : Sisi und ihre Schwester Nené / Sigrid-Maria Größing. – Regensburg : Mittelbayerische Dr.- und Verl.-Ges., 1999
ISBN 3-931904-61-X

Sigrid-Maria Größing
Zwei Bräute für einen Kaiser. Sisi und ihre Schwester Nené

Umschlaggestaltung: Anna Braungart
Abbildungen auf dem Umschlag: Kaiserin Elisabeth,
(G. Raab, Kunsthistorisches Museum Wien),
Kaiser Franz Joseph I. von Österreich (F. X. Winterhalter, Hofburg Wien),
Fürstin Helene von Thurn und Taxis (J. Stieler, Fürst Thurn u. Taxis Hofbibliothek, Regensburg).
Satz: Vollnhals Fotosatz, Neustadt/Donau
Herstellung: DonauDruck Regensburg GmbH

ISBN 3-931904-61-X

INHALTSVERZEICHNIS

VORWORT

Ein Mann zwischen zwei Frauen! Immer noch ist dieses Thema eines der Hauptmotive der Weltliteratur, das deshalb so aufregend und interessant erscheint, weil es so alt ist wie die Menschheit. Viele Probleme ergeben sich aus einer solchen Konstellation, die zu einer Entscheidung drängt und nur höchst selten zu einer harmonischen Lösung findet.

Auch der junge Kaiser Franz Joseph stand im Sommer 1853 in Ischl ganz plötzlich zwischen der von seiner Mutter für ihn bestimmten Braut Nené, einer Tochter des Herzogs Max in Bayern, und dem Mädchen, in das er sich von einem Augenblick auf den anderen unsterblich verliebte: Sisi, die jüngere und erst fünfzehnjährige Schwester von Nené.

Dem jungen Kaiser fiel die Wahl zwischen den beiden Bräuten nicht schwer. Er mußte sich aber gegen seine Mutter durchsetzen, um Sisi heiraten zu können. Und doch wird er sich später nicht nur einmal die Frage gestellt haben, was wäre gewesen, wenn …

Die beiden Schwestern waren in ihrer Lebenseinstellung, in ihrer Pflichtauffassung und in ihrem Wesen völlig unterschiedlich, auch wenn sie als Wittelsbacherprinzessinnen manchen ähnlichen Charakterzug besaßen.

Wahrscheinlich wäre die ruhigere, ernste und tief religiöse Nené die bessere Kaiserin geworden und damit die richtige Frau an der Seite von Franz Joseph gewesen. Sie wäre bei ihm in Wien geblieben, hätte sich den Anordnungen seiner Mutter gefügt.

Sisi haderte beinahe ein Leben lang mit ihrem Schicksal und daß sie als junges und gänzlich unerfahrenes Mädchen eingewilligt hatte, Kaiserin von Österreich zu werden. Dabei dachte sie nicht an ihre Schwester Nené, die als Fürstin von Thurn und Taxis in Regensburg eher allen Grund gehabt hätte, an ihrem Los zu verzweifeln. Denn früh schon verlor sie ihren Mann, und auch ihr erster Sohn starb, kaum daß er volljährig geworden war.

Das Buch „Zwei Bräute für einen Kaiser“ schildert den Lebensweg der beiden wittelsbachischen Schwestern, wie beide im idyl-

lischen Schloß Possenhofen am Starnberger See eine glückliche Kindheit verbringen, dann aber als halbwüchsige Mädchen verheiratet und in das steife Zeremoniell eines höfischen Lebens gezwungen werden. Es erzählt von ihren geheimen Hoffnungen und Sehnsüchten, von ihren Ängsten und Verlusten und nicht zuletzt auch von ihren vielen verzweifelten Stunden. Trotz aller Gegensätze aber haben Sisi und Nené immer wieder zueinandergefunden und konnten sich so gegenseitig Trost und Stütze sein.
Auch Kaiser Franz Joseph hatte zeitlebens ein außerordentlich gutes Verhältnis zu seiner Schwägerin Nené, die mit dem Erbprinzen von Thurn und Taxis Maximilian Anton eine kurze Ehe geführt hatte. Der 1983 geborene Fürst Albert II. von Thurn und Taxis und seine beiden Schwestern Maria Theresia und Elisabeth, Kinder des 1990 verstorbenen Fürsten Johannes und seiner Gemahlin Fürstin Mariae Gloria, sind die Ur-ur-Enkel Nenés.

Großgmain, im Januar 1999
Sigrid-Maria Größing

ERZHERZOGIN SOPHIE GEHT AUF BRAUTSCHAU

„Prinzessin aus uraltem europäischem Hochadel mit lückenlosem Stammbaum über sechzehn Generationen (Ahnenschwund durch familieninterne Heiraten unmaßgeblich), katholisch, repräsentatives Äußeres, anpassungsfähig, gebärfreudig, nicht über dreiundzwanzig, herkömmliche Bildung und musische Interessen kein Hindernis, Fremdsprachenkenntnisse erwünscht, gute Reiterin bevorzugt (Ungarin ausgeschlossen) für gutaussehenden, fleißigen, wohlsituierten jungen Mann aus erstklassiger Familie (Beruf: Kaiser von Österreich) gesucht. Bei gegenseitiger Sympathie Heirat nicht ausgeschlossen. Nur ernstzunehmende Zuschriften an: Sophie von Habsburg-Lothringen, Erzherzogin, Wien, Hofburg."

Diese Annonce konnten die Leser der europäischen Zeitungen zwar nirgends finden, sie hätte aber genau das ausgedrückt, was Erzherzogin Sophie, der Mutter des eben erst dreiundzwanzigjährigen Kaisers Franz Joseph am Herzen lag, als sie im Sommer 1853 wie alljährlich ihre Reise nach Ischl antrat. Hoffentlich würde ihr Sohn wenigstens in diesem Jahr die Frau fürs Leben finden! Spürbare Aufregung lag in der Luft, denn bis in die entlegensten Bergdörfer hatte sich die Kunde verbreitet, daß in den nächsten Tagen der Kaiser von Österreich mit seiner Familie in Ischl eintreffen würde. Wochenlang schon hatte man die Vorbereitungen für die Ankunft der hohen Herrschaften beobachten können: Die Villa, wo die Kaiserfamilie alljährlich den Sommer verbrachte, wurde renoviert und auf Hochglanz poliert, es wurde gekehrt und gefegt, gewaschen und geputzt, denn schließlich wußte man, daß für einige Wochen die Augen der Welt auf das schöne Ischl gerichtet sein würden. Diese kleine verträumte Stadt mit den kaisergelben Villen und schmucken Häusern würde wie alljährlich einen Sommer lang der Mittelpunkt der Habsburgermonarchie sein.

Freudiges Raunen ging durch die hundertköpfige Menschenmenge, die sich zum Empfang der höchsten Herrschaften eingefunden und stundenlang in der glühenden Sonne gewartet hatte. Ganz von ferne hatte man das Pfeifen gehört, das das Herannahen des dampfenden, fauchenden Zuges verkündete. Endlich kamen sie! Bald war der große Augenblick da, wenn der junge fesche Kaiser in seiner schmucken Uniform elastischen Schrittes dem Waggon entstieg. Mit ihm würde sich wie jedes Jahr die große Welt ein Stelldichein in Ischl geben, hier würden wieder ganz zwanglos Kaiser und Könige promenieren, für kurze Zeit würden die strengen Regeln des Protokolls aufgehoben werden, um hier in gemütlichem Rahmen beinahe familiär bei einer Schale köstlichen Kaffees und einer guten Zigarre europäische, ja manchmal auch Weltpolitik zu machen. Im Sommer in Ischl, wenn der endlose Schnürlregen die steil aufragenden Berge rundherum in einen dichten grauen Schleier hüllte, dann gingen die Uhren anders, vielleicht etwas langsamer.

Es war ein schöner Anblick, der sich Kaiser Franz Joseph und seiner Familie bot: Die Frauen aus dem Salzkammergut hatten ihre kleidsamen Trachten aus den Truhen hervorgeholt, die sie nur an höchsten Feiertagen anlegten. Die engen bunten Mieder brachten die bauschigen Röcke so richtig zur Geltung. Neben ihnen standen ihre Männer in den meist schon etwas abgetragenen Lederhosen, mit den blitzweißen Wadenstutzen zu den schweren „Haferlschuhen". Es waren so richtig „gestandene" Männer, die jetzt – mit ihren Gamsbarthüten in der Hand – auf ihren kaiserlichen Herrn warteten, mit dem sie so manche Gemse schon erlegt hatten. Die ganze Stadt hatte man prächtig herausgeputzt, überall schmückten bunte Blumen die Häuser, und von den Giebeln wehte die schwarzgelbe Habsburgerfahne. Und da man nicht wußte, wann die kaiserliche Familie wirklich eintreffen würde, war auf alle Fälle schon früh am Morgen die Blaskapelle aufmarschiert. Sicher war sicher! Man wollte gewappnet sein!

Kaiser Franz Joseph und seine Eltern waren in der kleinen Stadt im Salzkammergut überaus beliebt. Schließlich kannte man den jungen Kaiser von Kindesbeinen an und hatte miterlebt, wie aus dem schönen blonden Kind ein gutaussehender junger Mann geworden war. Erzherzog Franz Carl, der Vater von Franz Joseph, verbrachte mit seiner Familie seit vielen Jahren die Sommermona-

te in Ischl und wählte hier als gemütlichen Wohnsitz das Haus Sommerau Nr. 50. Es war schon lange zur Tradition geworden, in dieses Bad zu fahren, schrieb man doch dem heilkräftigen Solewasser ein kleines Wunder zu: Nach einigen Jahren der Kinderlosigkeit hatten die Ärzte der jungen Sophie geraten, sich einer Badekur in Ischl zu unterziehen. Und was sie erhofft hatten, trat prompt ein: Die junge schöne Erzherzogin wurde schwanger und schenkte nach der angemessenen Zeit einem gesunden, strammen Buben das Leben, dem späteren Kaiser Franz Joseph.
Man war Ischl, dem Solewasser und dem Herrgott dankbar für den erstgeborenen Erzherzogsproß und bestimmte die kleine Stadt an dem herrlich klaren Fluß mit dem gleichen Namen zum bevorzugten Sommersitz für die ganze Familie. Hier, inmitten der eindrucksvollen Bergwelt, fand man Ruhe und Erholung, hier gab es alles, was jeder einzelne suchte: Die Damen ergingen sich entweder am Flußufer oder unternahmen leichte Spaziergänge in der näheren Umgebung, und die Herren konnten ihrer ausgeprägten Lust am Jagen nachgeben. Die Wälder auf den steilen Berghängen waren reich an Rotwild und Gemsen, so daß kein Tag verging, an dem die Jagdgesellschaft nicht mit reicher Beute, aber vor allem mit bemerkenswerten Trophäen nach Hause zurückkehrte. Man atmete so richtig auf, wenn man den wohl komfortablen, aber doch engen Eisenbahnwaggon des Hofzuges verlassen und die reine Bergluft atmen konnte. Anders als in Wien, wo man keinen direkten Kontakt mit der Bevölkerung suchte und den gottgewollten Abstand hielt, den das spanische Hofzeremoniell, welches das Leben der gesamten kaiserlichen Familie beherrschte, vorschrieb, konnte man sich hier „menschlich“ geben. Die hohen Herrschaften nahmen die freundlichen Grüße der Bevölkerung nicht nur huldvoll entgegen, sondern dann und wann kam es vor, daß der Erzherzog oder die Erzherzogin, vielleicht sogar der Kaiser ein freundliches Wort an einen Ischler richtete, wenn dieser besonders tief seinen Hut vor den kaiserlichen Herrschaften gezogen hatte.
Allgemein beliebt war vor allem der Vater des jungen Kaisers, Erzherzog Franz Carl, über den die Hofkamarilla in Wien die Nase rümpfte und über den die Wiener respektlose Witze rissen, da er

nun einmal so gar nicht herrschaftlich wirkte in seiner bescheidenen unbeholfenen Art. Noch heute dachte so mancher voll Mitleid bei sich: Was hatte die schöne bayerische Sophie doch für einen einschichtigen Menschen damals geheiratet! Aber sie hatte sich den Mann fürs Leben nicht aussuchen können, sie mußte das tun, was ihr Vater, der bayerische König Maximilian I. Joseph seinerzeit mit dem österreichischen Kaiser Franz I. abgemacht hatte. Und dabei war die Wahl wahrhaftig nicht auf einen Märchenprinzen, sondern auf Franz Carl gefallen. Sophie hatte geglaubt, ihren Augen nicht zu trauen, als sie den völlig unattraktiven, einfältig wirkenden Mann zum ersten Mal zu Gesicht bekommen hatte, während er seine Aufwartung bei seinem zukünftigen Schwiegervater gemacht hatte. Nächtelang hatte sie heimlich in ihre Kissen geweint, hatte ihre Mutter angefleht, ihren Vater zu überreden, das einmal gegebene Versprechen aufzuheben. Niemals würde sie an der Seite dieses Mannes glücklich werden, das hatte Sophie bei der ersten Begegnung instinktiv gespürt. Aber es half kein Bitten, der Vater blieb hart, er hatte seine konkreten Pläne und außerdem dem Kaiser sein Wort gegeben, da gab es kein Zurück!

Nicht nur der Mann war ihr völlig fremd, den sie geheiratet hatte, für Sophie tat sich am Wiener Hof eine neue unbekannte Welt auf, in der sie sich plötzlich zurechtfinden sollte. Achtzehn Jahre jung war die Wittelsbacherprinzessin, als sie dieses Leben an der Seite Franz Carls beginnen sollte, der sie weder interessierte noch irgendwie als Mann einen Reiz auf sie ausübte ...

Und dennoch brauchte Sophie nur kurze Zeit, um sich in Wien am Kaiserhof zurechtzufinden, denn die schöne junge Frau gewann das Herz ihres Schwiegervaters, des „guten Kaisers" Franz im Handumdrehen. Er wurde für die junge Erzherzogin ein Vaterersatz, an ihn wandte sie sich mit ihren Sorgen und Nöten und fand, wann immer sie ihn brauchte, ein offenes Ohr und oft wirklichen Trost.

Ihr lethargischer Ehemann allerdings nahm wenig Notiz von seiner schönen lebenslustigen Frau, die stets von einer Schar von Verehrern umgeben war. Sein Desinteresse ging sogar so weit, daß er nicht einmal seinen ehelichen Pflichten nachkam, was Sophie wahrscheinlich nicht allzusehr störte, da sie in seinen Armen ohnedies eher Abneigung und Widerwillen empfand. Aber sie wußte auch, daß sie in den allernächsten Jahren einem Kind, wenn möglich, einem Sohn das Leben schenken mußte, wollte sie am Kaiserhof eine Stellung erlangen. Denn wenn sie schon nicht persönlich glücklich werden konnte, so wollte sie wenigstens einem zukünftigen Thronfolger das Leben schenken. Es war nämlich längst kein Geheimnis mehr, daß der älteste Sohn des Kaisers, Ferdinand, der einmal die Nachfolge seines Vaters antreten sollte, niemals in der Lage sein würde, ein Kind zu zeugen. Ferdinand war ein vom Schicksal geschlagener Mann. Er war das Ergebnis der immer wiederkehrenden Heiraten innerhalb der habsburgischen Familie. Tag für Tag wurde er von unzähligen epileptischen Anfällen heimgesucht und war daher außerstande, ein geregeltes Leben zu führen. Es grenzte für alle beinahe an ein Wunder, daß so ein schwerkranker Mensch es dennoch fertigbrachte, einige fremde Sprachen zu erlernen und zu beherrschen. Über seinen sonstigen Geisteszustand gingen die Meinungen weit auseinander. In Wien spottete man über ihn in nahezu boshafter Art, vor allem, als er schließlich den Kaiserthron bestieg, bekam er den Beinamen „Gütinand der Ferdige" (statt Ferdinand der Gütige). Aber in einem Punkt waren sich alle einig: Obwohl er mit Maria Anna Karoline Pia von Sardinien-Piemont verheiratet war, würde aus dieser Ehe niemals ein Thronfolger hervorgehen, denn wenn man den Gerüchten glauben konnte, die überall in Wien kursierten, so war Ferdinand nicht in der Lage, weder in der Hochzeitsnacht noch später, die Ehe zu vollziehen.

Einen Thronfolger dem Volk und der Monarchie zu schenken, das war die gewaltige Chance für die junge Sophie. Aber wie sollte sie es anstellen, daß ihr Mann aus seiner Schläfrigkeit erwachte und sich als ein etwas feurigerer Liebhaber gebärdete? Andere Männer, wie der gutaussehende schwedische Prinz Gustav Wasa oder der schöne junge unglückliche Herzog von Reichstadt, der einzige Sohn Napoleons, wären gerne in die Bresche gesprungen, jeder Blick, jedes Kompliment dieser galanten Kavaliere gaben davon beredtes Zeugnis.

Nachdem einige Jahre ins Land gezogen waren und das ersehnte Kind immer noch nicht in der Wiege lag, wandte sich Sophie nicht an den leidenschaftslosen Ehemann, sondern zog die Hofärzte zu Rate. Und diese verordneten der kerngesunden Erzherzogin eine Badekur in Ischl. Natürlich sollte auch Franz Carl mit im Salzkammergut sein. Ob nun tatsächlich die Solebäder eine stimulierende Wirkung auf Sophie hatten oder ob die Ischler Kur vielleicht das träge Blut des gleichgültigen Ehemannes etwas in Wallung gebracht hatte, das Ergebnis ließ genau neun Monate auf sich warten: Am 18. August 1830 erblickte der erste Sohn des Erzherzogspaares in Wien das Licht der Welt.

Die Freude am Kaiserhof über die Geburt des kleinen Franzi war riesengroß. Vor allem der Großvater liebte das schöne Enkelkind und hätschelte es nach allen Regeln der Kunst. Für Sophie allerdings stand von Anfang an fest: Dieser Sohn würde einmal Kaiser werden, koste es, was es wolle, sie würde all ihre Energie darauf verwenden, daß ihr Lebensziel in Erfüllung gehen würde.

Und es war ihr später auch wirklich gelungen, sowohl Kaiser Ferdinand davon zu überzeugen, daß es für ihn und für alle das Beste war, rechtzeitig abzudanken, als auch ihren Mann Franz Carl dazu zu bewegen, auf die Nachfolge an Stelle seines Bruders zu verzichten. Franz Carl hatte ohnehin nicht allzu große Ambitionen auf den Kaiserthron gehabt, und so fiel es ihm nicht schwer, die Verzichtsurkunde zu unterzeichnen. Endlich war der Weg freigeworden für einen jungen, gesunden, gutaussehenden Kaiser, der sich ganz im Fahrwasser seiner Mutter bewegte. Sie hatte ihn zum Kaiser erzogen, hatte ihm die Familientraditionen von klein auf gepredigt, sie hatte bewirkt, daß sein Denken in konservative Bahnen gelenkt wurde. Sophie war es, welche die Politik ihres Sohnes in allen Grundzügen bestimmte. Denn als Franz im Jahre 1848 in Olmütz zum Kaiser gekrönt wurde, da war es dem jungen Franz Joseph, wie er sich jetzt nannte, unmöglich, selbständig zu handeln und eigene Entscheidungen zu fällen. Er war mit seinen achtzehn Jahren einfach noch viel zu jung, um die Probleme des riesigen Reiches alleine zu durchschauen. Seine Mutter dagegen hatte den großen Überblick, und zusammen mit ihren erzkonservativen Beratern beeinflußte sie alles, was in der Monarchie politisch entschieden wurde. Es war für den jungen Kaiser eine schwere Hypothek, die er damit auf sich genommen hatte. Natürlich konnte er nicht ahnen, daß vieles, was er auf Anraten seiner Mutter hin beschloß, sich äußerst negativ für ihn auswirkte, daß er sich ganze Völker, wie die Ungarn, zu erbitterten Feinden machte, die nur durch den Charme und die Initiative seiner späteren Frau versöhnt werden sollten.

Franz Joseph war der „lieben Mama“ gegenüber stets ein gehorsamer Sohn, der die Mutter über alles liebte und sich nie gegen ihre Entscheidungen stellte. Als sie aber eines Tages auf die Idee kam, er solle sich verheiraten, war Franz Joseph zunächst grenzenlos überrascht. Nicht, daß er sich nicht selber schon manchmal mit dem Gedanken getragen hatte, gab es für ihn doch auch schon eine Frau, die er im Auge hatte, aber daß ausgerechnet Mama dieses Thema zur Sprache brachte, erstaunte ihn doch sehr. Sie schlug ihm, so wie es ihre Art war, auch schon konkret einige Prinzessinnen vor, die nach ihrer Meinung für ihn in Frage kommen würden, ohne ihn nach seinen eigenen Vorstellungen zu befragen. Denn er hätte ihr auf Anhieb eine Frau vorschlagen können, die schöne Erzherzogin Elisabeth, die Tochter des ungarischen Palatins Joseph, die sein Herz in Flammen versetzt hatte. Als nun Erzherzogin Sophie gerade das Heiratsthema so ungeniert ansprach, versuchte er der Mutter schonend beizubringen, daß er die schöne feurige Ungarin zu ehelichen gedachte.

Und was der Sohn befürchtet hatte, trat auf der Stelle ein. Sophie hätte alles akzeptieren können, aber der Makel, mit dem die junge Prinzessin behaftet war, schien der Mutter des Kaisers unüberwindbar: Elisabeth war Ungarin! Zwar fanden sich in ihrer Ahnenreihe auch ein paar habsburgische Vorfahren, aber die erschienen für Sophie nicht existent. Alles, was aus Ungarn kam, haßte die Mutter des Kaisers aus tiefstem Herzen, hier gab es für sie keine Konzessionen, eine Ungarin als Kaiserin – unvorstellbar!

Franz Joseph war tief enttäuscht, daß die geliebte Mutter ihre Abneigung gegen Elisabeth ihm gegenüber so deutlich äußerte. Er erkannte sehr rasch, daß kein noch so flehentliches Bitten die Mutter in ihrer Meinung umstimmen konnte, und so blieb ihm, dem stets gehorsamen Sohn, nichts anderes übrig, als sich zu fügen. Er würde eben woandershin auf Brautschau gehen, Mama hatte ja ohnehin schon ganz konkrete Pläne.

Vor allem auf die deutschen Prinzessinnen hatte Sophie ein Auge geworfen. Sie stammten wie sie selbst nicht nur aus alten Dynastien, man würde durch künftige verwandtschaftliche Beziehungen mitunter auch politische Probleme lösen können.
Energisch trug Sophie dem Sohn ihre Absichten mit beredten Worten vor, und ihre Argumente schienen einleuchtend: Nicht umsonst waren ihre Schwestern und Stiefschwestern mit Königen in Deutschland verheiratet worden. Geschickt hatte ihr Vater, König Max I. Joseph, durch die Heiraten die Stellung des Königreiches Bayern gefestigt. Zunächst liebäugelte Sophie mit einer preußischen Prinzessin. Und so wie es die Mutter wollte, fuhr der junge Kaiser nach Berlin und verliebte sich Knall auf Fall in die entzückende Nichte des preußischen Königs, in die charmante Anna. Auch die Prinzessin fand den gutaussehenden, schlanken, blonden jungen Kaiser mehr als sympathisch, und alles hätte zu einer Liebesheirat führen können. Nur hatte die Sache einen gewaltigen Haken: Der Kaiser war als Freier zu spät gekommen, denn Anna war bereits verlobt, und es gab keinen Weg, dieses Versprechen aufzuheben. Außerdem war man in Preußen überhaupt nicht an einer ehelichen Verbindung der Prinzessin mit dem Habsburgerkaiser interessiert. Die Lage war für Franz Joseph hoffnungslos. Daran konnte auch die Mutter im fernen Wien nichts mehr ändern, die einen Bittbrief um den anderen an ihre Schwester Elise nach Berlin schrieb, damit sich doch noch das Blatt zum Guten wendete. Aber auch die Königin von Preußen konnte die ablehnende Haltung ihres Mannes nicht beeinflussen, und so blieb dem unglücklichen Freier nichts anderes übrig, als in Dresden eine weitere Cousine in Augenschein zu nehmen, die ihm seine Mutter auch als eventuelle zukünftige Gemahlin vorgeschlagen hatte.
Aber hier entwickelte sich die Sache ganz anders. Denn Sidonie, die Tochter des sächsischen Königs, war nicht nur von frühester Kindheit an kränklich, sie war außerdem unansehnlich, beinahe häßlich. So schnell er konnte, verließ Franz Joseph Dresden, um nicht in irgendwelche familiären Schwierigkeiten zu kommen.
Zwingen konnte Sophie ihren Sohn in dieser Herzensangelegenheit nicht, diese Erkenntnis gewann sie nun doch allmählich. Und

je mehr Franzi, wie sie ihren Sohn zärtlich nannte, sich in der Welt umschaute, umso mehr kam er zu dem Entschluß, daß die Wahl seiner zukünftigen Ehefrau vielleicht der einzige Punkt in seinem Leben sein würde, wo er sich nicht mehr von der Mutter beeinflussen lassen wollte. Diese Entscheidung wollte er wirklich selbst treffen! Freilich konnte ihm die Mutter weiterhin Vorschläge unterbreiten, dagegen hatte er keinen Einwand, war sein Arbeitspensum pro Tag immerhin so geartet, daß er wenig Zeit fand, um sich selber nach einer Braut umzuschauen. Vom Morgengrauen an saß er über seinen Akten und studierte alles gründlichst und genau, was ihm seine Minister vorlegten. Und wenn dann der Abend hereinbrach, hatte er auch keine Ambitionen mehr, irgendwelche Veranstaltungen aufzusuchen, wo sich die eleganten Erzherzoginnen ein Stelldichein gaben. Nur den einen oder anderen Ball besuchte er gern, den seine Mutter ihm zur Abwechslung veranstaltete. Dabei verstand es Sophie meisterlich, eine gemütliche, ungezwungene Atmosphäre zu schaffen, in der sich der Sohn wirklich entspannen konnte. In dieser Hinsicht war sie eine echte Wittelsbacherin mit ihrem Sinn für alles Schöne. Sie war eine eifrige Theaterbesucherin, liebte gute Musik, besuchte begeistert Ausstellungen und hatte einen untrüglichen Sinn für eine gepflegte Atmosphäre, in der sich auch Gemütlichkeit ausbreiten konnte. Ihre Familie schätzte – mit Ausnahme ihrer künftigen Schwiegertochter – auch noch viel später ihre Familiendiners, wo man sich traf, zwanglos plaudern und einmal wirklich „entre nous“ sein konnte.

Erzherzogin Sophie machte das riesige Arbeitspensum ihres Sohnes ernsthafte Sorgen. Er hatte mit seinen vierundzwanzig Jahren wirklich viel zu viel auf seinen Schultern lasten. Daher setzte die Mutter alles daran, ihm ab und zu wenigsten ein paar heitere Stunden zu schaffen. Sie lud die nettesten und hübschesten Komtessen ein und sah zu, daß sich die jungen Leute gut unterhalten konnten. Wenn die Erzherzogin der Wiener Bevölkerung gegenüber auch als unnahbar galt, konnte sie in manchen Situationen sehr menschlich sein. Dann schüttelte sie die Regeln des spanischen Hofzeremoniells wie selbstverständlich ab und war glücklich, wenn sie sah, wie ihr vor der Zeit ernst gewordener

Franzi ganz plötzlich gelöst und beinahe jungenhaft wirkte. Der junge, fesche Kaiser war ein guter und begeisterter Tänzer, der in den Damen, die er zum Tanze erwählte, für einen Abend lang Hoffnungen und Sehnsüchte erweckte, und so manche sah sich schon im Geiste, wenn sie im Arm des Kaisers zu den Walzerklängen übers Tanzparkett glitt, als zukünftige Kaiserin der Donaumonarchie!

Aber keine vermochte das kühle Blut Franz Josephs in Wallung zu bringen, und Sophie erkannte klar, sie mußte die Sache aufs neue in die Hand nehmen. Schließlich war sie noch nicht am Ende ihrer Weisheit. Immerhin hatte sie noch eine Schwester im benachbarten Bayern: Ludovika, die mit dem aus einer Seitenlinie des bayerischen Königshauses stammenden Herzog Max verheiratet worden war und die mehrere ausgesprochen attraktive Töchter hatte. Und obwohl sich die Schwestern von klein auf sehr gut verstanden, mußte Sophie doch über ihren Schatten springen, denn eine Tochter jenes Herzogs Max war für einen Habsburgerkaiser eigentlich nicht ganz standesgemäß. Herzog Max in Bayern gehörte keiner regierenden Dynastie an, und es bestanden auch keinerlei Aussichten, daß er oder einer seiner Söhne jemals auf den bayerischen Thron gelangen würden. Die Herzogswürde war seinem Großvater, dem ehemaligen Pfalzgrafen von Zweibrücken-Gelnhausen, als ehrenvoller Titel verliehen worden, nachdem Maximilian Joseph, ein entfernter Verwandter von ihm, die bayerisch-pfälzische Kurfürstenwürde geerbt hatte.

Immerhin bestand eine gewisse Verwandtschaft zum bayerischen Königshaus, und so war es für Sophie schließlich nicht allzu schwierig, ein entsprechendes Schreiben an Ludovika zu richten. Die beiden Schwestern waren ein Leben lang ein Herz und eine Seele gewesen, und Ludovika hatte Sophie in den bittersten Stunden ihres Lebens, im Jahr 1848, Trost gewährt, als sie zusammen mit ihrer Familie bei Nacht und Nebel aus Wien fliehen mußte, um nicht Gefahr zu laufen, vom unberechenbaren Mob umgebracht zu werden. Hier, im selbstgewählten Exil in Tirol, hatte Ludovika die Schwester besucht und dabei ihre vier ältesten Kinder mitgebracht, Ludwig, Helene, Elisabeth und Karl Theodor. Auch eine Einladung des bayerischen Königs Maximilian II. hatte

sie damals überbracht, der Sophie und ihrer Familie seine Sommerresidenz am Tegernsee angeboten hatte.
Der Besuch der Schwester hatte Sophie wirklich aufgeheitert. Zu anderen Zeiten ging ihr das eher banale Gerede Ludovikas sehr schnell auf die Nerven, denn die Schwester erzählte eigentlich nur Familienklatsch und Tratsch, und ihr Hauptgesprächsthema waren die zahlreichen amourösen Abenteuer ihres leichtlebigen Mannes, aber jetzt lenkte sie das Geplauder Ludovikas doch etwas ab. Sophie kannte diese Geschichten in- und auswendig und erinnerte sich auch noch mit Schaudern an die Hochzeit der beiden, die niemals irgendetwas füreinander empfunden hatten. Wie ähnlich war doch das Schicksal der Schwester ihrem eigenen! Nur daß Herzog Max im Gegensatz zur Erzherzog Carl ein attraktiver Mann war, der allerdings mit seinen Launen und Vorlieben ein Leben lang den Unwillen seiner Frau erregte. Und worüber Ludovika todunglücklich war, das bekümmerte ihren Mann am allerwenigsten. Er dachte sich, wenn er schon eine Frau hatte heiraten müssen, die er nicht liebte, dann suchte er sich, wo er nur konnte, seine Freiheit anderweitig. Es gab rundherum und überall in der weiten Welt genügend schöne Frauen – warum sollte er sich eigentlich Zwang antun? Nur ab und zu erinnerte er sich an seine Familie in Possenhofen oder in München. Dann erschien er beinahe wie ein Gast, verwöhnte die Kinder in jeder Hinsicht und stieg mit seiner doch sehr reizvollen Frau Nacht für Nacht ins Ehebett. Neun Monate später konnte dann wieder ein Kind von Herzog Max aus der Taufe gehoben werden.
Nené, die älteste Tochter von Ludovika und Herzog Max, ahnte nicht, als sie mit ihren Geschwistern damals in Innsbruck eintraf und dabei ihrem eben erst achtzehnjährigen Cousin Franz Joseph vorgestellt wurde, daß sie einmal als Braut für den jungen Kaiser ausersehen werden sollte.
Franz war gerade aus Oberitalien zurückgekehrt, wohin er auf Betreiben seiner Mutter geschickt worden war. Und obwohl Sophie vor Sorge um den Sohn beinahe das Herz brach, hatte sie es doch für richtig befunden, daß der spätere Monarch sich den Schlachtenwind um die Nase wehen lassen sollte. Die Truppen sollten den zukünftigen Kaiser leibhaftig an der Front sehen. Er

war zwar ohne Siege, aber doch gottlob wohlbehalten nach Innsbruck zurückgekehrt, noch stiller und in sich gekehrter, obwohl ihm nicht im Kampfgetümmel die Kugeln um die Ohren geflogen waren.

Als die bayerischen Verwandten eintrafen, nahm er von ihnen wenig Notiz. Was sollte er mit den Vettern und Basen anfangen, die Buben hatten andere Interessen als er, und die Mädchen erschienen ihm mit ihrer ständigen Kicherei wie richtige Gänschen. Immer wenn er mit ernster Miene den Raum betrat, steckten die vierzehnjährige Nené und ihre um drei Jahre jüngere Schwester Sisi die Köpfe zusammen und tuschelten irgendetwas hinter vorgehaltener Hand. Zwar versprach zumindest die ältere Cousine einmal ein recht hübsches Mädchen zu werden mit ihrer schlanken Gestalt und dem dunklen Haar, aber sie hatte wenig Charme und wußte mit dem habsburgischen Cousin kaum etwas zu reden, wenn er ganz überraschend das Wort an sie richtete.

Sisi dagegen begeisterte mit ihrem natürlichen Wesen und ihrem Interesse für die Natur vor allem den Bruder von Franz, Karl Ludwig. Mit ihm konnte sie heimlich, wenn die Mutter und die Tante in tiefgründige Gespräche verwickelt waren, aus dem Hause schlüpfen und durch die naheliegenden Wälder streifen. Dort kletterten die jungen Leute auf einen Baum und beobachteten die Vögel und Insekten. Sisi erwies sich dabei als wahre Expertin, denn sie erzählte dem erstaunten Vetter so manche Details über die Tiere, die sie in Possenhofen ausfindig gemacht hatte. Beide verbrachten eine lustige Zeit miteinander, und traurig blieb Karl Ludwig zurück, als die Stunde des Abschieds geschlagen hatte und die Possenhofener Verwandtschaft die Heimreise antrat. Auch Sisi fiel der Abschied von dem lustigen Vetter schwer. Ein Gutes allerdings brachte die Abreise mit sich, sie mußte Tante Sophie nicht mehr sehen, die bei jeder Gelegenheit an ihr herumgenörgelt hatte. Alle vier Kinder waren sowohl vom Äußeren ihrer kaiserlichen Tante als auch von ihrem Wesen enttäuscht gewesen, sie hatten sich von ihr eine ganz andere Vorstellung gemacht. Bisher hatten sie die Tante nur von dem Gemälde gekannt, das in der Schönheitsgalerie König Ludwigs I. hing. Der König hatte die schönsten Frauen seiner bayerischen Heimat malen lassen, und dazu gehörte auch seine Schwester Sophie. Freilich bedachten die Possenhofener Kinder nicht, daß dieses Bildnis zu einer Zeit entstanden war, als die Erzherzogin noch eine bayerische Prinzessin gewesen war, ein junges, bildhübsches, blühendes Mädchen mit langen Stoppellocken und einem rosigen Teint. Die Jahre am Wiener Kaiserhof waren an Sophie nicht spurlos vorübergegangen.

Als man einander die Hände zum Abschied reichte, streifte wahrscheinlich nur ein flüchtiger letzter Blick des späteren Kaisers die beiden Cousinen. Sie waren für ihn, den einige sogenannte „hygienische Damen" in die Geheimnisse der Liebe eingeführt hatten, weder Fisch noch Fleisch, und er registrierte wahrscheinlich nicht einmal, daß die ältere Helene eigentlich schon ein recht aparter Backfisch war. Seine Mutter dagegen hatte da ganz andere Augen. Wohlgefällig hatte sie bemerkt, daß Nené – im Gegensatz zu ihrer Schwester Sisi – trotz aller Freizügigkeit, in der sie aufgewachsen war, sich durchaus zu benehmen wußte. Sie sprudelte das, was sie sagen wollte, nicht impulsiv heraus, sondern wartete sittsam, bis das Wort an sie gerichtet wurde. Dabei vergaß sie nie, beinahe devot zu sagen: „Ja, liebe Tante!" oder: „Ganz wie Ihr meint, liebe Tante!", während Sisi nicht einmal die äußere Form wahrte und sie einfach mit dem vertrauten „Du" anredete. Ludovika gegenüber wollte sich Sophie über diese Entgleisung der Nichte nicht beschweren – nicht einmal die eigenen Kinder wagten sie zu duzen –, aber sie registrierte das Verhalten Sisis als ungezogen und unangebracht. Nené schien ihr auch wesentlich vernünftiger zu sein als ihre jüngere Schwester, bei der sie heute schon zu erkennen glaubte, daß sie ihren eigenen Dickkopf ein Leben lang beibehalten würde.

Und obwohl Sophie damals in den dramatischen Tagen in Innsbruck sicherlich alles andere als Heiratspläne für ihren Franzi im Kopf hatte, hätte sie sich durchaus in fernerer Zukunft vorstellen können, daß Nené einmal ihre Schwiegertochter werden könnte. Allerdings würde das junge Mädchen noch viel lernen müssen, denn Sophie hatte mit großem Mißbehagen bemerkt, daß ihre Schwester und vor allem ihr Schwager Herzog Max herzlich wenig Wert wenigstens auf ein Minimum an Bildung bei den Kin-

dern gelegt hatte. Und wenn Ludovika von Zeit zu Zeit auf den Tisch klopfte und Konsequenz in der schulischen Ausbildung lautstark forderte, dann trat sofort ihr Mann auf den Plan und machte alle Ansätze der engagierten Lehrer zunichte. Die Kinder sollten in einer freien Atmosphäre aufwachsen, die in keiner Weise durch langweiligen Unterricht eingeengt werden durfte.
Natürlich hatte die gestrenge Tante ein großes Manko an Fremdsprachen und Allgemeinbildung schon kurz nach der Ankunft der Kinder in Innsbruck erkannt. Und so, wie es immer ihre Art war, nahm sie sich ihrer Schwester Ludovika gegenüber kein Blatt vor den Mund. Wie sollten die Töchter einmal eine wirklich gute Partie machen, wie sollten sie in die Häuser der europäischen Hocharistokratie einheiraten, wenn sie keinen anderen geistigen Horizont als den der Bauernkinder rund um den Starnberger See besaßen? Es war Sophie ein Rätsel, wie Max und Ludovika so etwas wirklich verantworten konnten. Vor allem die mangelhaften Sprachkenntnisse Nenés störten Sophie, denn der Nichte unterliefen beim Sprechen – wenn man, wie üblich, in französischer Sprache parlierte – schwere grammatikalische Fehler, vom lückenhaften Wortschatz ganz abgesehen. Und Französisch war nun einmal die Sprache der Hautevolee, unerläßlich für jeden, der sich in den ersten Kreisen bewegen sollte.
Ludovika konnte den Vorhaltungen ihrer Schwester kaum etwas entgegnen, aber sie versprach, sich persönlich um die Schulbildung ihrer Kinder zu kümmern und sich auch von Max nichts mehr dreinreden zu lassen. Aber es war doch mehr ein Lippenbekenntnis, aus der Situation heraus geboren, denn kaum hatte man die Kutsche bestiegen, die Ludovika und die Kinder zurück ins heimatliche Bayern brachte, da waren auch die guten Vorsätze schon teilweise vergessen. Ludovika hätte vor allem ihrer Tochter Sisi viele Aufregungen und so manchen Ärger ersparen können, hätte sie damals darauf bestanden, daß die Kinder von erstklassigen Lehrern zumindest ab dieser Zeit unterrichtet wurden.

EIN BRIEF AUS WIEN SORGT FÜR AUFREGUNG

Jahre waren ins Land gezogen, die Zeiten hatten sich geändert, aus dem achtzehnjährigen Erzherzog war ein Kaiser geworden, weil seine Mutter es so gewollt hatte. Auf seinen jugendlich schmalen Schultern lastete die unendliche Verantwortung für das Wohl und Wehe der vielen Völker in der riesigen Donaumonarchie. Franz Joseph, wie er sich seit der Krönung im Jahre 1848 in Olmütz nannte, nahm seine schwere Aufgabe sehr ernst. Der Tag begann für ihn schon im Morgengrauen, und bis spät abends fand ihn seine Mutter, die ihm mit Rat und Tat zur Seite stand, immer noch über die Aktenberge gebeugt. Er wollte ein guter, gerechter Kaiser sein, das hatte sich Franz Joseph fest vorgenommen, als ihn das Schicksal für dieses schwere Amt auserwählt hatte, er wollte die Habsburgerkrone tragen wie einst Kaiser Joseph II., der sein großes Vorbild schon in der Kinderzeit war.

Erzherzogin Sophie war, als man ihren Sohn zum Kaiser gekrönt hatte, am Ziel ihrer Wünsche angelangt. Alles hatte sich gelohnt: das Leben an der Seite des ungeliebten Mannes, die Schmach des Exils, die unsichere Rückkehr nach Wien, der Verzicht ihres Gemahls auf die Krone. Sie selbst hätte Kaiserin werden können, hätte der Vater Franz Josephs – Erzherzog Franz Carl – nicht zugunsten seines Sohnes auf den Thron verzichtet. Alles hatte ihr geliebter Sohn bis jetzt erreicht, einzig und allein was ihm fehlte, war eine Frau, die zu ihm passen und ihn glücklich machen würde. Und dieses Mädchen saß im bayerischen Possenhofen am Starnberger See und ahnte nichts von seinem Glück!

Es war ein strahlender Sommertag, an dem ein Bote einen Brief Sophies, der mit dem kaiserlichen Wappen versehen war, in Possenhofen Ludovika überbrachte. Lange hatte die Herzogin schon keine Nachricht mehr von der Schwester aus Wien erhalten. Erwartungsvoll erbrach Ludovika das kaiserliche Siegel. Als sie die freundlichen Zeilen Sophies gelesen hatte, rief sie auf der Stelle Nené zu sich und teilte ihr mit, daß sie zum Geburtstag des Kaisers in Ischl eingeladen sei. Welchen intimen Zweck das Beisam-

mensein mit Franz Joseph und der kaiserlichen Familie haben sollte, hatte ihr Sophie allerdings zunächst noch nicht mitgeteilt. Aber schon bald brachte ein zweites Schreiben Licht ins Dunkel dieser delikaten Angelegenheit und Ludovika wurde in allen Einzelheiten in den Plan Sophies eingeweiht. Denn für die Erzherzogin schien Nené die geeignete Braut für ihren Sohn zu sein. Sophie mußte ihre Schwester nicht erst lange überreden, denn Ludovika war sofort von der Idee rundherum begeistert, hatte sie sich doch selbst schon allmählich, je älter die Töchter wurden, an den Fürstenhöfen Europas dezent umgeschaut, welcher Prinz für ihre Mädchen geeignet wäre. Aber eine bessere Partie gab es für ihre Nené in ganz Europa nicht! Dazu kam, daß Franz Joseph nicht nur ein Kaiser, sondern auch noch ein gutaussehender, ja attraktiver junger Mann war, verläßlich und charakterfest. Ein bißchen ernst zwar für sein Alter vielleicht, aber nicht jeder konnte das Naturell eines Luftikus besitzen wie ihr eigener Mann Max. Da war ihr schon jeder noch so langweilige Mensch lieber als ein Bonvivant, der ständig Abwechslung vom heimischen Herd suchte.
In ihrer Begeisterung für den Heiratsplan war sich Ludovika sicher, daß endlich zwei Menschen einander das Jawort geben würden, die nicht nur äußerlich zusammenpaßten, sondern denen auch viele Eigenschaften gemeinsam waren. Und wo so gute Voraussetzungen für zwei junge Leute gegeben waren, da konnte auch die Liebe nicht weit sein!
In Gedanken ließ Ludovika ihre eigene Ehe Revue passieren: Wieviele Tränen hatte sie in den Jahren an der Seite des ungeliebten Max vergossen, wie hatte sie sich immer wieder im Geiste eine Ehe mit ihrer Jugendliebe, dem schönen portugiesischen Prinzen Miguel von Braganza vorgestellt, den sie auf Anordnung ihres Vaters nicht hatte heiraten dürfen. Wie anders wäre ihr Leben verlaufen! Sie und Max hatten nun einfach keine Gemeinsamkeiten, sie waren in ihrem Wesen so grundverschieden wie Tag und Nacht. Das, was der eine liebte und bevorzugte, verabscheute der andere geradezu. Sie waren wohl von einem unbarmherzigen Schicksal gezwungen worden, den Weg durchs Leben gemeinsam zu gehen, es war aber kein Miteinander, sondern ein immerwährendes Gegeneinander.

Ludovika war eine schöne Frau, schöner als ihre Schwestern und auch schöner als alle ihre Töchter. Es muß ihr Wesen gewesen sein, das Max ununterbrochen aus dem Haus und in die Arme anderer Frauen und Mädchen trieb. Wahrscheinlich überhäufte sie ihn mit Klagen und ständigem Lamento, so daß er schon auf dem Absatz kehrtmachte, bevor er die Tür hinter sich geschlossen hatte. Nur selten hielt es ihn länger in der Nähe seiner Frau, dann, wenn er wieder einmal ihre körperlichen Reize entdeckt hatte, die sie ihm mit einer geradezu kämpferischen Sprödigkeit zu verwehren versuchte.
Nach so einer spontanen häuslichen Episode war Ludovika jedesmal guter Hoffnung: Dem ältesten Sohn Ludwig, der 1831 das Licht der Welt erblickte, folgte 1834 die erste Tochter Helene, genannt Nené, und am Heiligen Abend 1837 wieder eine Tochter, Elisabeth, Sisi genannt. Dieses Kind konnte nur etwas Besonderes werden, dessen waren sich alle einig. Denn als das Baby zu schreien anfing, entdeckte man zur allgemeinen Überraschung einen winzigen Zahn in dem kleinen Mund – einen Glückszahn!
Insgesamt blickte das Herzogspaar auf acht gemeinsame Kinder. Wieviele Söhne und Töchter Herzog Max wirklich hatte, wußte er wahrscheinlich selber nicht. Er war nun einmal ein sehr beliebter Mann, dessen Charme und Leutseligkeit die schönen Mädchen der umliegender Dörfer nicht widerstehen konnten. Man verzieh dem Herzog seine amourösen Abenteuer und deren Folgen, denn er kümmerte sich um die Kinder seiner heimlichen Liebschaften und unterstützte die Mütter finanziell großzügig. Nur seine eigene Frau konnte sich mit der sprichwörtlichen Untreue ihres Mannes natürlich nicht abfinden.
Ludovika und Max waren gutaussehende Menschen, und so war es kein Wunder, daß sich auch die Kinder zu hübschen, ja ausgesprochen schönen jungen Leuten entwickelten. Sophie hatte wirklich keine schlechte Wahl getroffen, und sie glaubte sicher zu sein, daß Franz Joseph an der etwas ernsten Nené Gefallen finden und er dem Herzenswunsch der Mutter entsprechen und sie zu seiner Gemahlin nehmen würde. Natürlich hatte Sophie von dem Treffen in Bad Ischl ganz bestimmte Vorstellungen, die sie auch genau ihrer Schwester Ludovika mitteilte. Und Ludovika

würde selbstverständlich in allem und jedem ihren Wünschen entsprechen, das war für Sophie keine Frage, denn Ludovika verehrte und bewunderte die mächtige Schwester in Wien mit allen Fasern ihres Wesens. Von klein auf waren sie ein Herz und eine Seele gewesen, hatten, wo es nur ging, alles gemeinsam unternommen, waren miteinander in ihrer kleinen Kutsche gefahren und hatten die Pferde selbst gelenkt, wobei Ludovika immer auf das Kommando ihrer resoluten Schwester hörte. Und wenn sie später ganz verzweifelt über irgendeine Lieblosigkeit ihres Mannes in tiefe Melancholie zu verfallen drohte, richtete sie sich in Gedanken an das noch viel traurigere Los ihrer Schwester auf. Was mußte die schöne Sophie allein beim Anblick ihres tolpatschigen Mannes fühlen, dessen Gegenwart ihr zuwider war und die sie dennoch ertragen mußte. Und niemals hatte sie von der Schwester ein Wort der Klage gehört, resignierend hatte sie sich in ihr Schicksal gefügt.
Auch Ludovika hatte eheliches Glück entbehren müssen, aber die Kinder sollten es einmal besser haben, das hatte sie sich im geheimen immer geschworen. Und jetzt, als sie den Brief der Schwester in Händen hielt, da schien es, als würde ihre Tochter Nené einem glücklichen Leben an der Seite des Kaisers entgegensehen.
Voller Freude las sie Nené den Brief der Tante aus Wien vor und teilte ihr zugleich die Absicht mit, die hinter dem Schreiben steckte. Nené reagierte nicht anders, als die Mutter erwartet hatte: Sie errötete bis über beide Ohren, blickte zu Boden und flüsterte verschämt, wie es sich damals für ein junges Mädchen geziemte, daß sie es sich durchaus vorstellen könnte, Franz Joseph zu heiraten. Wie oft schon hatte sie sich in ihren Jungmädchenträumen einen Märchenprinzen vorgestellt, der sie auf sein Pferd hob und mit ihr in sein Königreich ritt. Und vielleicht trug dieser Königssohn die Züge ihres fernen Vetters aus Wien, der seinerzeit in Innsbruck einen tiefen Eindruck auf Nené gemacht hatte, wenn er auch nicht allzuviel Notiz von ihr genommen hatte. Und jetzt schien es, als würden ihre Sehnsüchte tatsächlich wahr!
Nené fiel der Mutter impulsiv um den Hals, und Ludovika drückte sie fest an sich. Sie wünschte in diesem Augenblick nichts sehnlicher, als daß ihr größter Wunsch in Erfüllung gehen

möge, daß nicht nur die Tochter Kaiserin von Österreich werden sollte, sondern vor allem auch an der Seite Franz Josephs eine glückliche Frau.

Nachdem Mutter und Tochter sich von der ersten Rührung erholt hatten, begannen sie alles genau zu besprechen. Denn viel Zeit blieb nicht mehr übrig, um die Vorbereitungen zur Abreise zu treffen. Gleichzeitig mußte man beginnen, Nené in Windeseile zu einer echten Kaiserbraut auszustaffieren. Plötzlich merkte Ludovika, was bei der Erziehung der Töchter versäumt worden war. Aber irgendwie würde man dies alles noch in den Griff bekommen. Nené konnte vor Aufregung kaum ein Auge mehr zutun, tausend Gedanken stürmten auf sie ein. Mehr als einmal am Tag stellte sie sich vor den Spiegel und betrachtete sich kritisch von oben bis unten. Ein ernstes, etwas kantiges, aber ebenmäßiges Gesicht blickte ihr entgegen, dem die großen dunklen Augen einen leicht melancholischen Ausdruck verliehen. Würde der Cousin aus Wien ausgerechnet an ihr Gefallen finden, der tagtäglich von den schönsten Frauen umgeben war? Würde er sich in sie verlieben können? Nené lächelte, und der Spiegel gab dieses warme Lächeln wieder. Plötzlich hatte ihr Gesicht alle Herbheit verloren und zeigte die Schönheit eines unberührten, voll erblühten achtzehnjährigen Mädchens. Sie dachte daran, wie bewundernd die Blicke der Männer auf ihr ruhten, wenn sie hier in Possenhofen, aber auch in München in den Salons erschien. Sie galt mit ihrer hochgewachsenen, schlanken Gestalt als ein ungewöhnlich attraktives Mädchen. Nené hatte sich fest vorgenommen, die Probe in Ischl zu bestehen, sie wollte unter allen Umständen das Herz Franz Josephs erobern.

Wie alle anderen Kinder des Herzogspaares war auch Nené mehr oder weniger auf dem Lande aufgewachsen, obwohl man den Winter im weitläufigen Stadtpalais in der Ludwigstraße in München verbrachte. Jedes Jahr spielte sich, wenn der Frühling kam, die gleiche Szene ab: Kaum war der letzte Schnee geschmolzen, wurden Kleider, Wäsche, Porzellan, Silber, Hefte und Bücher, Musikinstrumente, Vogelkäfige und Spielsachen, kurz alles, was man den Sommer über brauchen würde, von den dienstbaren Geistern zusammengetragen, dann wurde der ganze Hausrat in große Reisekörbe gepackt, und ab ging es, hinaus an den Starnberger See nach Possenhofen, einem kleinen romantischen Schloß, das in der ganzen Familie mit dem liebevollen Namen „Possi" bezeichnet wurde. Wenn die Söhne und Töchter des Herzogs auch in dem großzügigen Palais in München nach Herzenslust herumtoben konnten, die wahre Freiheit gab es für sie nur in Possenhofen an den Ufern des Starnberger Sees!

Nené war von klein auf ein eher ruhiges Kind gewesen, das oft alleine spielte und sich höchstens an die jüngere Schwester Sisi anschloß. Nené bewunderte Sisi wegen ihrer lustigen Einfälle und Ideen und machte begeistert mit, wenn Sisi ihr vorschlug, gemeinsam durch den riesigen, romantischen Park zu streifen, sich hinter den dichten Büschen zu verstecken und auch auf den einen oder anderen Baum geschickt zu klettern. Freilich sah die Mutter diese kindlichen Abenteuer nicht allzu gerne, es wäre ihr wesentlich lieber gewesen, wenn die Mädchen etwas gesitteter gewesen wären, es schickte sich schließlich nicht so recht für Herzogstöchter, wie Buben herumzutoben. Außerdem hätte die Mutter es lieber gesehen, wenn Sisi und Nené länger über ihren Büchern gesessen hätten. Manchmal beschlich die Mutter sogar ein Gefühl der Angst, wenn die beiden Töchter allzulang ausblieben, und nicht nur einmal entdeckte dann ein ausgesandter Diener die beiden irgendwo auf einem Hochstand, wo sie sich ganz ruhig verhielten, um die äsenden Rehe nicht zu verschrecken. Besorgt fragte sich Ludovika manchmal, würden aus diesen beiden Töchtern jemals junge Damen werden, die in der feinen Gesellschaft aus- und eingehen konnten? Aber sie brachte es auch nicht übers Herz, die Mädchen zu regelmäßiger Arbeit zu erziehen, war sie doch selbst von ihrem überpünktlichen Vater peinlichst genau zur Ordnung und Genauigkeit, zur lebenslangen Pflichterfüllung gedrillt worden. Dies wollte sie, wo sie nur konnte, den eigenen Kindern ersparen. Und so genossen Nené und Sisi, aber auch die Buben und die kleineren Schwestern das Leben inmitten von blühenden Wiesen, geheimnisvollen Wäldern, sie schwammen wie die Fische im See und ruderten oft weit hinaus, hinüber bis zur Insel Berg, wo manchmal die bayerische Königsfamilie zu Gast war. Die Kinder hätten rundherum glücklich sein können,

wäre nicht von Zeit zu Zeit der Vater wie ein Gast erschienen, von den Buben und Mädchen begeistert begrüßt. Denn er brachte eine gewisse Spannung in das Leben in Possenhofen, da die Mutter es nicht lassen konnte, wie seit eh und je bissige Bemerkungen dem Vater gegenüber zu machen. Max störte sie einfach in allem und jedem. Er brachte nicht nur den Tagesablauf der Kinder völlig durcheinander. Aus war es mit dem ohnedies nicht allzugroßen Ernst bei den Arbeiten, die Hefte und Bücher wurden zugeklappt, und wie ein Wirbelwind ging es hinaus in die freie Natur. Man überhörte geflissentlich die mahnenden Worte der Mutter, die Kinder folgten dem lustigen Vater wie dem Rattenfänger von Hameln. Tagelang wurde nur gespielt und getobt und so mancher Schabernack getrieben, und wenn Ludovika ihrem Mann heftige Vorwürfe über sein Tun machte, dann lachte Max nur aus vollem Halse und versuchte seine erboste Frau zu beschwichtigen. Es würde schon nicht zum Schaden Nenés und Sisis sein, wenn sie mit ihm auf die Pirsch gingen oder den einen oder anderen Berggipfel erklommen. Die beiden Mädchen kletterten wie die Gemsen, warum sollten sie stundenlang nur hinter den Schulbüchern sitzen? Warum wollte Ludovika aus den beiden wohlerzogene „Ladies“ machen, die ein bißchen auf dem Klavier klimpern konnten, ansonsten aber nur darauf warteten, geheiratet zu werden? Und wenn seine Frau gar mit irgendwelchen Vorschlägen kam, wer eventuell als zukünftiger Schwiegersohn in Frage kam, dann schüttelte Max nur den Kopf und suchte, so schnell er konnte, das Weite. Seine Frau hatte sich in den vielen Jahren, die sie nun schon verheiratet waren, wirklich um nichts gebessert. Hoffentlich würden seine Töchter einmal anders werden!
Und es schien ganz so, als würde der Herzog recht behalten, denn wenn er Sisi wie eine Amazone über Felder und Wiesen im Galopp reiten sah, dann ging ihm so richtig das Herz auf. Das Mädchen saß wirklich wie ein kleiner Teufel im Sattel, zwar im Damensitz, aber abwechselnd mit den Beinen nach der rechten, dann wieder nach der linken Seite. Herzog Max hatte Sisi diese beiden Techniken von Anfang an gelehrt, da er es für wichtig erachtete, daß die Tochter beim Reiten nicht einseitig wurde. Denn perfekte Reiterinnen – und so eine sollte Sisi in den Augen

ihres Vaters werden – mußten die beidseitigen Techniken tadellos beherrschen.
Bedauernd betrachtete dann der Herzog Nené. Schade, daß sie sich aus dem Reiten nichts machte. Bei ihr waren all seine Mühen umsonst gewesen, denn Pferde bedeuteten ihr nichts, und oft hatte der Vater den Eindruck, daß sie vor diesen Tieren geradezu eine Art Angst entwickelte. Dabei saß Nené nicht schlecht im Sattel, aber je größere Fortschritte Sisi machte, desto geringer wurden die Ambitionen Nenés. Vielleicht konnte sie es nicht ertragen, daß die jüngere Schwester sie schon in kurzer Zeit übertraf, vielleicht fehlte es ihr auch an dem nötigen Temperament, ein starkes Tier wie ein Pferd beherrschen zu wollen. Denn bisweilen konnte er beobachten, wie Nené einen respektvollen Bogen machte, wenn Sisi ihren Rappen sattelte oder die Hufe auskratzte. Für Sisi war alles, was mit dem Reiten zusammenhing, etwas völlig Selbstverständliches, sie striegelte ihre Pferde selber und überließ keine Arbeit, die im Stall anfiel, den Knechten. Dazu liebte sie ihre Tiere viel zu sehr. Und so wohl sie sich auch im Kreise der Geschwister fühlte, so zog es sie doch immer wieder in einen stillen Winkel des weiten Parks mit seinen wildwachsenden Büschen, den duftenden Blumen, zwischen denen bunte Schmetterlinge schwebten, und den uralten Bäumen, wohin sie dann ihren Papagei mitnahm, dem sie mit größter Geduld stundenlang die gleichen Wörter vorsagte, um ihm das Sprechen beizubringen. Sie vergaß darüber Raum und Zeit, und ganz erschreckt schaute sie auf, wenn sie merkte, daß es allmählich dunkel geworden war. Ab und zu waren ihre Bemühungen von Erfolg gekrönt, und der bunte Vogel gab irgendeinen Laut von sich, der sich wie ein Wort anhörte. Dann konnte Sisi in größte Entzückung geraten. Sie lief zu ihren Geschwistern und führte ihnen voller Stolz die neueste Errungenschaft ihres Papageis vor.
Der Vater brachte den Eigentümlichkeiten seiner Kinder viel Verständnis entgegen, vielleicht auch, weil er sie so selten zu Gesicht bekam. Manchmal traf Herzog Max ganz überraschend in Possenhofen ein; dann machte er sich einen Spaß daraus und schlich sich unbemerkt ins Schloß und niemand wußte, daß er heimgekommen war. Sisi wurde eines Tages gefragt, ob der Vater zu

Hause sei, worauf sie antwortete: „Gesehen hab' ich ihn noch nicht, aber pfeifen hab' ich ihn gehört!"
Nicht nur die Kinder liebten den temperamentvollen Herzog, auch die Bewohner der umliegenden Dörfer hatten eine Schwäche für ihn. Denn er war so ganz und gar nicht das, was man sich unter einem Adeligen vorstellte. Er kannte keinen Hochmut und keine vornehme Zurückhaltung, dankte freundlich jedermann, der vor ihm den Hut zog und setzte sich, wenn er in Stimmung war, manchmal an den rohen Tisch eines Dorfwirtshauses, nahm seine Zither aus dem Sack und spielte den erstaunten Gästen zum Tanze auf. Die Begeisterung kannte keine Grenzen, wenn der Herzog dann noch das eine oder andere Schnaderhüpfl zum besten gab. Weit und breit war er als „Zither-Maxl" bekannt, und nur wenige wußten, daß sich hinter seiner Fröhlichkeit auch ein ernstzunehmender Musiker und gebildeter Schriftsteller verbarg, der vor allem historische Abhandlungen schrieb.
Seine Kinder hatten nur einige seiner vielfältigen Eigenschaften geerbt. Nené glich ihm wenig in ihrem Wesen, sie war von klein auf viel zu ruhig, und allgemein meinte man, daß sie mehr nach der Mutter geriet, die ein liebevolles, aber eher nüchternes Wesen hatte. Sisi war ganz und gar seine Tochter, das fühlte Max, und daher liebte er dieses Kind besonders. Sie hatte nicht nur seine Liebe zum Dichten geerbt, so wie ihn zog es sie hinaus in Gottes schöne Natur, so wie er fand sie ein besonderes Vergnügen, die Tiere des Waldes zu beobachten. Und mit ihrer Reiselust schien sie ganz in die Fußstapfen ihres Vaters zu treten, denn sie war diejenige, der es am wenigsten ausmachte, wenn die Familie immer wieder zwischen München und Possenhofen hin- und herzog. Die anderen Kinder schätzten viel mehr ein festes Zuhause, während sich Sisi jedesmal auf irgendeine Abreise freute. Sosehr sie die Tochter ihres Vaters war, so fehlten ihr doch zwei ganz wesentliche Charaktereigenschaften von Herzog Max: seine Fröhlichkeit und seine Leutseligkeit. Vieles, was ihr später das Leben erschwerte, wäre ihr als Kaiserin erspart geblieben, hätte sie wie Max die Gabe gehabt, ungezwungen auf die Leute zuzugehen und sich immer und überall Freunde zu machen. Solange sie noch in der Familie in Possenhofen lebte, fiel es niemandem auf, daß das junge Mädchen

gern die Einsamkeit suchte. Dort sah sie die Welt mit ihren Augen, für ein halbes Kind noch vielleicht etwas zu melancholisch. Freilich blieb sie nicht lange allein, denn die Geschwister begannen sie zu suchen, man vermißte sie beim Spiel. Hatte man sie dann in einem ihrer Schlupfwinkel entdeckt, führte man sie wie im Triumphzug mit sich. Sie wehrte sich nicht, sondern lachte und war von einem Moment auf den anderen wieder die lustige Spielgefährtin, mit der man meist Pferde stehlen konnte.
Nené war da ganz anders, sie war einfach älter, reifer, damenhafter, sie sprang nicht mehr unbeschwert über Gräben und Bäche, sie schritt schon viel gesitteter durchs Leben, vor allem jetzt, als bekannt geworden war, daß sie den jungen Kaiser von Österreich heiraten sollte. Die Sensation war für die Geschwister perfekt! Eine Kaiserin in der Familie! Die Brüder und Schwestern waren von dem Heiratsplan genauso begeistert wie Ludovika. Wie aber würde Nené als Kaiserin ausschauen? Die Buben begannen sich auf Schritt und Tritt ehrfurchtsvoll vor der Schwester tief zu verbeugen, machten ihr den Weg frei und betitelten sie mit „Majestät“, worauf ihnen Nené einen derben Knuff versetzte. Nicht nur einmal mußte die Mutter eingreifen, wenn die Neckereien und Hänseleien allzu derbe Formen annahmen. Auch Sisi beteiligte sich weidlich an den Scherzen, von denen Nené wußte, daß sie nicht böse gemeint waren. Schließlich: Spaß mußte auch in so einer Situation sein!
Die Vorbereitungen für die Abreise liefen auf Hochtouren. Ursprünglich war außer Ludovika und Nené auch Herzog Max nach Ischl eingeladen worden. Aber Max wußte genau, daß dies eine reine Höflichkeit war. Er kannte seine Schwägerin, mit der er sich noch nie verstanden hatte, nur zu genau. Wo sie nur konnte, rümpfte sie die Nase über ihn und seinen Lebenswandel. Alles, was ihm Freude und Spaß machte, war für die Erzherzogin ein Dorn im Auge. Wie war es für einen Mann in seiner Stellung möglich, sich derart leutselig und volkstümlich zu geben? Nicht nur, daß er dann, wenn er gebraucht wurde, irgendwo außer Landes war, er traf sich auch regelmäßig mit seinen Freunden zu einer Tafelrunde, wo man trank, lachte und lustige Reime schmiedete. Konnte Sophie so eine Verbrüderung mit dem Volke schon nicht

verstehen, so glaubte sie ihren Ohren nicht trauen zu können, als sie erfuhr, daß ihr Schwager – angetan mit Lederhosen, Wadenstrümpfen und den Gamsbarthut auf dem Kopfe – in einfachen Bauernwirtshäusern einkehrte und dort als Gelegenheitsmusiker auftrat! Daß man ihn nicht erkannte, machte ihm besonderen Spaß. Packte er dann, spät nach Mitternacht, die Zither wieder in den Sack, erschien manchmal der Wirt und legte ihm ein paar Kreuzer als Lohn für sein Spiel auf den rohen Brettertisch. Und Max nahm das Geld und steckte es sorgfältig in seine Weste. Ein Wirtshausmusikant sollte der Schwiegervater ihres Sohnes, des Kaisers von Österreich, werden! Sophie stiegen bei diesem Gedanken die Haare zu Berge, aber was sollte sie tun? Ändern würde sie Max wohl kaum, aber sie machte aus ihrem Herzen bei Gott keine Mördergrube und zeigte dem Schwager bei jedem Zusammentreffen, was sie von ihm hielt.

Und Max reagierte nicht anders, als man von ihm erwartet hatte: Er reizte die noble Schwägerin, wann immer sich die Gelegenheit dazu bot und beging absichtlich einen Fauxpas, den er sich ausgedacht hatte, nach dem anderen. Dabei blitzte ihm der Schalk aus den Augen, und er freute sich diebisch, wenn er das wütende, empörte Gesicht der Schwägerin erblickte.

Als Ludovika ihrem Manne die Einladung Sophies nach Ischl überreichte, teilte er ihr umgehend mit, daß er unter keinen Umständen mitkommen wollte. Ludovika war zwar leicht gekränkt, daß ihr Mann es vorzog, bei so einer wichtigen Angelegenheit lieber ins Gebirge auf die Jagd zu gehen, aber man konnte bei ihm nie wissen, was er Sophie gegenüber wieder im Schilde führen würde. Vielleicht war es besser so! Wie leicht hätte Max den Ischler Frieden stören können!

Aber mit Nené allein wollte Ludovika auch nicht reisen, das wäre denn doch zu auffällig gewesen. Ludovika überlegte lange, wen sie an Stelle ihres Mannes mit ins Salzkammergut nehmen sollte. Ganz plötzlich hatte sie eine Idee: Sisi sollte mitkommen, sie würde sich sicherlich darüber freuen, ging sie doch so gern auf Reisen! Mit dieser Entscheidung hatte Ludovika, Herzogin in Bayern, ohne es zu ahnen, die Weichen für die Zukunft ihrer Tochter Elisabeth gestellt.

Die letzten Wochen vor der Abreise waren von ungewohnter Hektik erfüllt. In Windeseile hatte man eine Schar von Schneidern ins Haus bestellt, die die zukünftige Braut von Kopf bis Fuß neu einkleiden sollten. Dabei wählte man besonders weiche Stoffe für die verschiedenen Complets aus in schmeichelnden Pastelltönen, die dem dunkelhaarigen Mädchen besonders gut zu Gesicht standen. Mutter und Tochter ließen es sich nicht nehmen, gemeinsam die Stoffe auszusuchen und die Fasson der Kleider und Mäntel zu bestimmen, damit die hohe, schlanke Gestalt Nenés ganz besonders gut zur Geltung kam. Man wollte ihre „Schokoladenseiten" besonders herausstreichen, dabei ging man aber trotzdem etwas vorsichtig vor, denn allzu leicht hätten zu viele Spitzen und Rüschen dem etwas spröden Charme Nenés nicht entsprochen und sie seltsam verniedlicht. Es dauerte lange, bis sich Mutter und Tochter über den Stil der Garderobe einigen konnten, da das junge Mädchen ganz eigene Vorstellungen entwickelt und Ludovika in ihrer eher konventionellen Art nicht spontan zu überzeugen war, daß die Tochter recht hatte. Dabei schien es beiden wichtig zu sein, Franz Joseph und der Wiener Verwandtschaft zu zeigen, daß man auch in München durchaus nach dem letzten Modeschrei gekleidet sein konnte, geschmackvoll und doch „up to date". Freilich gab die Wiener Mode neben der Pariser international den Ton an, aber man wußte sich auch in der bayerischen Hauptstadt schick und modern zu kleiden.
Beinahe Tag und Nacht nähten und stichelten die Schneider rund um Possenhofen, aber auch in den großen Salons in München hatte man für die zukünftige Braut des Kaisers alle Hände voll zu tun, während Nené von einem Lehrer zum anderen geschleppt wurde. So mancher der plötzlich engagierten Pädagogen hätte sich gern einen Nürnberger Trichter gekauft, um der Herzogstochter das gesamte Wissen einzuflößen, das sie bisher versäumt hatte zu erwerben. Die Sprachkenntnisse Nenés erwiesen sich als mehr als dürftig, und sie durfte gar nicht daran denken, daß sie ihre Tante und zukünftige Schwiegermutter in Ischl womöglich in französischer Sprache ansprechen würde, wie dies am Wiener Hof bei der älteren Generation immer noch der Brauch war. In Aristokratenkreisen bediente man sich eben des Französischen,

man parlierte in der Sprache der Diplomaten und der eleganten Welt! Nené malte sich dies voller Schrecken aus, denn ein abgehacktes Stottern ihrerseits würde die Antwort sein. Oder wenn gar der Cousin auf die Idee käme, einige ungarische Worte an sie zu richten. Freilich, als bayerische Prinzessin mußte sie nicht unbedingt diese für damalige Verhältnisse beinahe exotische Sprache beherrschen, aber schön wäre es doch gewesen, hätte sie wenigstens einige Sätze gekonnt. Einzig und allein Englisch war den Possenhofener Kindern vertraut, da die Gouvernanten mit ihnen in dieser Sprache plauderten.
Und da Nené genau wie Sisi nicht gewohnt war, systematisch zu lernen, fiel ihr alles nun doppelt schwer. Aber – wo ein Wille, da ein Weg, dachte Ludovika, denn sie wußte, daß Nené unbedingt Kaiserin werden wollte. Die Mutter kannte die Tochter nur allzugut und wußte, daß Nené einen besonderen Fleiß entwickeln konnte, wenn es darum ging, etwas Entscheidendes zu erlernen. Alles würde gut werden, und sie würde in Ischl bestimmt keine schlechte Figur abgeben.
Das Antwortschreiben an die Schwester im fernen Wien fiel ganz so aus, wie es sich Sophie vorgestellt hatte. Ludovika würde mit Nené zum Geburtstagsfest des Kaisers nach Ischl reisen. Einigermaßen überrascht las Sophie, daß auch die jüngere Tochter Elisabeth mit von der Partie sein würde. Sie hatte das Mädchen zwar nicht eingeladen, aber im Grunde hatte Sophie nichts dagegen, wenn die Kleine mitkam. Im Gegenteil: Sophie war es schon vor Jahren in Innsbruck aufgefallen, daß ihr jüngerer Sohn Karl Ludwig ganz verstohlen verliebte Blicke auf die kleine Cousine geworfen hatte. Warum eigentlich nicht? Eine zweite Ehe mit einer bayerischen Prinzessin konnte sich Erzherzogin Sophie, nachdem sie nun einmal von ihrem Standesdünkel Abstand genommen hatte, durchaus vorstellen. Man wäre wieder eine Sorge los!
Wann Ludovika ihren Mann von den eigentlichen Plänen der Schwester unterrichtete, ist nicht bekannt. Wahrscheinlich stand der Herzog der Sache mit gemischten Gefühlen gegenüber. Eindeutig Stellung nahm er zu diesem Heiratsprojekt jedenfalls nicht, denn Herzog Max machte sich über das Wohl und Wehe seiner Kinder ein Leben lang wenig Gedanken – damals und

später. Er kannte seine Tochter als ein diszipliniertes junges Mädchen, das durch die Initiative seiner Frau sogar eine gewisse Art von Bildung erlangt hatte, allerdings bei weitem nicht so viel, wie dies in ihrem Stande nötig gewesen wäre. Denn obwohl sich Ludovika redlich bemühte, passende Lehrer für die Kinder auszusuchen, war es ihr doch niemals gelungen, die beiden Mädchen Nené und Sisi zu ernsthaften Schülerinnen zu erziehen. Alles, was die Professoren vortrugen, ging beinahe spurlos an den jungen Leuten vorbei, sie hatten einfach kein Interesse an anderen Sprachen oder an den Rechenbeispielen, die sie lösen sollten. Die Mädchen zeigten sich nur ab und zu ein wenig begeistert, wenn die Lehrer unheimliche Balladen oder romantische Gedichte vortrugen oder wenn Zeichen- und Malstunden angesetzt waren. Vor allem Nené malte leidenschaftlich gern, und ihre Bilder wurden von der jüngeren Schwester entsprechend bewundert. Aber alles in allem waren ihr Wissen und ihre Bildung äußerst spärlich.

Sollte seine Frau die Tochter an den Kaiser verheiraten, wenn Nené einverstanden war, dann war es auch ihm recht! So dachte Herzog Max und verließ, da er die Unruhe in dem sonst leicht verschlafenen Possenhofen nicht länger ertragen konnte, das Haus. Er würde schon rechtzeitig zur Stelle sein, wenn der Kaiser von Österreich tatsächlich um die Hand Nenés anhalten sollte. Das versprach er Ludovika zum Abschied.

Die Aufregung steigerte sich, je näher der Tag der Abreise kam. Ludovika hatte nur noch ein Gesprächsthema sowohl beim Frühstück als auch beim Mittag- und Abendessen. Mit aufgeregter Stimme erzählte sie wahre Wunderdinge den andächtig lauschenden Geschwistern der zukünftigen Kaiserbraut, und selbst der kleine „Mapperl", wie Max Emanuel zärtlich gerufen wurde, spitzte schon die Ohren. Aber vor allem die Schwestern konnten nicht genug vom Leben am Wiener Hof erfahren, und in Gedanken sahen Marie, Mathilde und Sophie Nené schon in prachtvollen Samt- und Seidenkleidern auf dem goldenen Thron neben dem Kaiser sitzen, mit einer Krone in den dunklen Haaren, aus der die Diamanten nur so blitzten. Und von Tag zu Tag wurde aus der älteren Schwester allmählich eine Märchenprinzessin. Nur Sisi saß jedesmal seltsam schweigsam da. Sie hörte sich zwar die begeisterten Geschichten der Mutter an, aber sie konnte sich trotzdem nicht vorstellen, wie Nené, die ein so ganz anderes Leben innerhalb der großen Familie in „Possi“ gewohnt war, am Kaiserhof glücklich werden konnte – wenn es wirklich stimmte, was die Mutter da erzählte. Sie und Nené waren doch bis vor kurzem noch so gerne durch Wiesen und Wälder gelaufen, hatten sich hinter den dicken Bäumen des Parks versteckt und waren in fröhliches Gelächter ausgebrochen, wenn sie ihre Brüder Ludwig und „Gackel“, wie der um zwei Jahre jüngere Bruder Carl Theodor gerufen wurde, gehörig erschrecken konnten. Aber in letzter Zeit war Nené seltsam erwachsen und ernst geworden. Sie verstand einfach nicht mehr so viel Spaß, ging es Sisi durch den Kopf. Vielleicht war für sie wirklich die Zeit zum Heiraten gekommen? Sisi begrub all die inneren Zweifel, die sie befielen, wenn sie daran dachte, daß Nené schon bald an den Wiener Kaiserhof ziehen würde, wenn sie in das strahlende Gesicht der älteren Schwester blickte und wenn ihr die Schwester dann im geheimen anvertraute, daß sie es kaum erwarten konnte und sie schon die Tage zählte, bis die Reise nach Ischl endlich begann.

In ihrer Aufregung wußte Ludovika kaum, wo ihr der Kopf stand und was sie als erstes anordnen, wo sie beginnen sollte. Tausenderlei wollte erledigt werden, hunderterlei Dinge fielen ihr täglich neu ein, wobei sie nichts vergessen durfte. Und wenn ein Besucher zufällig unangemeldet nach Possenhofen kam, hatte er den Eindruck, als stünde die Hochzeit unmittelbar in den nächsten Tagen bevor.

Sorge und Angst befielen plötzlich die Herzogin, denn sie erkannte entsetzt, daß die Tochter von vielen Dingen, die am Habsburgerhof gefragt waren, keine Ahnung hatte. Wie sollte ihr Kind in Wien an der Seite des Kaisers eine gute Figur machen, wenn sie gar nicht wußte, wie man eigentlich repräsentierte, wie sollte sie mit ausländischen Diplomaten als Kaiserin Konversation machen können, wenn sie außer ein wenig Englisch und noch weniger Französisch keine andere Sprache beherrschte? Ja, sie hätte wirklich konsequenter sein sollen und die Kinder zwingen müssen, mehr als nur das Notwendigste zu lernen. Denn jetzt war guter Rat wirklich teuer!

Auf die Unterstützung und Hilfe ihres Mannes konnte Ludovika wie immer in keiner Weise rechnen. Herzog Max betrachtete die ganze Angelegenheit eher gelassen. Wenn der Franz Joseph schon die Nené als Frau haben wollte, so würde er nicht dagegen sein, obwohl er sich für seine Tochter eher einen unkomplizierteren Mann vorgestellt hatte. Aber sei's, wie's sei! Nené würde schon mit ihm und der Situation am Wiener Hof zurechtkommen. Davon war er felsenfest überzeugt, und er konnte die ganze Aufregung seiner Frau beileibe nicht verstehen. Sie sah wie immer und überall Gespenster!

Für Nené hatte sich der Alltag schlagartig geändert. Von früh bis spät saß sie über irgendwelchen Büchern. Sie bemühte sich redlich, alles das zu verstehen und zu lernen, was eiligst engagierte Experten ihr in einem Schnellsiedekurs einzutrichtern versuchten. Allzuviel hatte sie bis jetzt versäumt. Manchmal nahm auch Sisi aus reiner Gutmütigkeit an diesen Paukstunden teil, eigentlich nur, damit die Schwester nicht ganz so verlassen war. Wie glücklich fühlte sie sich, daß nicht sie all diese uninteressanten Dinge in so kurzer Zeit lernen mußte. Arme Nené!

So müde Nené auch jeden Abend ins Bett fiel, sosehr sie manchmal verzweifelt darüber war, daß sie manche Dinge immer wieder und wieder wiederholen mußte, weil sie sich einfach nichts mehr merken konnte, so ehrgeizig war sie auch, alles nur Menschenmögliche zu erlernen. Denn die Aussicht, den jungen, gutaussehenden Franz Joseph heiraten zu können, beflügelte ihren Ehrgeiz. Der Kaiser sollte von ihr nicht enttäuscht sein, und schon am allerwenigsten seine liebe Mama, Tante Sophie! Mit wahrem Feuereifer stürzte sie sich auf ihre Aufgaben, sie lernte und übte, bis ihr der Kopf rauchte und wurde nicht müde, bis zum späten Abend all dies zu tun, was die Mutter für richtig hielt.

So vergingen die Tage wie im Fluge. Wenn dann der Abend kam, klopfte noch ein Tanzmeister an die Tore des Schlosses, denn das Ausbildungsprogramm der Herzogstochter war noch lange nicht zu Ende. Nach dem Abendessen begann damit der etwas weniger anstrengende Teil des Pensums, wenn Nenés Bewegungen unter der fachkundigen Anleitung eines Ballettmeisters verfeinert wurden. Am Wiener Hof konnte die Kaiserin nicht einfach gehen oder gar laufen wie am Starnberger See, hier mußte sie würdevoll schreiten können. Natürlich schloß sich an die Bewegungsinstruktion auch noch eine Tanzausbildung an. Denn obwohl der Herzog in seinem Stadtpalais Jahr für Jahr die tollsten Faschingsbälle veranstaltete, hatte sich eigentlich niemand so recht darum gekümmert, die Töchter des Herzogspaares in der Kunst des Tanzens zu unterrichten. Was weder Nené noch Sisi bis jetzt vermißt hatten, zeigte sich nun als ausgesprochene „Bildungslücke". Wie sollte Nené an der Seite des Kaisers Redouten und Bälle eröffnen, wenn sie selbst nicht richtig tanzen konnte? Unvorstellbar!

Aber Nené war eine gelehrige Schülerin, die so lange übte und probierte, bis ihr auch die schwierigsten Schritte mühelos gelangen, während ihre Schwester Sisi schon bald gelangweilt durch die komplizierten Quadrillefiguren die Tanzstunden verließ. Sie war auch bisher ohne die gezierten manirierten Schritte im Leben ausgekommen, warum sollte sie sich jetzt wie die Schwester im Schweiße ihres Angesichtes abplagen und auf die Kommandos der Tanzmeister hören? Da schwang sie sich schon lieber aufs Pferd und ritt im gestreckten Galopp den See entlang. Wahrscheinlich ritt Sisi damals schon – freilich heimlich – im Herrensitz, was für die damaligen Zeiten nicht nur nicht „ladylike" sondern absolut „shocking" war.

Für die besorgte Mutter, die Nené am vorteilhaftesten dem Kaiser präsentieren wollte, vergingen die Tage und Wochen bis zur geplanten Abreise viel zu schnell. Eines Tages aber war es so weit, die Reisekörbe waren vollgepackt, und alles war schon in die bereitstehenden Kutschen verladen, als eine Hiobsbotschaft alle Pläne Ludovikas beinahe zerstörte: Ein entfernter Onkel war plötzlich gestorben. Obwohl sich die Trauer und die Tränen über diesen unmerklichen Verlust in Grenzen hielten, mußte man doch, der Tradition folgend, sich zumindest in den nächsten Wochen in Trauerkleidung hüllen. Ludovika selbst hätte dies zwar wenig ausgemacht, aber wenn sie sich ihre dunkelhaarige Nené in schwarzem Trauergewand vorstellte, bereitete ihr dies schlaflose Nächte. Wie sollte das Mädchen attraktiv ausschauen, wo Schwarz zu ihrem eher blassen Teint in keiner Weise paßte! Wie leicht konnte der Tod des beinahe unbekannten

Oheims die so rosig scheinende Zukunft ihrer Tochter mit einem Schlage zunichte machen!
Ludovika hatte nicht einmal Zeit, ihre Schwester, Erzherzogin Sophie, auf den unerwarteten Anblick vorzubereiten, denn der Tag der Abreise war längst angebrochen. In aller Eile hatte Ludovika für die beiden Töchter Nené und Sisi lange, schwarze hochgeschlossene Kleider besorgen lassen. Es brach ihr fast das Herz, als sie die Mädchen in ihrer unvorteilhaften Robe erblickte. Vor allem Nené, auf deren Anblick es in den nächsten Tagen so sehr ankommen würde, wirkte beinahe unheimlich düster, während Sisi in ihrer unbekümmerten Art lange nicht so trist wirkte. Aber wer dachte schon an Sisi?
Als die drei Damen die Kutsche bestiegen, lautstark von den übrigen Kindern der Herzogsfamilie, die zurückbleiben mußten, verabschiedet, befiel Ludovika eine seltsame Unruhe. Was wäre, wenn Nené dem Kaiser nicht gefiel? Obwohl sie krampfhaft versuchte, die Zweifel zu zerstreuen, wollte ihr dies nicht ganz gelingen. Vielleicht war dies der Grund, daß sie plötzlich auf dem Weg nach Bad Ischl von einer überaus heftigen Migräne attackiert wurde. Sie glaubte, ihr Kopf würde zerspringen. Dazu kam eine so heftige Übelkeit, daß es für sie unmöglich wurde, die Reise wie geplant fortzusetzen. Im nächstgelegenen Ort wurde angehalten und in aller Eile für die Herrschaften Zimmer reserviert. Die Herzogin hatte nur einen Wunsch: in einen verdunkelten Raum zu kommen, sich ein nasses Tuch über die schmerzende Stirn zu legen und so abwarten zu können, bis die rasenden Schmerzen endlich von ihr abließen. Wie oft in ihrem Leben hatte ihr ein Migräneanfall schon einen Strich durch die Rechnung gemacht, wie sehr fühlte sie sich manchmal in entscheidenden Augenblicken durch dieses Leiden außer Gefecht gesetzt. Sie telegraphierte ihrer Schwester nach Ischl, daß sie nicht zum festgesetzten Zeitpunkt eintreffen konnten. Und sosehr Sophie genauso wie ihr und Ludovikas Vater, der bayerische König Maximilian I. Joseph, auf Pünktlichkeit allergrößten Wert legte, so wußte Ludovika wiederum, daß Sophie diesmal ihre Verspätung akzeptieren würde. Denn auch sie litt schon von Kindesbeinen an an Migräne, und Ludovika erinnerte sich noch genau, wie sie manchmal beide im

verdunkelten Zimmer das Bett hüten mußten, unfähig, einen klaren Gedanken zu fassen.

Aber endlich war es dann doch soweit, und man konnte die unterbrochene Reise nach Ischl fortsetzen. Freilich mußte man sich jetzt doppelt beeilen, denn allmählich wurde die Zeit knapp, wollte man noch rechtzeitig zum Geburtstag des Kaisers im Salzkammergut eintreffen, wo die große Entscheidung für Nené fallen sollte. Der Kutscher trieb die Pferde zu äußerster Eile an – an ihm sollte es nicht liegen. Über Salzburg ging es den Fuschlsee entlang, dann hinunter zum zauberhaften Wolfgangsee, der die beiden Mädchen besonders entzückte. Und endlich trafen die drei Damen in Ischl ein, wo sie von Erzherzogin Sophie schon voller Ungeduld erwartet wurden.

Herzlich schloß Sophie die Schwester in die Arme, während sie ihre beiden Nichten, die vor ihr in artigem Hofknicks versanken, etwas von oben herab betrachtete. Als Nené sah, daß sich die Tante keinen Zwang antat und sie vom Scheitel bis zur Sohle musterte, drehte sie sich schnell um, denn sie fühlte, wie sie unter den kritischen Augen der Erzherzogin über und über errötete. Man konnte unschwer erkennen, daß sie mit dem Aussehen ihrer Nichte nicht ganz zufrieden war. Nicht, daß sie an ihrer Gestalt oder an dem aparten Gesicht etwas auszusetzen gehabt hätte, aber die schwarze Trauerkleidung war „terrible". Das lange, düstere Kleid nahm alle Farbe aus dem an sich schon eher blassen Gesicht, und die Nichte wirkte dadurch keineswegs attraktiv und anziehend.

Sophie warf einen vorwurfsvollen Blick auf die Schwester. Bei aller Pietät dem verstorbenen weitschichtigen Onkel gegenüber – aber hier stand mehr auf dem Spiel! Wie konnte Ludovika das Mädchen so unvorteilhaft kleiden! Sophie wußte nicht, daß sich die beiden Nichten in Ischl noch umziehen hätten sollen, bevor sie der Kaiserfamilie ihre Aufwartung machten. Aber Nené und Sisi hatten nicht einmal eine halbe Stunde Zeit, um sich nach der anstrengenden Reise einigermaßen frisch zu machen oder gar die Kleider zu wechseln. Ihre Kammerzofe konnte ihnen lediglich kurz mit der Bürste über das Haar streichen, damit sie wenigstens nicht mit ungeordneter Frisur vor dem jungen Kaiser erschienen, dann erging schon die Order, daß die Tante ungeduldig auf sie in ihren Gemächern wartete.

Je länger Sophie sie betrachtete, umso verlegener, ja beinahe weinerlich wurde Nené. Ahnte sie doch, wie entscheidend erste Eindrücke sein konnten. Aber die Tante war ja noch nicht Franz Joseph. Allmählich aber legte sich die allgemeine Befangenheit, die sich nach der ersten Begrüßung eingestellt hatte, und die beiden Mädchen verloren der kaiserlichen Tante gegenüber ihre Schüchternheit. Vor allem Sisi plauderte munter drauflos, so wie

sie es von Possenhofen her gewohnt war. Erstaunt und indigniert zog Sophie die Augenbrauen unmerklich in die Höhe und blickte das junge Mädchen leicht mißbilligend an. Sie war es nicht gewohnt, daß jemand, ohne von ihr gefragt zu sein, die Konversation begann. Manieren hatte Ludovika dem Kind offenbar nicht beigebracht. Ganz der Vater, dieser kleine Fratz!
Aber warum beschäftigte sie sich eigentlich mit Sisi – Gott sei Dank zeigte sich Nené viel zurückhaltender. Sie schien den richtigen Respektsabstand ihr gegenüber zu kennen, und es dauerte nicht lange, da hatte diese Nichte das absolute Wohlwollen der Tante erreicht. Ja, Helene – die Erzherzogin nannte sie ausdrücklich nicht mit ihrem Kosenamen – würde eine echte Kaiserin werden! Freilich würde noch da und dort Erziehungsarbeit zu leisten sein, um dieses Landkind nach den habsburgischen Vorstellungen und Traditionen zu formen, aber das Mädchen wirkte willig und bereit, sich ihren Anordnungen zu fügen und ihren Befehlen zu gehorchen.
Nené und Sisi sahen sich in dem Salon, in dem die Tante sie empfangen hatte, vorsichtig um. Alles war ganz anders als in ihrem Stadtpalais in München, nicht gerade ungemütlich mit den schweren Polstermöbeln, den vergoldeten Lüstern und den Samtbordüren. Überall standen wertvolle Silberkaraffen, geschliffene Kristallschalen und bunte Blumen in chinesischen Vasen. Die beiden Mädchen konnten sich schon vorstellen, daß sich hier der mit Arbeit überlastete Kaiser ausruhen und wohlfühlen konnte. Und während Nené und Sisi die kostbaren Einrichtungsgegenstände bewunderten, besprachen Sophie und Ludovika noch einmal ihren Plan bis ins kleinste Detail. Ganz so, wie man es brieflich vereinbart hatte, sollte alles geschehen, zwanglos und möglichst unauffällig.
In wenigen Minuten würde der Tee serviert werden, zu dem auch Franz Joseph angesagt war. Er war von seiner Mutter gebeten worden, nicht sofort bei der Ankunft der Cousinen und der Tante anwesend zu sein, denn Sophie wollte erst einmal allein die bayerische Verwandtschaft begrüßen und dabei Nené in Augenschein nehmen. Aber jetzt war der Augenblick gekommen, in dem sich die Tür weit öffnete und der Kaiser lächelnd eintrat. Er

ging beschwingt auf seine Tante zu und begrüßte sie überaus freundlich. Dann reichte er Nené die Hand, die neben der Mutter stand. Er konnte es nicht verhindern, daß das Mädchen verwirrt und verlegen in einem tiefen Hofknicks vor ihm versank. Franz Joseph hob seine Cousine auf, und einen Moment lang standen sich die beiden jungen Leute stumm, abwartend gegenüber, einer musterte den anderen, und man wußte nicht, was man sagen sollte. Und da Franz Joseph ein Leben lang kein Mann großer Worte war, machte sich allgemein Verlegenheit breit. Da, plötzlich, fiel der Blick des Kaisers auf Nenés jüngere Schwester Sisi, die neugierig die erste Begegnung ihrer Schwester mit deren zukünftigem Mann beobachtete. Ein Lächeln huschte über das ernste Gesicht des Kaisers, als er das natürlich frische Mädchen begrüßte. Und mit einem Mal wich die starre Maske von Franz Joseph, er schien plötzlich wie erlöst, als er in die leuchtenden Augen Sisis blickte.

Nun fand auch der Kaiser seine Sprache wieder. Er machte einen kleinen Scherz, den Sisi schlagfertig parierte und fragte sie, wie die Reise gewesen und ob sie gerne nach Ischl gekommen sei. Dabei hörte er, daß die kleine Cousine das Reisen liebte und daß sie eigentlich hätte gar nicht mitfahren dürfen. Nené stand mit verschlossenem Gesicht neben der lustig plaudernden Schwester und wußte nicht, wie sie sich verhalten sollte. Warum wandte sich der Kaiser eigentlich nicht auch an sie, die als seine Braut auserwählt worden war? Immer wieder versuchte Nené in einer etwas linkischen Art, Franz Joseph auf sich aufmerksam zu machen und ihn in ein Gespräch zu ziehen, es wollte ihr aber nicht so recht gelingen.

Allmählich war auch Erzherzogin Sophie auf die seltsame Situation aufmerksam geworden, in der sich Nené befand. Ja, was war in ihren Sohn gefahren, warum interessierte er sich nur für das, was die kleine, eher unscheinbare Sisi zum besten gab? So amüsant war dies nun auch wieder nicht. Merkte er denn nicht, wie attraktiv Nené war, hatte er plötzlich keine Augen im Kopf? Er sollte Nené heiraten, dazu war sie mit ihrer Mutter und, wie es schien, leider auch mit ihrer Schwester nach Ischl gekommen.

Aber Franz Joseph erweckte den Anschein, als wäre er von der kleinen Sisi buchstäblich hypnotisiert. Warum warf er nicht wenigstens einen Blick auf Helene, dann würde er sehen, daß sie trotz des schwarzen Kleides eine gertenschlanke, blendende Figur hatte, daß ihr weißer Teint makellos war, und daß das dunkle Haar ihr Gesicht wirklich apart umrahmte. Der Kaiser war doch sonst kein Frauenverächter, in vielen Fällen hatte er seinen erlesenen Geschmack immer wieder gezeigt, und nun?
Nené stand da und wußte nicht, was sie eigentlich hier sollte. Auch als der Tee serviert wurde und man zwanglos Platz genommen hatte, hatte der Kaiser nur noch Augen und Ohren für Sisi. Und die schien das in ihrer kindlich naiven Art gar nicht zu bemerken und antwortete auf alle Fragen Franz Josephs völlig unbefangen. Und während sie mit dem Kaiser Konversation machte, zwinkerte sie ihrem Cousin Karl Ludwig verstohlen zu, der kurz nach Franz Joseph das Zimmer betreten hatte, mit dem sie seit den gemeinsamen Tagen in Innsbruck immer wieder kurze Briefe ausgetauscht hatte. Auch der Bruder des Kaisers war entzückt, die Cousine aus Possenhofen wiederzusehen, hatte er damals doch fast sein Herz an das halbe Kind verloren. Jetzt war Sisi mit ihren fünfzehn Jahren zu einem entzückenden Backfisch geworden, und Karl Ludwig konnte sich ausmalen, wie es sein würde, wenn sie einander näherkämen.
Aber je mehr sich der Kaiser mit Sisi beschäftigte, umso länger rührte Karl Ludwig mit düsterem Gesicht in seiner Teetasse. Was ging hier vor? War nicht Nené als Braut für den Bruder von der Mutter ausgesucht worden? Wieso beachtete Franz Joseph diese Cousine so gar nicht? Wenn er womöglich auf die Idee käme, nicht Nené, sondern Sisi zu wählen? Karl Ludwig wollte den Gedanken nicht zu Ende denken, zu entsetzlich wäre der Verlust seines Traummädchens für ihn gewesen!
Als zu Tisch gebeten wurde, hatte Nené natürlich ihren Platz an der Seite des Kaisers. Jetzt, so hoffte sie, würde Franz Joseph endlich Notiz von ihr nehmen müssen! Die Mutter hatte die Sitzordnung zwar schon Tage vorher bestimmt, aber im letzten Moment wurde aus gegebenem Anlaß so manches noch schnell

umgestoßen. Sisi sollte vom Kaiser möglichst weit weg sein und wurde daher am Ende der Tafel neben ihre Erzieherin gesetzt. Aber auch diese Distanz konnte nicht verhindern, daß der Kaiser, wo er nur konnte, zu Sisi hinüberschaute und wenig Notiz von seiner Tischnachbarin nahm. Die Situation war für Nené mehr als peinlich, vor allem, da sie selbst immer weniger wußte, wie sie sich eigentlich verhalten sollte. Interessante Gesprächsthemen, mit denen sie hätte versuchen können, Franz Joseph von der Schwester abzulenken, fielen ihr in ihrer Verzweiflung auch nicht ein.

Als man das Souper beendet hatte und Ludovika bat, sich mit ihren beiden Töchtern verabschieden zu dürfen, hatte Amors Pfeil das Herz des Kaisers längst getroffen. Keine Macht der Welt, auch nicht die liebe Mama, würde ihn dazu bringen können, die für ihn ausersehene Nené zu seiner Frau zu machen. Er, der es gewohnt war, im allgemeinen alle Dinge hin und her zu drehen und jede Entscheidung zehnmal zu überlegen, hatte sich in die kleine Sisi bis über beide Ohren verliebt.

In dieser Nacht konnte er kein Auge zutun, und kaum war der Morgen angebrochen, suchte er schon seine Mutter auf, um mit ihr über Sisi zu sprechen. Er mußte der lieben Mama, seiner Vertrauten von Kindesbeinen an, sein Herz ausschütten. Denn auch sie mußte erkannt haben, wie entzückend, wie bezaubernd, wie hinreißend, wie … Sisi war.

Daß Erzherzogin Sophie keineswegs die Begeisterung ihres Sohnes zu teilen vermochte, konnte der verliebte Franz Joseph nur ahnen. Denn er hörte nicht auf das, was seine Mutter sprach, sondern berauschte sich in seiner Verliebtheit in Gedanken an die kleine Cousine. Und Sophie erkannte sehr bald, daß es aussichtslos war, dem Sohn irgendwelche Ratschläge zu geben, irgendwelche Vorhaltungen zu machen, daß er Nené, die sie für ihn ausgesucht hatte, keine Aufmerksamkeit geschenkt hatte. Sie ahnte instinktiv, daß sie hier mit ihrer Lebenserfahrung, mit ihren Ratschlägen, auf die der Sohn ein Leben lang gehört hatte, mit ihrem Sinn für die habsburgischen Traditionen keine Chance hatte. In diesem Fall, bei der Wahl seiner Frau, würde Franz Joseph allein entscheiden!

Und obwohl die Erzherzogin aus vielen Gründen keineswegs mit Sisi als Schwiegertochter einverstanden sein konnte, notierte sie über sie: „Anmut und Grazie, desto mehr, als sie sich so gar nicht bewußt war, einen so angenehmen Eindruck hervorgebracht zu haben. Trotz der Trauer ... war Sisi so reizend in ihrem ganz einfachen, hohen schwarzen Kleid ..."
Am Vorabend des Geburtstages des Kaisers sollte neben einem Diner in größerem Rahmen auch ein Ball stattfinden. Auf dieses Ereignis hatte sich Ludovika schon lange gefreut, denn bei dieser Gelegenheit würde sich Franz Joseph offiziell beim Kotillon für seine Braut entscheiden. Für Sophie und Ludovika war es bis vor wenigen Stunden festgestanden, daß nur Nené für den Kaiser in Frage kam. Aber jetzt schien sich alles anders zu entwickeln. Das Schicksal nahm seinen Lauf und konnte von den beiden Müttern nicht mehr beeinflußt werden. Was würde sich an diesem Abend wirklich ereignen?
Die Vorbereitungen für das alles entscheidende Fest hatten vor Wochen schon in Possenhofen begonnen, denn Ludovika wollte Nené natürlich in bestem Licht an diesem Abend erscheinen lassen. Die Kleider, die eigens für den Ball angefertigt worden waren, waren mit äußerster Sorgfalt in den großen Reisekörben mitgenommen worden und endlich auch in Ischl angekommen. Denn durch die Verzögerung während der Reise war das Gepäck irrtümlich woanders hingeschickt worden, und Ludovika war einer Ohnmacht nahe, als sie hörte, daß die Abendroben für ihre beiden Töchter noch nicht in Ischl eingetroffen waren.
Aber alles löste sich in Wohlgefallen auf. In höchster Eile wurden die weiten, mit Spitzen besetzten Röcke aufgebügelt, die Mieder geglättet und die Schärpen gefaltet. Schließlich legte die Herzogin da und dort noch letzte Hand an. Nené sollte ein weißes, hauchzartes, weites Kleid tragen, zu dem die grünen Myrten im dunklen Haar den richtigen Farbtupfer abgeben würden. Sie sollte in der Ballrobe wie eine Königin ausschauen, oder, besser noch – so stand es Ludovika vor Augen –, wie ein leibhaftiges Schneewittchen, weiß wie Schnee, rot wie Blut und schwarz wie Ebenholz. Jetzt würde der Märchenprinz, jetzt würde Franz Joseph das schöne Mädchen nicht übersehen können, dessen war

sich Ludovika sicher. Zwar hatte sie von ihrer Schwester in den letzten Stunden so manches unfreundliche Worte gehört, Sophie hatte ihr bittere Vorwürfe gemacht, als sie das Verhalten ihres Sohnes durchdachte, daß Ludovika die Mädchen in die schwarze Tracht gesteckt hatte. Der erste Eindruck ist so manches Mal absolut entscheidend! Ludovika hätte doch sehen müssen, daß ausgerechnet Nené mit den dunklen Haaren beinahe wie eine echte Frau Sorge ausschaute. Es war schließlich kein Wunder, daß ihr Sohn Sisi nicht aus den Augen ließ, denn sie wirkte weit weniger trist als ihre Schwester.
Ludovika wußte, noch einmal sollte so etwas nicht passieren, dafür würde sie schon sorgen. Für Sisi lag ein rosa Kleidchen bereit, der Kaiser sollte merken, daß sie wirklich noch ein reines Kind war! Die langen Zöpfe frisierte sie sich selber, denn die Friseuse war mit dem Haar Nenés schon genug beschäftigt. Sisi fand nichts dabei, sich selber die Haare ordnen zu müssen, denn erstens tat sie dies ohnehin beinahe täglich, und zweitens sollte Nené wirklich schön sein. Schließlich trat sie auf diesem Ball offiziell als die Braut des Kaisers in die Öffentlichkeit!
Sisi konnte nicht ahnen, daß ihre Gedanken wahrhaft naiv waren. Sie hatte nun einmal mit Männern kaum Erfahrung und konnte daher die Blicke, die ihr der Kaiser bis jetzt zugeworfen hatte, wirklich nicht deuten. Für sie war Verliebtheit etwas beinahe Trauriges, wenn sie an den schönen jungen Grafen dachte, den sie in Possenhofen gesehen hatte, mit seinen dunklen melancholischen Augen, die sie nicht vergessen konnte. Mehr als aus der Ferne hatten sich die jungen Leute nicht gesehen, als aber Ludovika bemerkt hatte, daß ihre Tochter allzu oft am Fenster stand, wenn dieser Jüngling in der Nähe war, beschloß sie, gegen diese frühe Schwärmerei Sisis etwas zu unternehmen. Davon hatte die Tochter natürlich keine Ahnung. Aber plötzlich erschien der schöne Graf nicht mehr, er war in die Fremde geschickt worden und kurz darauf dort gestorben. Alles, was Sisi geblieben war, war die romantische Sehnsucht nach dem heimlichen Liebsten, von dem sie nur ein Bild besaß. Als sie von seinem Tod erfuhr, verfiel sie in tiefe Trauer und zeichnete einen Leichenzug, zu dem sie ein kleines Gedicht verfaßte:

„Die Würfel sind gefallen,
Ach, Richard ist nicht mehr!
Die Trauerglocken schallen –
Oh, hab Erbarmen, Herr!
Es steht am kleinen Fenster
Die blondgelockte Maid.
Es rührt selbst die Gespenster
Ihr banges Herzeleid."

Sisis erste, sehr platonische Erfahrungen mit der Liebe beunruhigten die Mutter mehr, als sie zugeben wollte. Aber Ludovika tröstete sich mit dem Gedanken, daß alle Mädchen anscheinend so eine Phase der unerfüllten Liebe durchmachen müßten. Bald schon bemerkte sie eine andere, neue Schwärmerei ihrer Tochter, die sie natürlich auch nicht allzu ernst nahm. Sollte das Kind doch seinen Träumen nachgehen können, zumal sie kurze Zeit später erleichtert feststellen konnte, daß Sisis neuer Angebeteter keine Notiz von dem Mädchen nahm.

Jetzt aber – hier in Ischl, der heimlichen Hauptstadt der Donaumonarchie in den Sommermonaten – schien die Sache viel ernster zu sein! Ludovika sah die Zukunft klar vor sich, denn Sophie hatte sie über die wahren Absichten des Kaisers nicht im Zweifel gelassen. Nicht Nené, sondern Sisi würde Kaiserin von Österreich werden!

Die beiden Schwestern waren am Ende ihrer Weisheit. Es würde alles so anders kommen, als man beabsichtigt hatte. Dabei konnte Ludovika ihrer Schwester nicht einmal Vorwürfe machen, denn Sophie hatte alles versucht, dem Sohn Nené als seine zukünftige Braut einzureden, aber Franz Joseph war plötzlich auf beiden Ohren taub.

Sophie überlegte lange angestrengt, aber selbst ihr, die sonst immer einen Ausweg wußte, fiel keine Lösung ein. Sie kannte ihre große Macht über ihren Sohn, aber in puncto Frauen war sie schon mehrmals bei ihm gescheitert. In dieser Angelegenheit ließ sich Franz Joseph nichts dreinreden. Schließlich war der Sohn auch kein kleines Kind mehr, hatte so manches Abenteuer hinter sich, angefangen von den „hygienischen Damen", die man zur praktischen Aufklärung des heranwachsenden Jünglings hatte kommen lassen. Denn immerhin sollte der Kaiser auch für diese Seite des Lebens vorbereitet werden und nicht als keuscher Jüngling ins Ehebett steigen. Es waren durchwegs ältere Frauen, die man für derlei Zwecke ausgewählt hatte, Damen mit Erfahrung, die selbstverständlich von den Ärzten peinlichst genau untersucht worden waren. Hatten sie dann ihren Dienst am Kaiser beendet, so wurden sie in Gnaden entlassen und entsprechend entlohnt. Franz Joseph war dabei kein Einzelfall. Seit Jahrzehnten war es üblich, daß die jungen Männer des Kaiserhauses auf diese Weise in die Kunst der Liebe eingeführt wurden.

Natürlich war Erzherzogin Sophie beinahe über alles informiert, was ihren Sohn betraf, und hatte nichts dagegen, wenn sie hörte, daß Franz Joseph kein Kostverächter war. Immerhin war er ein attraktiver junger Mann mit natürlichen Trieben und Sehnsüchten, warum sollte er nicht da und dort ein kleines unterhaltsames Abenteuer suchen? Und jedes Mädchen, das er beglückte, mußte eigentlich froh sein, mit dem Kaiser von Österreich eine kleine Amoure gehabt zu haben. Die Folgen, die sich daraus eventuell ergaben, interessierten weder Franz Joseph noch seine Mutter.

Aber jetzt sollte der Sohn dem Junggesellendasein endgültig Lebewohl sagen, jetzt war der Tag gekommen, an dem er offiziell dem Reich und dem Volk eine zukünftige Kaiserin vorstellen sollte. Aber – um Gottes willen – keine Sisi!

Am Vormittag suchte die Mutter noch einmal das Gespräch mit ihrem Sohn. Wie nicht anders vorherzusehen war, verlief auch diese Unterhaltung völlig einseitig. Und je länger Franz Joseph ihr von Sisi vorschwärmte, umso sorgenvoller wurde der Blick Sophies. Sie fürchtete, all ihr Zureden würde nichts fruchten, all ihre Interventionen für Nené würden im Winde verhallen, denn Franz Joseph hörte in seiner Verliebtheit gar nicht zu, was ihm die Mutter sagte.

Dem Abend, auf den noch vor kurzem Sophie und Ludovika so viele Hoffnungen gesetzt hatten, sahen die beiden Schwestern mit großer Sorge entgegen. Wie schön geordnet hätte alles sein können, wenn der sonst immer gehorsame Franz Joseph diesmal nicht alle Vernunft über Bord geworfen hätte. Dabei sah Nené

doch so entzückend aus! Das weiße Kleid erhöhte den zarten Reiz ihrer schlanken hochgewachsenen Gestalt, und der grüne Myrtenkranz unterstrich die üppige Fülle ihres dunklen Haares, das ihr ebenmäßiges, interessantes Gesicht umrahmte. Franz Joseph mußte blind sein, wenn ihm dieses attraktive Mädchen nicht gefiel!
Aber der Kaiser hatte nur noch Augen für Sisi!
Hunderte Lichter erleuchteten in Bad Ischl das Hotel Austria, Blumengirlanden zierten den Eingang, und duftende bunte Sommerblumen schmückten den großen Saal. Allmählich waren die Gäste vorgefahren, die Damen in tief dekolletierten, rüschen- und spitzenbesetzten Abendkleidern sowie glitzernden Brillantkolliers, die Herren im eleganten schwarzen Frack. Nur der junge Kaiser war – wie man es von ihm gewohnt war – in Uniform erschienen, es war die Kleidung, die Franz Joseph ein Leben lang bevorzugte, selbst dann noch, als er wußte, daß seine Frau alles Militärische abgrundtief haßte. Schon in jungen Jahren wollte er aller Welt beweisen, daß er der erste Soldat seines Landes war, der Oberbefehlshaber der Truppen. Er hatte zwar niemals dem Feind direkt ins Auge gesehen, selbst in jener denkwürdigen Schlacht bei Solferino des Jahres 1859 sollte er im Hinterland bleiben, aber alles, was mit dem Militär zu tun hatte, faszinierte ihn von Kindesbeinen an. Er hatte mit seinen beiden Brüdern besonders gern „Soldat“ gespielt, nach seinem Kommando marschierten Maximilian und Karl Ludwig, denn Franz hatte von Anfang an den Oberbefehl. Das war ausgemachte Sache.
Jetzt aber war dem jungen Kaiser nicht nach Kriegsspielen zumute, jetzt sehnte er den Augenblick herbei, Sisi zu sehen, mit ihr zu plaudern, sie beim Tanze im Arm zu halten. Franz Joseph glaubte seine Ungeduld kaum bezähmen zu können, aber die Etikette hatte nun einmal ganz bestimmte Regeln, und die mußte vor allem er, der Kaiser, bis ins letzte Detail einhalten. Als die Herzogin in Bayern mit ihren beiden schönen Töchtern den Saal betrat, ging ein Raunen durch die Menge. Sie konnten sich wirklich sehen lassen, die bayerischen Prinzessinnen, die elegante Nené in weißer knisternder Seide und die reizende, kindlich-mädchenhafte Sisi in ihrem schlichten rosa Mousselinkleid.

So, wie alles längst zwischen den Müttern besprochen war, nahm Nené neben dem Kaiser Platz, während Sisi etwas entfernt zwischen Erzherzogin Sophie und Prinz Ludwig von Hessen saß. Sisi fühlte sich nicht recht wohl in ihrer Haut, hatte sie schon am Vorabend trotz ihrer Naivität bemerkt, daß der Cousin kein Auge von ihr gelassen hatte. Irgendwie war ihr das alles peinlich gewesen, Nené sollte doch Franz Joseph heiraten, sie war schließlich schon monatelang auf diese Verlobung in Ischl vorbereitet worden. Warum zeigte sich Franz Joseph der Schwester gegenüber so abweisend, so, als wäre sie gar nicht vorhanden? Was wollte er von ihr? Von ihr war doch niemals die Rede gewesen!
Tausend Gedanken gingen Sisi durch den Kopf. Wie sollte sie sich verhalten, noch dazu, wo der Kaiser auch während des anschließenden Essens keinen Blick von ihr wandte? Sie wußte schon nicht mehr, wo sie hinschauen sollte vor lauter Verlegenheit. Und zu allem Überfluß merkte sie noch, wie sie über und über errötete, je länger sie der Kaiser fixierte. Arme Nené! Die saß da wie bestellt und nicht abgeholt, und so, wie es Sisi peinlich war, daß Franz Joseph sie ununterbrochen liebevoll anblickte, so wußte Nené nicht, was sie tun sollte. Sie versuchte mit Franz Joseph kurz ins Gespräch zu kommen, aber in ihrer Verwirrung fand sie vielleicht auch nicht die richtigen Worte, den richtigen Ton, denn der Kaiser gab ihr auf ihre mühsam ausgedachten Fragen völlig zerstreut denkbar kurze Antworten, um dann wieder wie versunken auf Sisi zu schauen. Wie sollte Nené diese beinahe unwürdige Situation retten? Sie bemerkte, wie die geladenen Gäste unruhig wurden und aus den Augenwinkeln verstohlen zu ihr herüberschauten, den Kaiser beobachteten und dann, wie auf Kommando, zu Sisi blickten, die wie gebannt auf ihren Teller starrte. Insgeheim stand für alle, die Zeugen dieser stummen Szenen wurden, fest, daß der Kaiser beim anschließenden Ball den Kotillon niemals mit Nené tanzen würde, daß seine Auserwählte nur Sisi sein konnte.
Ludovika wurde das Herz schwer, wenn sie an die nächsten Stunden dachte. Wie würde Nené das Verhalten des Kaisers verwinden können, sie, die ohnehin für ihr Alter manchmal beinahe zu ernst war? Wenn man nur eine Ahnung gehabt hätte, hätte man

dem Kind wirklich diese Enttäuschung und Blamage ersparen können. Denn wenn Nené auch in keiner Weise schuld an den Gefühlen Franz Josephs war, und wenn auch Sisi nicht den geringsten Anteil daran gehabt hatte, so gab die Wahl des jungen Kaisers doch genügend Raum für Klatsch und Tratsch. Es würde schwer sein, in nächster Zeit für die ältere Tochter einen geeigneten Mann zu finden, denn wer nahm schon so schnell die verschmähte Braut eines Kaisers! Daß Ludovika später in ihrem Leben noch einmal mit einer ähnlichen Situation konfrontiert werden würde, konnte sie freilich damals noch nicht ahnen. Dabei war die Geschichte mit König Ludwig II. von Bayern und ihrer Tochter Sophie wesentlich weiter gediehen als jetzt die Angelegenheit mit Franz Joseph.

Natürlich konnte die Mutter auch Sisi keine Vorwürfe machen, denn sie traf wirklich keine Schuld. Sie wußte selber nicht, wie ihr geschah. Wahrscheinlich mußte Nené sie sogar trösten und ihr zureden, sich mit dem Gedanken zu befreunden, daß Franz Joseph nun einmal Sisi zur Frau haben wollte und nicht Nené.

Noch aber war es nicht soweit, noch blieben ein paar Stunden, in denen sich – so hofften die beiden Mütter – doch noch ein Wunder ereignen konnte. Denn der Kaiser ließ die ersten Tänze ausfallen. Er wollte Sisi tanzen sehen! Daher hatte er seine Mutter unauffällig gebeten, dem Flügeladjutanten Major Baron von Weckbecker Order zu geben, Sisi zur Polka aufzufordern. Überrascht verbeugte sich der Baron vor der bayerischen Prinzessin, die äußerst geniert an seiner Seite das Parkett betrat und ihm schüchtern gestand, daß sie bis jetzt nur bei einem Tanzmeister die einzelnen Schritte gelernt hätte. Obwohl sich Sisi in ihrer Verlegenheit die größte Mühe gab, mit dem Baron den Takt zu halten, wollte ihr dies nicht gelingen. Sie stampfte die Polka mehr schlecht als recht herunter, hochrot im Gesicht, weil sie spürte, daß der Kaiser kein Auge von ihr wandte. Alles an ihr entzückte Franz Joseph, selbst die unbeholfenen Tanzschritte. Das Mädchen war einfach süß!

Und endlich zeigte die Uhr auf Mitternacht, die Damen und Herren stellten sich zum Kotillon auf, die angeregten Gespräche verstummten, atemlose Stille herrschte im Saal. Für alle gab es

jetzt nur noch eine Frage: Was würde der Kaiser tun, welche der beiden Damen würde er auserwählen?
Langsam erhob sich Franz Joseph und ging zielsicher mitten durch den Saal und direkt auf Sisi zu. Mit einer kurzen Verbeugung überreichte er ihr den Kotillonstrauß und bat sie zum Tanz. Zögernd erhob sich Sisi und schritt langsam, von Hunderten von Augen verfolgt, an der Seite des Kaisers von Österreich auf die Tanzfläche.
In diesem Augenblick entschied sich Elisabeths Schicksal. Glückstrahlend hielt sie Franz Joseph im Arm, tanzte mit ihr nicht nur den Kotillon, er überschüttete sie förmlich mit Blumen. Es waren dies die Sträuße, die er den anderen Damen nach jedem Tanz hätte überreichen sollen. Aber für ihn gab es an diesem Abend nur eine einzige! Sisi! Und alle wußten in diesem Augenblick, wer die künftige Kaiserin von Österreich werden würde. Franz Joseph strahlte vor Glück. Er hatte die Entscheidung, mit wem er sein zukünftiges Leben verbringen wollte, in nur wenigen Stunden getroffen. Der Himmel hing wirklich voller Geigen.
Und was war mit Sisi? Hatte irgendjemand dieses junge Mädchen auch gefragt? Sie war plötzlich zum Mittelpunkt nicht nur eines Festes, sondern zum Mittelpunkt der Gesellschaft, ja, zum Mittelpunkt der Monarchie geworden! Ein schüchternes, unreifes halbes Kind, das nicht wußte, wie ihm geschah! Und ob sie wollte oder nicht, wurde sie in einen Strudel der Gefühle hineingezogen, aus denen es für sie kein Entrinnen mehr gab. Sie hatte keine Chance gehabt, seine Werbung nicht anzunehmen, denn „einem Kaiser von Österreich gab man keinen Korb"! Sie konnte wahrscheinlich gar nicht anders, denn sie war viel zu verwirrt und überrumpelt, als daß sie sich hätte zumindest Bedenkzeit ausbitten können. Franz Joseph zeigte sich in seiner Verliebtheit so spontan wie niemals wieder in seinem Leben. Die Liebe hatte ihn wie ein Blitz getroffen, und es konnte keinen Zweifel geben, daß Sisi genauso fühlte wie er.
Hätte er sich für Nené entschieden, wäre er wahrscheinlich nicht so enthusiastisch verliebt gewesen, wäre aber schließlich nicht nach verhältnismäßig kurzer Zeit aus allen sieben Himmeln gefallen. Denn Nené in ihrer ruhigen und doch sinnlichen Art wäre

den Wünschen Franz Josephs wahrscheinlich wesentlich eher entgegengekommen als die völlig unreife Sisi, die sich bis dahin kaum Gedanken über ihre Zukunft gemacht hatte.

Sie wußte im Grunde ihres Herzens überhaupt nichts von Männern. Sie war nur neugierig gewesen, wie die Verlobung des Kaisers mit ihrer Schwester sein würde. Vielleicht erzählte ihr Nené dann, wie Franz Joseph sie geküßt hatte, damit sie auch wußte, wie dies einmal sein würde. Aber jetzt!

Der Kopf schwirrte ihr von all dem Neuen, Unbekannten, das so plötzlich über sie hereingebrochen war. Wie hatte nur alles so kommen können? Natürlich gefiel ihr das Umworbensein, vielleicht mischte sich auch ein verborgener, kleiner Triumph über die Schwester in ihre Gefühle, sie wußte es selbst nicht. An Sisi als Braut hatte in Possenhofen wirklich niemand gedacht! Warum eigentlich nicht? Warum war immer nur die Rede von Nené gewesen, warum hatte sich alles um die Schwester gedreht, die Gespräche um die kostbaren Kleider, um den Schmuck, um die Frisur, um die zukünftige Aussteuer? Um sie, Sisi, hatte sich eigentlich niemand gekümmert. Aber das war ihr im Grunde ihres Wesens nur recht. So hatte sie ihren Träumen nachhängen können, hatte weiterhin – während ihre Schwester über den Büchern schwitzte – wie eine Amazone am Ufer des Starnberger Sees entlangreiten können, hatte stundenlang am Waldrand verweilen und dem Gezwitscher der Vögel lauschen können. Niemand hatte sie vermißt!

Und jetzt saß sie auf einmal in Ischl und war mit ihren fünfzehn Jahren über Nacht die Braut des Kaisers von Österreich!

Wie sollte nur alles werden? Natürlich hatte ihr der fesche Kaiser von Anfang an gefallen, und sie hatte Nené beinahe ein bißchen um ihn beneidet. Aber wie sollte sie so schnell echte Gefühle für ihn entwickeln, daß sie sich schon am nächsten Tag, dem Geburtstag Franz Josephs, mit ihm verloben konnte? Es ging alles viel zu schnell, und Sisi wußte nicht mehr, sollte sie lachen oder lieber weinen? Denn eine andere Möglichkeit, als Franz Joseph das Jawort zu geben, hatte sie nicht.

Nicht nur die kaiserliche Familie war in hellster Aufregung, als sich abzeichnete, welche Wahl der Kaiser getroffen hatte. Für den

Bruder Franz Josephs, Karl Ludwig, waren mit einem Schlag all seine Zukunftspläne zunichte gemacht. Warum mußte ausgerechnet „seine" Sisi dem Bruder so sehr gefallen, daß er sie gleich heiraten wollte? War Nené nicht auch attraktiv? Sie würde viel besser zu dem ernsten, ruhigen Franz Joseph passen in ihrer distinguierten, damenhaften Art, sie hätte sicherlich eine gute Kaiserin abgegeben. Aber doch nicht die lustige, ungezwungene Sisi, mit ihren manchmal so melancholischen Anwandlungen! Karl Ludwig konnte sich die Cousine beim besten Willen nicht an der Seite des Kaisers vorstellen. Er und Sisi hatten doch so viele gemeinsame Interessen; er hätte schon darauf geschaut, daß Sisi an seiner Seite glücklich geworden wäre.
Und genauso, wie Karl Ludwig mit dem Schicksal haderte, so brach auch für Nené über Nacht eine Welt zusammen, freilich eine, die vor nicht allzu langer Zeit künstlich aufgebaut worden war. Es war keine menschliche Katastrophe für Nené, daß ihr Sisi den Kaiser weggeschnappt hatte. Viel zu fremd war ihr der Mann, den sie ursprünglich hätte heiraten sollen. Franz Joseph hatte ihr zwar gefallen, aber zwischen gefallen und lieben liegt doch ein ganz gewaltiger Unterschied. Sie hätte sich aber dennoch gut vorstellen können, seine Frau zu werden, denn wenn er sie so wie Sisi umworben hätte, hätte sie seinem Charme kaum widerstehen können, und sie hätte sich in ihn verliebt.
Nun war alles ganz anders gekommen. Was so schön begonnen hatte, bedrückte sie nun Tag und Nacht, denn kaum einer beachtete sie mehr. Zu ihrem Mißgeschick hatte es sich in der Ischler Gesellschaft – vermutlich durch eine Indiskretion – herumgesprochen, daß eigentlich Nené als Braut des Kaisers bestimmt worden war. Als zukünftige Kaiserin war sie auf Schritt und Tritt hofiert worden. Aber genauso schnell, wie man sie kurz in den Mittelpunkt gestellt hatte, genauso rasch ließ man sie als verschmähte Kaiserbraut links liegen. Und dies konnte Nené kaum mehr ertragen. Ihr Stolz war jedesmal aufs neue tief verletzt. Warum war es für sie nicht möglich, ganz einfach ihre Sachen zu packen und nach Hause zu fahren, dorthin, wo niemand außer den kleinen Geschwistern sie an die bitteren Tage in Ischl erinnern würde?

Aber diese Fluchtmöglichkeit war ihr nicht vergönnt, die Mutter bestand darauf, daß auch Nené bei der Verlobung ihrer jüngeren Schwester anwesend sein sollte. Ludovika hatte sich überraschend schnell mit dem Gedanken abgefunden, daß der Kaiser ihre älteste Tochter nicht heiraten würde. Wenn schon nicht Nené, dann doch Sisi! Auf alle Fälle würde sie Franz Joseph als Schwiegersohn bekommen. Ihrer Schwester Sophie gegenüber zeigte sie sich überglücklich, wie die Erzherzogin in ihrem Tagebuch vermerkte: „Ludovika drückte mir bewegt die Hand, denn sie hatte in ihrer Bescheidenheit immer gezweifelt, daß der Kaiser wirklich an eine ihrer Töchter denken würde."

Nun überschlugen sich die Ereignisse: Am nächsten Tag, am 18. August 1853, dem dreiundzwanzigsten Geburtstag Kaiser Franz Josephs, gab Herzogin Ludovika im Namen ihrer Tochter Elisabeth eine offizielle Erklärung ab. Darin hieß es, daß Sisi bereit wäre, die Gemahlin Franz Josephs zu werden. Denn da Sisis Vater, Herzog Max in Bayern, nicht in Ischl weilte, hatte Erzherzogin Sophie im Auftrag ihres Sohnes kurz vorher bei Ludovika um die Hand Sisis angehalten.

Ludovika war am Ziel ihrer Wünsche und drückte das auch aus: „Es ist ein so ungeheures Glück und doch eine so wichtige und schwere Stellung, daß ich in jeder Beziehung sehr bewegt bin. Sie ist so jung … ich hoffe aber, man hat Nachsicht mit ihrer Jugend … Tante Sophie ist aber so gut und lieb für sie, und welch ein Trost für mich, sie einer so lieben Schwester als zweyte Mutter übergeben zu können …"

Im Überschwang ihrer Gefühle schätzte Ludovika die energische Schwester völlig falsch ein. Sie hatte in den letzten Jahren zuwenig Kontakt mit Sophie gehabt, sonst hätte sie wissen mussen, daß die Mutter des Kaisers in allem und jedem eine klare Vorstellung hatte und diese – koste es, was es wolle – in die Tat umzusetzen versuchte. Sophie war durch das Leben an der Seite des ungeliebten Mannes und durch die teilweise unüberschaubare, unsichere politische Entwicklung allmählich hart geworden. Ihr Sohn „Franzi" war ihr als Abgott geblieben, und dessen Frau sollte so sein, daß sie in allem und jedem seinen, aber vor allem ihren Wünschen entsprach. Und wenn sie die kindlich natürliche Sisi betrachtete, dann wußte sie, daß noch viel Erziehungsarbeit vor ihr liegen würde, denn das junge Mädchen mochte zwar hier in Ischl in der ländlich idyllischen Gegend ihren Sohn bezaubern, aber so ein Naturkind war am traditionsbewußten Wiener Kaiserhof völlig fehl am Platze. Da mußten schon gewaltige Veränderungen eintreten, daß Elisabeth eine Kaiserin sein würde, wie sie Sophie vorschwebte.

Vielleicht beschlichen auch Franz Joseph insgeheim leise Zweifel, ob er in seiner spontanen Verliebtheit die richtige Entscheidung fürs Leben getroffen hatte, aber seine Überlegungen gingen in eine ganz andere Richtung als die der Mutter. War es Sisi wirklich zuzumuten, einem Mann die Hand zu reichen, der tagaus, tagein mit unzähligen Problemen und schier unlösbaren Aufgaben, die aus allen Teilen des riesigen Reiches auf ihn zukamen, konfrontiert wurde, der kaum Zeit für sich selbst und wahrscheinlich noch viel weniger für eine Familie aufbringen würde? Aber er konnte seine Gefühle einfach nicht bezähmen und beruhigte seine inneren Zweifel damit, daß die Liebe alle Schwierigkeiten überwinden würde. Auch als man ihm berichtete, daß Sisi geäußert haben sollte: „Wie soll man *den* Mann nicht lieben können ... wenn er nur kein Kaiser wäre."

Mit diesem Trauma würde sie leben müssen, sie würde versuchen müssen, damit fertig zu werden. Und sie konnte mit ihren fünfzehn Jahren unmöglich vorausahnen, daß sie einmal daran zerbrechen würde. Aber damals, in diesen turbulenten Tagen in Ischl, hatte Sisi noch keine Ahnung von dem, was einmal auf sie zukommen würde, daß nicht andere Frauen ihr im Laufe ihrer Ehe gefährlich werden konnten, daß nicht Lieblosigkeit Franz Josephs ihre Gefühle erkalten lassen würden, sondern daß sein Pflichtbewußtsein dem Staat gegenüber ihre Ehe zerstören würde.

SISIS VERLOBUNG UND BRAUTZEIT

Der junge Kaiser, der ein Leben lang gewohnt war, seine Gefühle zu beherrschen, konnte jetzt seine Ungeduld kaum noch bezähmen. Und als er den kleinen Zettel überreicht bekam, auf dem Sisis Jawort stand, war er nicht mehr zu halten, obwohl es noch zeitig in der Früh war. Er stürmte zu Sisi ins Zimmer, stürzte auf sie zu, nahm sie in die Arme und küßte sie, als wollte er sie niemals wieder loslassen. Franz Joseph war überglücklich und bemerkte wahrscheinlich gar nicht das etwas verlegene Gesicht seiner kleinen Braut. Denn Sisi war nicht allein im Zimmer gewesen. Es genierte sie ungemein, gleichsam in aller Öffentlichkeit, vor den Augen anderer geküßt zu werden. Sie hatte sich dies viel romantischer vorgestellt. Aber Franz Joseph hatte all seine Contenance, seine sprichwörtliche Zurückhaltung, verloren und war einfach nur glücklich!

Wie ein Lauffeuer hatten sich die Ereignisse der letzten Stunden in und um Ischl herumgesprochen. Man hatte ja schon davon munkeln gehört, daß sich der Kaiser mit einer bayerischen Cousine verloben sollte und flinke Geschäftemacher hatten auch schon die Bilder der schönen Nené in ihren Taschen, um sie bei den passenden Gelegenheiten an den Mann zu bringen. Dazu war Ischl noch anders gerüstet: Man hatte vorsorglich neben den kaiserlichen Fahnen in den Habsburgerfarben auch noch die blauweißen bayerischen Fahnen bereitgelegt, um im Falle eines Falles nicht in Verlegenheit zu kommen. Denn man war zuversichtlich, daß sich alles so abspielen würde, wie es die Erzherzogin geplant hatte, und man erwartete, daß die Verlobung am Geburtstag des Kaisers offiziell bekannt gegeben würde.

Die Bevölkerung im Salzkammergut war geradezu beglückt, daß ausgerechnet in Ischl dieses freudige Ereignis stattfinden sollte. Der junge Kaiser war überall beliebt, und man wünschte ihm wirklich alles Glück dieser Erde, vor allem, daß er die richtige Frau auswählen möge.

Wie jedes Jahr wurde am Geburtstag des Kaisers um elf Uhr in der Stadtpfarrkirche ein Gottesdienst angesetzt, und wie jedes

Jahr fuhr die kaiserliche Familie in ihren Equipagen durch die festlich bunt geschmückten Straßen. Und obwohl der Wettergott kein Einsehen hatte – es regnete in Strömen – hatten es sich die Ischler nicht nehmen lassen, den hohen Herrschaften ihre Reverenz zu erweisen. Stundenlang wartete man schon neugierig vor den Kirchentüren. Denn heute war alles anders, heute würde auch die Braut des Kaisers der Geburtstagsmesse beiwohnen.
Wie immer auf die Minute pünktlich trafen die Equipagen vor der Kirche ein. Livrierte Diener standen bereit, rissen devot den Wagenschlag auf und halfen den hohen und höchsten Herrschaften aus den Kutschen, dem Kaiser, seiner Mutter und einem zierlichen, eher kindlichen Mädchen mit aufgestecktem brünettem Haar und schüchternen Augen. Rasch schritten alle drei gemeinsam der Kirche zu, gefolgt von den übrigen Familienmitgliedern, unter denen sich auch die Königin Elisabeth von Preußen, die Taufpatin Sisis, befand. Ein erstauntes Raunen ging durch die hundertköpfige Menschenmenge. War dieses Mädchen an der Seite des Kaisers die neunzehnjährige Nené, so wie man dies allseits erwartet hatte? Sie sah verwirrend jung aus! Irgendeiner, der es wissen mußte, sprach laut aus, was alle bewegte: Es war nicht Nené, sondern ihre jüngere Schwester Sisi, die leichten Schrittes neben Franz Joseph ging, das Gesicht vor den neugierigen Blicken der Zuschauer beinahe zur Gänze in einem großen Schal versteckt. Die Sensation war perfekt! Der Kaiser hatte sich anders entschieden, als seine Mutter gewollt hatte, er hatte sein Herz sprechen lassen und sich selber die Frau ausgewählt, mit der er ein ganzes Leben lang glücklich sein wollte!
Als der Kaiser und die beiden Damen die Kirchentür erreicht hatten, geschah etwas, das alle Anwesenden, am meisten natürlich Sisi, verblüffte und in höchste Verwirrung versetzte: Erzherzogin Sophie trat zur Seite und ließ Sisi den Vortritt in die Kirche. Die zukünftige Kaiserin rangierte vor der Mutter des Kaisers – so wollte es das Protokoll, das Sophie in jeder Lebenslage perfekt beherrschte.
Strahlend vor Glück kniete Franz Joseph vor dem Altar und dankte Gott für seine Güte, daß er es ihm ermöglicht hatte, so ein reizendes Mädchen wie seine Sisi gleichsam im letzten Augen-

blick zu finden. Was wäre gewesen, wenn die Tante nur mit Nené nach Ischl gekommen wäre und er Sisi viel später, vielleicht erst bei seiner Hochzeit mit Nené gesehen hätte? Franz Joseph wollte sich dies gar nicht ausmalen! Aber so standen sie jetzt nebeneinander und empfingen als Verlobte den Segen des Priesters.
Eine Ischlerin berichtete in ihrem Tagebuch über die sich überschlagenden Ereignisse der letzten Stunden: „Man muß hier die Augen offen halten, denn alle Augenblicke stößt man auf einen Kaiser, König oder Herzog. Dabei machen sie alle so fröhliche Gesichter, und es bereitet wirklich Freude, die beiden Vergnügtesten unter ihnen, das Brautpaar, diese schöne und poetische Lebensepoche genießen zu sehen …"
Als die Braut die Kirche verließ und in den Wagen steigen wollte, sollte ihr ein Lakai das Gebetbuch hineinreichen, das er ihr gehalten hatte. Aber in seiner Aufregung ließ der Diener das Büchlein fallen, aus dem alle möglichen getrockneten Blüten und Blätter auf das nasse Pflaster fielen. Sisi wurde blutrot, als sie sah, wie sich die Tante, Erzherzogin Sophie, nach den Andenken, die sie gesammelt hatte, bückte und mit einem Bedauern in der Stimme zu den Umstehenden meinte: „Ach, die Kleine!"
Vielleicht hatte Sophie – freilich unbeabsichtigt – mit dieser Bemerkung den Grundstein für die unendlich vielen Mißverständnisse, für die unzähligen Streitereien mit der Schwiegertochter gelegt, die Sisi schließlich nicht mehr ertragen konnte. Denn es waren anfangs nur Hinweise, die wahrscheinlich sogar gut gemeint waren, gewesen, die von Sisi so übertrieben falsch aufgefaßt worden waren. Dabei hatte sie sich damals in Ischl vorgenommen, der Tante gegenüber immer eine „gehorsame Tochter" zu sein, aber sie spürte instinktiv schon in ihrer Verlobungszeit, daß die zukünftige Schwiegermutter aus ganz anderem Holz geschnitzt war wie die eigene Mutter. Viele Eigenschaften, die Sisi so an ihrer Mutter schätzte, fehlten Sophie anscheinend vollständig, und Sisi war viel zu jung, um erkennen zu können, daß es nun einmal wesentliche Dinge gab, die sie von der Schwiegermutter lernen mußte. Daß dabei Sophie vielfach nicht den richtigen Ton fand, ließ sich vielleicht aus ihrer Eifersucht heraus auf die junge Schwiegertochter durchaus erklären.

Schon in den wenigen Tagen, die Sisi damals im Sommer 1853 in Ischl verbrachte, als sie gleichsam in die habsburgische Familie hineingestoßen wurde, konnte Sophie sich nicht dazu durchringen, mit ihrer Erziehungsaufgabe zu warten. Sie begann damals schon, in den Stunden, als für ihren Sohn der Himmel noch voller Geigen hing, an Sisi herumzunörgeln und ihr Vorschriften zu machen, anstatt zu warten, wie sich alles entwickeln würde. Und Franz Joseph, der meistens dabei war, wenn die Mutter an Sisi irgendetwas störte oder sie etwas an ihr auszusetzen hatte, überhörte alles, denn er war ja so unendlich glücklich! Und so sollte es bleiben. Auch später in Wien, als seine junge Frau einsam in der Hofburg oder in Schloß Laxenburg saß und tagelang nichts zu tun hatte, als auf seine Heimkehr zu warten, als die Mutter ihr bei jeder Gelegenheit Vorschriften machte, da überhörte er all die Klagen, die ihm Sisi vortrug und tat alles nur mit einer Handbewegung ab. Seine Mutter meinte es doch nicht schlecht mit ihnen, und Sisi sollte nicht alles, was Mama sagte, gleich auf die Goldwaage legen! So übergenau der Kaiser in vielen Dingen war, so blind war er, wenn es um seine Familie ging. Er liebte eben beide Frauen, seine Mutter, der er alles zu verdanken hatte, und vor allem seine „Engels-Sisi" – ein Leben lang!

Endlich hatte sich das Wetter gebessert, und Franz Joseph konnte seiner kleinen Braut das wunderschöne Salzkammergut zeigen. Daß die Schwester dabei mit von der Partie war, ließ sich kaum vermeiden. Wie das fünfte Rad am Wagen saß Nené mit Sisi, Franz Joseph und natürlich Sophie in der Kutsche, denn es wäre keinesfalls schicklich gewesen, wenn die beiden Jungverlobten allein ausgefahren wären. Auf Anstand und Sitte mußte unter allen Umständen geachtet werden, und da konnte selbst der verliebte Franz Joseph bei seiner Mutter nichts erreichen. Wie leicht hätte ein Gerede entstehen können! Und dem konnte sich auch oder erst recht nicht ein Kaiser aussetzen. Vielleicht war es Sisi gar nicht so unlieb, daß Nené ihr Gesellschaft leistete, wußte sie doch immer noch nicht so recht, wie sie sich verhalten sollte, zu groß war ihre Unsicherheit und Schüchternheit. Franz Joseph erschreckte sie auch nach Tagen noch mit seinem ungestümen Temperament, jedesmal wich sie leicht zurück, wenn er sie spontan in die Arme riß und sie an sich drückte. Ganz langsam erst kam ihr zum Bewußtsein, daß sie gleichsam über Nacht eine Braut geworden war, und beinahe unmerklich fühlte sie, daß auch Franz Joseph ihr nicht mehr gleichgültig war. Aber der Kaiser ließ ihr nicht Zeit, dieses erste Gefühl der Zuneigung vorsichtig wachsen zu lassen. Es war ihr unmöglich, seine Leidenschaftlichkeit zu erwidern, alles ging viel zu schnell!

Bei den Kutschenfahrten versuchte Nené immer wieder aufs neue, durch irgendwelche Geschichten, die aber letztlich niemanden interessierten, den Kaiser, seine Mutter und Sisi zu unterhalten. Sie sprach von diesem und jenem und mußte schließlich resignierend feststellen, daß ihr eigentlich niemand so recht zuhörte, ja, daß ihre erzwungene Konversation richtiggehend peinlich wirkte.

Was hätte sie auch wirklich tun sollen beim Anblick des bis über beide Ohren verliebten Kaisers und ihrer verlegenen Schwester, an deren Stelle sie so gerne gewesen wäre? Freilich konnte Nené damals in Ischl nicht wissen, daß das scheinbar große Glück ihrer Schwester sich als äußerst wankelmütig herausstellen sollte, daß alles, was so wunderbar hier im Salzkammergut begonnen hatte, sich nicht so entwickeln sollte, wie man es erhofft hatte. Vielleicht wäre sie tatsächlich die richtige Braut für den Kaiser gewesen, sie hätte wahrscheinlich die Fähigkeiten besessen, die ihrer Schwester ein Leben lang gefehlt hatten. Aber der verliebte Kaiser konnte die Zukunft mit Sisi an seiner Seite nicht voraussehen, er konnte nicht wissen, daß diese Frau niemals eine echte Kaiserin werden würde, so wie sie sich die Völker seines Reiches wünschten. Und hätte ein Wahrsager ihm auch vorausgesagt, was einmal eintreten würde, er hätte diese Prophezeiungen sicherlich als Lügen zurückgewiesen und wäre bei seiner Wahl geblieben.

Mit Nené hatte das Schicksal ganz andere Pläne, die natürlich damals in Ischl auch noch lange nicht vorherzusehen waren. Allerdings sollte noch geraume Zeit vergehen, bis ihr Traummann an die Pforten des kleinen Schlosses in Possenhofen klopfen sollte.

Eine Mutter wie Ludovika, ganz im Stil des 19. Jahrhunderts erzogen und aufgewachsen, hatte mit den Kindern so lange keine Sorgen, wie die Söhne und Töchter klein waren. Die Kinder waren das Wichtigste in ihrem Leben geworden, nachdem sich auch im Laufe der Jahre ihre Ehe mit Herzog Max nicht gebessert hatte. Wenigstens die Kinder sollten einmal ein glückliches Leben führen können. Zwar sah sich Ludovika schon beizeiten an den europäischen Höfen nach geeigneten Schwiegersöhnen um, aber zwingen wollte sie keine ihrer Töchter, einen Mann gegen ihren Willen zu nehmen. Zu sehr stand ihr ihr eigenes Schicksal vor Augen!
Als Tochter des bayerischen Königs Max I. Joseph hatte Ludovika natürlich auch bestimmte Vorstellungen von den Männern, die ihre Töchter zum Altar führen würden. Sie sollten allesamt aus hocharistokratischen Häusern kommen, denn sie wollte auf gar keinen Fall, daß die Töchter unter ihrem Stand heirateten. Und wenn sie ihre fünf Mädchen voll Stolz betrachtete, kam sie zu dem Schluß, daß sie mit Fug und Recht bestimmte Forderungen stellen konnte. Denn eine war schöner als die andere. Wenn die herzogliche Familie ihre Spazierfahrten unternahm und dann die attraktiven Mädchen irgendwo aus dem Wagen stiegen, blieben die Leute neugierig stehen und betrachteten wohlgefällig die schönen Damen. Alle waren sie gertenschlank, hochgewachsen und hatten prachtvolles Haar. Daher konnte man schon in jungen Jahren – ohne prophetisch sein zu müssen – sagen, daß allesamt sich zu außerordentlichen Schönheiten entwickeln würden. Und wie konnte es anders sein, als daß für diese attraktiven Mädchen nur die besten Partien in ganz Europa in Frage kämen?
Aber trotzdem war es nicht leicht für Ludovika, die Heiratsangelegenheiten ganz allein in die Hand nehmen zu müssen. Es war für sie ein ganz besonderer Glücksfall, daß auf Initiative ihrer Schwester Sophie ausgerechnet der begehrteste Junggeselle seiner Zeit ihr Schwiegersohn werden sollte. Freilich verschlechterte sich dadurch die Situation auf dem Heiratsmarkt für die anderen

Mädchen etwas, denn die Ansprüche waren durch Sisis bevorstehende Heirat mit dem Kaiser von Österreich hochgeschraubt. Aber andererseits bildete Franz Joseph auch ein Aushängeschild für die Familie des Herzogs in Bayern, und so mancher Prinz, der zunächst nicht an eine bayerische Prinzessin als Gemahlin gedacht hatte, wurde nun auf die schönen Töchter von Herzog Max erst so richtig aufmerksam.

Zehn Kinder hatte Ludovika im Laufe der Zeit ihrem ungetreuen Ehemann geboren, von denen zwei gestorben waren. Drei Söhne waren am Leben geblieben: Ludwig erblickte 1831 das Licht der Welt, Carl Theodor 1839 und Maximilian Emanuel 1849. Alle drei hörten auf ausgefallene Spitznamen, wie es in der Familie üblich war. Aus Ludwig war ein Louis geworden, Carl Theodor wurde nur „Gackel" gerufen und der jüngste „Mapperl". Die Brüder verstanden sich nicht nur untereinander hervorragend, auch zu den Schwestern hatten sie das beste Verhältnis. Und als Sisi längst Kaiserin von Österreich war, als sie im Laufe der Zeit glaubte, am verstaubten Wiener Hof keine Luft zum Atmen mehr zu bekommen, da erschienen manchmal die Geschwister – oft sogar unangemeldet – in Wien und sprachen der Schwester Mut und Trost zu. Es war eine verschworene Familiengemeinschaft, die die Eskapaden des Vaters akzeptierte, wenn sie auch nicht allzu glücklich über das ständige Kommen und Gehen von Herzog Max war. Aber man kannte den Vater einfach nicht anders! Freilich bekamen die Kinder so manches Mal die lautstarken Streitereien zwischen den Eltern mit, vor allem Sisi litt dann tagelang darunter, daß sich Vater und Mutter nicht verstanden. Und sosehr sie auch den Vater wegen seiner Fröhlichkeit liebte, so begann sie doch, je älter sie wurde, die Mutter immer mehr zu bedauern. Die Kinder fühlten instinktiv, daß die Mutter die Seele der Familie war, und sie erkannten schon sehr bald, daß alles so anders hätte sein können, wenn nicht Ludovika in ihrer Warmherzigkeit und in ihrer Toleranz ein enges Band um die Geschwister geschlungen hätte. Sie war der Mittelpunkt der Familie, zu ihr konnten alle mit ihren Sorgen und Problemen kommen, und sie gab jedem, der zu ihr um Hilfe kam, lebensnahe Ratschläge, die sich stets als richtig erwiesen.

Ludovika meisterte ihr Leben, das in ganz anderen Bahnen hätte verlaufen können, hätte ihr der Vater gestattet, Dom Miguel von Braganza zu heiraten. Das Schicksal hatte es mit dem bezaubernden jungen Mädchen wahrlich nicht gut gemeint. Der Vater verweigerte die Einwilligung zu einer Heirat mit dem Portugiesen nicht nur deshalb, weil sie schon Herzog Max in Bayern von klein auf versprochen war, sondern weil Dom Miguel keine Hoffnung hatte, jemals den portugiesischen Thron zu besteigen. Als sich dann plötzlich das politische Blatt gewendet hatte und der junge Miguel zur allgemeinen Überraschung doch noch König von Portugal geworden war, hatte er nichts Eiligeres zu tun, als einen Abgesandten nach Bayern zu schicken, um nochmals um die Hand Ludovikas zu werben. Jetzt konnte der bayerische König wirklich nicht mehr ablehnen! Der Bote traf genau an dem Tag ein, an dem die Hochzeitsglocken für Ludovika läuteten …

Im Laufe der Jahre hatte Ludovika sich zwar mit dem ungeliebten Max nicht abgefunden, aber sie hatte so viele Aufgaben und Abwechslungen mit ihren Söhnen und Töchtern, daß sie kaum dazu kam, weiter mit dem Schicksal zu hadern. Denn jedes einzelne ihrer Kinder entwickelte sich mit der Zeit zu einer eigenständigen Persönlichkeit, und die wollte gelenkt und geleitet werden.

Nené, die älteste Tochter, war manchmal in ihrer ernsten Art zu ruhig und fühlte sich deshalb hintangesetzt und unverstanden. Vor allem empfand die Erzieherin Sisis, Baronin Luise Wulffen, die ins Haus berufen wurde, als Sisi neun Jahre alt war, nicht viele Sympathien für die ältere Nené, ja, sie fand sogar, daß die Schwester keinen besonders guten Einfluß auf Sisi ausübte. An ihre Dresdener Freundin schrieb die Baronin daher folgende Zeilen: „Der Charakter Helenes läßt es mir wünschenswert erscheinen, sie von ihrer Schwester Elisabeth zu trennen. Ohne schlimm zu sein, hat sie doch einen schlechten Einfluß auf sie, die viel weicher und von Natur sehr skrupelvoll ist. Aber die ältere dominiert sie …“, wie dies fast in allen Familien der Fall ist, in der mehrere Geschwister da sind, vergaß die besorgte Baronin Wulffen noch hinzuzufügen.

Nené war der Baronin einfach nicht sympathisch, vielleicht hatte es Nené der neuen Erzieherin ihrer Schwester gegenüber bei irgendeiner Gelegenheit an dem nötigen Respekt fehlen lassen, denn es war nur schwer vorstellbar, daß ausgerechnet die äußerst zurückhaltende Nené ihre Schwester ungünstig beeinflussen sollte. Natürlich hatte Nené bestimmte Charaktereigenschaften, die sich schon in der Kindheit zeigten und mit denen sie ein Leben lang aneckte, selbst bei Menschen, die ihr sonst sehr zugetan waren. Sosehr sich auch alle, die sich um ihre Erziehung zu kümmern hatten, Mühe gaben, sie zur Pünktlichkeit zu erziehen, so mußten sie nach immerwährenden Versuchen letztlich erkennen, daß alle Maßnahmen, Vorwürfe und Strafen zwecklos waren. Das Mädchen kannte anscheinend weder Uhr noch Zeit. Sie kam immer und überallhin zu spät, versäumte dadurch wichtige Termine, und es passierte nicht nur einmal, daß ihr der Zug, der auch später, als sie die Erbprinzessin von Thurn und Taxis war, nicht auf sie wartete, vor der Nase davonfuhr. Aber sie zog daraus keine Lehre und kam auch das nächste Mal – wie immer – zu spät. Ihr Großvater, der überpünktliche bayerische König Maximilian I. Joseph, hätte sich jedes Mal, wenn seine Enkelin wieder alle warten ließ, im Grabe umgedreht, denn für ihn war Pünktlichkeit oberstes Gebot gewesen. Wahrscheinlich hätte Nené auch am Wiener Hof als Kaiserin ihre Schwierigkeiten mit dieser Charaktereigenschaft gehabt, da auch Franz Joseph und vor allem seine Mutter Erzherzogin Sophie Pünktlichkeitsfanatiker waren. Beide konnten nichts weniger ausstehen als Menschen, die nicht zum angesetzten Zeitpunkt erschienen.

Nené unterschied sich in so manchem von ihrer Schwester Sisi, aber auch von ihrer Mutter: Schon von klein auf ging sie gern in die Kirche, nicht nur am Sonntag, sondern auch während der Woche wohnte sie den verschiedenen Andachten bei. Die Feste des Kirchenjahres übten auf sie eine besondere Faszination aus. Voll Inbrunst betete sie die langen Rosenkränze genauso wie die manchmal endlosen Litaneien und vergaß über dem eintönigen Singsang in der Kirche oft Raum und Zeit. Wenn die übrigen Geschwister begeistert von Bude zu Bude auf den Kirchweihfesten im Herbst sprangen, wenn sie den Zauberern und Spaßmachern interessiert zuschauten und versuchten, hinter die Geheimnisse der Gaukler zu kommen, dann saß Nené viel lieber andächtig in

der Kirche und lauschte den Worten der Priester. Nicht, daß sie eine Spielverderberin gewesen wäre, aber sie war vom Grund ihres Herzens aus eben tief religiös, und diese Lebenseinstellung gab ihr in späteren Zeiten, als das Schicksal sich ihr gegenüber unbarmherzig gezeigt hatte, viel Mut und Kraft.
Die Kinder des Herzogspaares in Bayern waren eher in liberalem Geist erzogen worden. Der Vater kümmerte sich wenig darum, ob die Buben und Mädchen regelmäßig zur Kirche gingen. Natürlich war es üblich, daß die Herzogsfamilie am Sonntag geschlossen der heiligen Messe beiwohnte, aber besondere Frömmigkeit zeichnete Herzog Max sicherlich nicht aus. Er ließ sich nun einmal ungern von irgendjemandem, und sei es der Pfarrer oder ein Bischof, Vorschriften machen, was er tun und lassen sollte. Wozu brauchte er die Lehren der katholischen Kirche? Seine Kinder sollten in christlichem Geist erzogen werden, dagegen stellte er sich nicht. Aber für die Kindererziehung war seine Frau zuständig, also sollte Ludovika darauf achten, daß die Buben und Mädchen ordentliche Christen wurden!
Ludovika, die zwar selber religiös am Münchner Königshof erzogen worden war, stand dem katholischen Glauben eher reserviert gegenüber, ja, sie behauptete von sich, daß sie zumindest ein wenig „angeprotestantelt“ war, ohne allerdings zum Protestantismus überzutreten. Das wäre auch eine zu aufsehenerregende Tat gewesen, zu der sie mit ihrem eher ausgeglichenen Wesen kaum in der Lage gewesen wäre. So hatte sie ihre eigene Anschauung von der Kirche und ihren Lehren, ließ allen ihren Glauben und redete niemandem zu und niemandem ab. Dabei konnte sie beobachten, daß sich auch ihre Kinder, was die religiösen Überzeugungen anbelangte, unterschiedlich entwickelten. Vor allem Nené und Sisi waren schon in sehr jungen Jahren grundverschieden. Erschien Nené der Mutter beinahe etwas zu „heilig“, so verehrte Sisi Gott lieber in der freien Natur, denn hier spürte sie den Hauch und Atem des Schöpfers in jedem Baum, in jedem Busch, in jeder Blume und in jedem Vogel, der sich fröhlich zwitschernd in den Himmel schwang.
Ludovika war eine verständnisvolle Mutter, die ihren Kindern den Willen ließ, im Gegensatz zu ihrer Schwester in Wien, Erz-

herzogin Sophie. Außer den drei Söhnen und den beiden Töchtern Nené und Sisi gab es in der herzoglichen Familie noch drei Mädchen, Marie Sophie, die 1841 das Licht der Welt erblickt hatte, dann Mathilde – wegen ihrer hohen, piepsigen Stimme von klein auf „Spatz" genannt –, 1843 geboren, und die vier Jahre jüngere Sophie.

Allein fünf Mädchen unter einem Dach, das brachte tagtäglich genügend Wirbel und Leben sowohl im Winter in das Palais in der Ludwigstraße als auch, wenn der Frühling ins Land gezogen war, in das verträumte Schloß in Possenhofen. Denn alle fünf hatten ihre eigenen Vorstellungen von der Zukunft, jede träumte von einem Märchenprinzen, der eines Tages ans Tor klopfen würde. Aber keine von ihnen sollte das große Glück ein Leben lang erfahren, irgendeinen Wermutstropfen hielt das Schicksal für jede von ihnen bereit.

Es war nicht leicht für Nené gewesen, als verschmähte Braut des Kaisers von Österreich nach Hause zurückzukehren. Die Geschichte von der geplatzten Verlobung hatte allzu schnell die Runde gemacht. Wäre Ludovika vor ein paar Wochen etwas diskreter gewesen und hätte sie nicht jedem, der es hören wollte oder nicht, voll Stolz erzählt, daß Franz Joseph Nené heiraten würde, dann wäre die Peinlichkeit, die man auch als Blamage ansah, für ihre ältere Tochter nicht so groß gewesen. Aber Nené war noch jung und verkraftete die Ablehnung Franz Josephs mit jedem Tag mehr, der ins Land zog. Die Mutter hatte ernsthaft befürchtet, daß das nicht allzu ausgeprägte Selbstbewußtsein ihrer älteren Tochter einen Knacks fürs Leben bekommen hatte, aber wer die schöne Nené sah, tröstete sie damit, daß noch Dutzende von Freiern um ihre Hand anhalten würden.

In den ersten Wochen nach ihrer Rückkehr aus Ischl befragte Nené während des Tages immer wieder heimlich den Spiegel, um ihr Aussehen zu prüfen, so als wollte sie sich vergewissern, daß sie mindestens genauso attraktiv war wie Sisi. Und je länger sie sich betrachtete, desto mehr wuchs in ihr die Überzeugung, daß sie bestimmt einen Mann finden würde, mit dem sie glücklich werden konnte. Es mußte ja nicht unbedingt der Kaiser von Österreich sein!

Die schönen Tage von Ischl, die erste Zeit der großen Verliebtheit, gingen für Franz Joseph viel zu schnell vorbei. Man war übereingekommen, daß die Hochzeit im nächsten Frühjahr stattfinden sollte, und bis dahin hatten sowohl der Kaiser als auch Sisi, vor allem aber Ludovika alle Hände voll zu tun. Als Franz Joseph seine kleine Braut zum Abschied küßte und sich kaum von ihr trennen wollte, da war die Zukunft beider längst entschieden. Der Kaiser würde, wie er es gewohnt war, an seinen Schreibtisch in der Hofburg zurückkehren und sich über seine Berge von Akten setzen, die er aufzuarbeiten hatte. Er würde wichtige Entscheidungen über die Situation auf der Halbinsel Krim fällen müssen, würde gezwungen sein, abzuwägen, wie sich Österreich in dem Kräftemessen auf dem Balkan verhalten sollte, und würde versuchen, sich aus kriegerischen Aktionen herauszuhalten. Aber all dies würde er nicht mehr mit derselben inneren Ruhe tun können, denn wenn auch sein Verstand ihm sagte, daß er in dieser politischen Krise, die die Monarchie nur allzu leicht in einen großen europäischen Konflikt hätte hineinziehen können, seine fünf Sinne beisammenhaben mußte, konnte er sich dennoch nicht so weit konzentrieren, daß er nicht zwischen schwerwiegenden Entscheidungen immer wieder an seine kleine Braut in Possenhofen dachte. Er, der nüchterne, meist emotionslose Schreibtischkaiser, war unsterblich verliebt und konnte die Sehnsucht nach seiner Sisi kaum zügeln.

Für Sisi hingegen begann mit einem Schlag ein neues Leben. Alles das, was sie vor einigen Wochen bei Nené gesehen hatte, wurde jetzt für sie drohende Wirklichkeit. Sie war jetzt die Braut des Kaisers, und sie war es nun, der man versuchte, einzudrillen und einzutrichtern, wovon sie bis jetzt keine Ahnung gehabt hatte. Arme Sisi, so dachten sich die Geschwister, wenn sie die sonst so muntere Schwester über dicken Büchern sitzen sahen und beobachteten, wie sie manchmal, wenn kein Lehrer in der Nähe war, gelangweilt gähnend in den Folianten blätterte. Wie schön wäre es, so dachte sie sehnsuchtsvoll, jetzt am Waldrand sitzen zu können und die Tiere zu beobachten. Aber die Zeit war vorbei, der Ernst des Lebens hatte begonnen, und sie mußte so schnell wie möglich alles lernen, was sie als Kaiserin von Österreich einmal brauchen würde. Franz Joseph hatte ihr zwar keine Vorschriften gemacht, er liebte sie so, wie sie war, aber seine Mutter Erzherzogin Sophie hatte Ludovika beim Abschied in Ischl eine Liste übergeben, auf der genau vermerkt war, was Sisi alles können und wissen sollte. Allein schon die vielen Titel ihres zukünftigen Mannes, die dann auch sie tragen würde, überforderten fast ihr Gedächtnis.

Am schlimmsten aber war es, daß sie in Windeseile Fremdsprachen lernen sollte. Bis jetzt hatten die Erzieherinnen ab und zu Englisch mit ihr gesprochen, auch in Gesprächen mit Nené verwendete sie gern diese Sprache, vielleicht, weil die jüngeren Geschwister sie dann nicht verstehen konnten. Aber sonst unterhielt man sich in München und in Possenhofen, so wie es allgemein üblich war, im bairischen Dialekt. Gerade die lustigen bairischen Worte, die Sisi verwendete, hatten Franz Joseph in Ischl ganz besonders entzückt! Und alle fanden die Art, wie sie sprach, bezaubernd charmant, außer natürlich ihre Tante Sophie. Die hatte sofort daran herumgenörgelt, obwohl sie ja selbst dereinst eine bayerische Prinzessin gewesen war. Aber das war lang her, und sie hatte längst ihren Dialekt abgelegt, um die distinguierte manierierte Sprache des Wiener Hofes anzunehmen.

Aber was half alles Räsonieren, die Tante bestand nun einmal darauf, daß die Braut ihres Sohnes Kenntnisse im Französischen haben sollte: Wenn sie schon nicht die Sprachen der Monarchie beherrschte – denn es wäre in der kurzen Brautzeit ein Ding der Unmöglichkeit gewesen, Italienisch, Tschechisch und Ungarisch zu erlernen –, so sollte sie doch wenigstens halbwegs Französisch sprechen können. Ihre Stellung als zukünftige Kaiserin verlangte dies absolut!

Sisi büffelte bis in die späten Abendstunden alles in sich hinein, was man von ihr verlangte und wurde mit jedem Tag melancholischer, so daß die Mutter und auch die Geschwister erschreckt feststellten, daß eine glückliche Braut ganz anders aussah. Aber zuviel hatte sich für sie geändert, es fehlte ihr ganz einfach die große Freiheit, die sie bisher genossen hatte. Plötzlich war sie eingepreßt in ein bestimmtes Schema, in einen geplanten Tagesablauf, was sie bisher nicht gewohnt gewesen war. Vielleicht stieg in dem jungen Mädchen auch Furcht vor dem Unbekannten auf, ja vielleicht sogar Angst vor dem eigenen Bräutigam, nicht nur vor seiner Mutter.

Es war wahrscheinlich die Überanstrengung, die vielen Verpflichtungen, die plötzlich aus Sisi eine beinahe launische Person machten. Sie war es einfach bisher nicht gewohnt gewesen, regelmäßigen Beschäftigungen nachzugehen, und alles, was man jetzt von ihr verlangte, überforderte sie von Grund auf. Einzig und allein die Stunden mit ihrem Ungarischlehrer, dem Grafen Johann Majlath, machten ihr Spaß, denn der Graf verstand es meisterlich, seiner kleinen Schülerin die Schönheit der ungarischen Poesie nahezubringen, auch wenn Sisi die Sprache noch nicht verstand. Majlath konnte freilich damals nicht ahnen, wie sehr sich Sisi einmal zu seinem Volke hingezogen fühlen sollte.

Wenn Sisi dann todmüde am Abend im Kreise der Geschwister saß, überkam sie manchmal ein merkwürdig wehmütiges Gefühl. Warum war das alles nötig, warum sollte sie eigentlich nach Wien gehen, warum mußte ausgerechnet sie die Frau von Franz Joseph werden und nicht Nené, die ihn so gerne geheiratet hätte? Wie glücklich konnte die Schwester sein, noch in Possenhofen oder in München bleiben zu dürfen! Nené wachte sicherlich nicht manchmal mitten in der Nacht auf, von Alpträumen und Zukunftsängsten geplagt!

So ganz geheuer war ihr vor allem die „liebe Tante“ nicht! Warum hatte sie Franz Joseph zwar sehr schonend, aber doch ganz eindeutig gebeten, ihre zukünftige Schwiegermutter nicht zu duzen? Für Sisi war es selbstverständlich gewesen, die Tante mit „Du“ anzureden. Sie war nur über das indignierte Gesicht der Erzherzogin überrascht gewesen und konnte sich nicht erklären, was sie schon wieder falsch gemacht hatte. Bis Franz Joseph vorsichtig die Rede darauf gebracht hatte, daß selbst er und seine Geschwister die Eltern per „Sie“ ansprachen. Das war doch geradezu absurd! Außerdem hatte die Tante an ihren Zähnen herumgemäkelt!

Sisi wußte schließlich selbst nur zu gut, daß sie mit den Zähnen ein Leben lang Probleme hatte und daß sie nicht strahlend weiß wie bei anderen Mädchen waren, sondern durch ihre gelbliche Farbe nicht besonders attraktiv wirkten. Aber was sollte sie schließlich machen? Sie verschloß ohnedies den Mund, wo sie nur konnte und zeigte auch beim Lachen niemals die Zähne. Nun, wenn es die Erzherzogin schon unbedingt wollte, schrubbte sie die Zähne eben noch ein paarmal mehr am Tag. Hoffentlich war sie dann zufrieden!

Warum sagte Franz Joseph seiner Mutter nicht ganz einfach, sie sollte sich nicht in ihre Angelegenheiten mischen? Warum hörte er auf alles, was die „liebe Mama“ meinte, sagte, für richtig hielt, anordnete, befahl?

So mancher Zweifel befiel die junge Braut. Hatte sie sich wirklich richtig entschieden, als sie Franz Joseph ihr Jawort gab? Würde sie ihn lieben können, so wie er sie? Mitten in den düstersten Gedanken hörte sie plötzlich das fröhliche Klappern von Hufen, sie schaute neugierig aus dem Fenster und erblickte einen Leibgendarmen des Kaisers, der ihr zu ihrem Namenstag ein Geschenk überbrachte, eine von unzähligen Brillanten glitzernde Brosche. Staunend standen die Geschwister und ließen die Brosche von Hand zu Hand gehen, besonders Nené betrachtete sie länger als nötig. Welch ein Geschenk! Welch ein Bräutigam! Nein, einen Kaiser würde sie sicherlich nicht mehr finden, der seine zukünftige Frau so verwöhnte!

Franz Joseph hatte aber noch andere Überraschungen für Sisi bereit. Er konnte seine Ungeduld, sie trotz seines großen Arbeitspensums wiederzusehen, nicht mehr zügeln. Von einem Moment auf den anderen entschloß er sich, nach München zu fahren. Die Überraschung war riesengroß, als er kurz nach Mitternacht an die Tore des herzoglichen Palais in der Ludwigstraße in München klopfte. Die Familie lag schon in tiefem Schlummer, und man konnte sich zunächst den Lärm und dann die Unruhe in den unteren Räumen nicht erklären. Ein Diener weckte vorsichtig die Herzogin und teilte ihr die Ankunft des hohen Gastes mit. Franz Joseph aber hatte nur eines im Sinn: Er wollte auf der Stelle seine Sisi wiedersehen! Schlaftrunken, wie sie war, erschien sie – nur

mit einem Schlafrock bekleidet und mit offenem Haar. Der junge Bräutigam brach bei ihrem Anblick in wahre Verzückung aus, er konnte sich an seiner kleinen Braut nicht satt sehen.
Für den Heiligen Abend hatte er sich eine ganz besondere Überraschung ausgedacht: Er schenkte Sisi nicht nur sein Bild, sondern mitten im Winter einen Strauß mit frischen Blumen, den ein Bote direkt aus dem Wiener Palmenhaus bei Schnee und Kälte nach München gebracht hatte. Sisi war über dieses Geschenk entzückt, aber sprachlos vor Staunen war sie, als sie plötzlich eine krächzende Stimme im Hintergrund hörte. Etwas Großes, Rundes stand dort, mit einem dunklen Tuch abgedeckt. Sie hob es vorsichtig auf und sah eine große Voliere vor sich, in der ein schöner buntgefiederter Papagei saß und sie aus neugierigen Augen betrachtete. So einen Vogel hatte sie sich schon immer gewünscht, welch ein großartiger Einfall von Franz Joseph!
Der verliebte Kaiser verbrachte die Tage ganz im Kreise der Herzogsfamilie, ließ seine Sisi keine Minute aus den Augen, scherzte mit den Schwestern – auch Nené hatte ihre Unbefangenheit ihm gegenüber wieder zurückgewonnen – und tollte mit den Brüdern durch die weiten Gänge des Stadtpalais. Er fühlte sich rundherum unbeschwert, jung und glücklich. Wie herrlich würde es sein, wenn Sisi erst seine Frau war und er sie tagtäglich an seiner Seite hatte! Er zählte die Wochen bis zu dem Tag, an dem Sisi nach Wien kommen würde, denn für April war die Hochzeit festgesetzt.
In München liefen die Vorbereitungen ohnedies schon auf Hochtouren. Diplomaten kamen und gingen, denn wenn eine Hochzeit im Kaiserhaus bevorstand, mußte vieles vertraglich genau geregelt werden, nicht nur die Mitgift der Braut, sondern auch die Zuwendungen, zu denen sich der Kaiser seiner Frau gegenüber verpflichtete. Franz Joseph war zeit seines Lebens ein großzügiger Mann. Daher verdoppelte er das Heiratsgut seiner Braut, Sisi sollte 100 000 Gulden aus seiner Privatschatulle erhalten, dazu noch 12 000 Gulden als Morgengabe, ein Entgelt, das nach der Hochzeitsnacht fällig wurde. Eine „Morgengabe" war im Hause Habsburg seit Generationen üblich. Der junge Ehemann mußte seine Frau für die verlorene Jungfernschaft mit einer bestimmten Geld-

summe abfinden. Damit Sisi einmal als Kaiserin aus dem vollen schöpfen konnte, garantierte ihr Franz Joseph ein jährliches „Spennadelgeld“ von 100 000 Gulden für ihre ganz persönlichen Belange – eine Summe, die, wie sich Jahre später herausstellen sollte, bei weitem nicht ausreichte, um die horrenden Ausgaben der Kaiserin zu decken!

Ein Heer von Notaren, Beamten und Schreibern notierte alles, was für die Braut und den Bräutigam Bedeutung hatte und natürlich auch das, was für die Monarchie und das Königreich Bayern wichtig war. Denn auch der bayerische König mußte die Einwilligung zu dieser Eheschließung geben, genauso wie die Dispens des Papstes vonnöten war, da die Brautleute immerhin als Cousins ersten Grades sehr eng miteinander verwandt waren.

Alles lief wie am Schnürchen. Nur Ludovika wußte kaum, wo ihr der Kopf stand, wenn sie an die umfangreiche Aussteuer der Tochter dachte, die bis zur Brautfahrt, die in Straubing beginnen sollte, bis ins kleinste Detail fertiggestellt sein mußte. Zuviel mußte überlegt, bedacht und angeordnet werden, sie durfte beileibe nichts vergessen. Die Herzogin konzentrierte sich ganz auf diese Tätigkeit und überließ ihre Kinder den Erziehern und Zofen. Sisis Geschwister waren nicht böse darüber, konnten sie doch mehr denn je tun und lassen, was sie wollten. Sisi sah von weitem neidvoll dem lustigen Treiben der Brüder und Schwestern zu, aber sie war jetzt schließlich eine Braut und durfte sich an den wilden Spielen kaum mehr beteiligen. Schade!

Selbst Franz Joseph fand seine Braut beinahe mißmutig vor, als er sie im März, einen Monat vor der Hochzeit, noch einmal kurz besuchte. Sie schien ihm nervös und überreizt. Auch das Geschenk, das er ihr mitgebracht hatte, konnte ihre Laune nicht besonders heben. Es war ein wunderbares Kollier mit einem passenden Diadem und Ohrringen, mit Opalen und lupenreinen Brillanten besetzt, das seine Mutter schon zu ihrer Hochzeit getragen hatte. Vielleicht war es der Nachsatz des Bräutigams, der Sisi die Freude an dem prachtvollen Geschenk nahm. Ausgerechnet den Schmuck der Schwiegermutter sollte sie tragen!

Die Wochen vergingen wie im Flug, und mit jedem Tag, der die Abreise aus Bayern näher brachte, wurde Sisi stiller und trauriger.

Aber jetzt, unmittelbar vor der Hochzeit, gab es für Sisi keinen Ausweg mehr. Und so nahm das Schicksal seinen Lauf.
Elisabeth, die Tochter des Herzogs in Bayern, wurde in München mit königlichen Ehren verabschiedet. Vorher mußte sie noch den offiziellen Renunziationsakt unterzeichnen, eine reine Formsache, die die Hausgesetze der Wittelsbacher vorschrieben. Heiratete nämlich eine Prinzessin, selbst aus der Nebenlinie, einen ausländischen Herrscher, so mußte sie auf alle Erbfolgerechte verzichten. Bei Sisi war dies wirklich nur Theorie, denn es hätte schon eine grauenvolle Epidemie ausgerechnet alle männlichen Nachkommen aus dem Hause Wittelsbach hinwegraffen müssen, dann hätte sie vielleicht auch nach dem Ableben älterer wittelsbachischer Damen die Chance gehabt, den bayerischen Thron zu besteigen. Aber Vorschrift war Vorschrift, und Sisi mußte ihren Kopf, in dem sie ganz andere Probleme wälzte, nicht auch noch mit solchen Theorien belasten.
Am Ostersonntag, dem 16. April 1854, trat Elisabeth zum ersten Mal offiziell als Kaiserbraut in München auf. Sie hatte den kostbaren Diamantschmuck angelegt, den ihr Franz Joseph geschenkt hatte. Mit blassem Gesicht, sehr ernst saß sie in dem Galakonzert, das man ihr zu Ehren und zu ihrer Verabschiedung gegeben hatte. Hunderte Augen beobachteten das junge Mädchen, und alle waren sich einig: So richtig glücklich wirkte die junge Braut wahrlich nicht! Der preußische Gesandte sprach aus, was die anderen dachten und fühlten: „Die junge Herzogin scheint bei allem Glanz und aller Hoheit der Stellung, die ihrer an der Seite ihres erhabenen kaiserlichen Bräutigams wartet, doch den Abschied von ihrer bisherigen Heimat und ihrem hohen Familienkreise schwer zu empfinden, und der Ausdruck hievon warf einen leisen Schatten über das in der Fülle jugendlicher Anmut und Schönheit strahlende Antlitz der durchlauchtigsten Prinzessin."
Solange die Musik spielte, konnte Sisi noch ihren eigenen Gedanken nachhängen, dann aber wurde es ernst für sie: Die Vertreter des diplomatischen Korps traten an sie heran und überbrachten ihr die Grüße und Empfehlungen der ausländischen Herrscher. Sisi stand da und wußte eigentlich nicht so recht, was sie sagen, wie sie sich verhalten sollte. Ihre bisher sprichwörtliche Natür-

lichkeit war von ihr abgefallen, und sie blickte beinahe hilfesuchend nach ihren Eltern. Endlich – nach einer Ewigkeit – war auch dieser Spuk vorbei, und sie konnte sich endlich in ihre vier Wände zurückziehen. Sie hatte einen bitteren Vorgeschmack von dem bekommen, was sie in Wien erwartete.
Als sich ihr Vetter, der bayerische König Maximilian II., und ihr Onkel, der 1848 abgedankte König Ludwig I., bei ihr ansagten, um ihr für ihren zukünftigen Lebensweg Glück zu wünschen und ihr Lebewohl zu sagen, da war die junge Braut beinahe den Tränen nahe. War denn dies wirklich alles notwendig, warum war die Verwandtschaft nicht einfach in das Stadtpalais zum Tee gekommen, so wie dies bei ihnen immer üblich gewesen war, warum hatte sich plötzlich alles auch in München verändert?
Im Hof wartete schon der Reisewagen, vor den sechs herrliche Pferde gespannt waren, die aufgeregten Rufe der Diener drangen an ihr Ohr, sie hörte ihre Geschwister voller Hast in den Gängen hin- und herlaufen, Türen wurden zugeschlagen, als wäre alles endgültig. Dann erschien ihre Mutter in der Tür, nahm ihre Tochter sanft bei der Hand und führte sie hinaus aus dem elterlichen Palais, wo sie so fröhliche Zeiten erlebt hatte. Sisi hatte kaum Zeit, sich von all den Leuten, die ihr lieb geworden waren, zu verabschieden. Ungeduldig hielten schon die Kutscher die Türen des Wagens auf, sie stieg ein, hörte ein kurzes Knallen mit der Peitsche, und schon ging es zum Tor hinaus – hinaus in ein unbekanntes Leben.
In eine Ecke der Kalesche gekauert, hörte Sisi von ferne die Jubelrufe als gutgemeinte Abschiedsgrüße der Münchner. Sie sah nicht die vielen Blumen, die ihren Weg durch die Ludwigstraße säumten, bemerkte nicht die Kinder, die in die Höhe gehalten wurden, damit sie noch einen letzten Blick auf die bayerische Prinzessin werfen konnten, die nun Kaiserin von Österreich werden sollte.

Überall, in jedem noch so kleinen Ort, durch den der Brautzug fuhr, erklangen Hochrufe auf die schöne junge Braut, überall waren die Menschen begeistert. Als Sisi mit ihrer Familie endlich in der alten bayerischen Herzogsstadt Straubing das Schiff besteigt, das sie die Donau abwärts nach Wien bringen sollte, war sie vom vielen Winken und Lächeln so ermüdet, daß sie kaum mehr aus den Augen schauen konnte. Sie hatte sich zu allen Freundlichkeiten zwingen müssen, denn nichts war ihr unangenehmer, als Aufsehen zu erregen oder in der Öffentlichkeit stehen zu müssen. Die Geschwister, die mitgekommen waren, konnten ihre abweisende Haltung kaum verstehen. Für sie war alles, was sich rund um die Schwester abspielte, ein großer Spaß, eine ausgesprochene Sensation! Nur Nené blickte manchmal etwas skeptisch auf Sisi. War sie wirklich in Franz Joseph so verliebt, wie es zunächst den Anschein gehabt hatte? Manchmal erweckte die Schwester den Eindruck, als führe sie nicht zu ihrer Hochzeit, sondern zu ihrer eigenen Beerdigung. Nené stellte sich eine Heirat wirklich anders vor!

Auch an den Ufern der Donau standen die Menschen und jubelten Sisi zu, obwohl sie sich selten an Deck des Schiffes zeigte. In jedem noch so kleinen Ort, in dem man anlegte und Quartier nahm, wurden Galadiners gegeben und Festreden auf die hohe Braut und ihren zukünftigen Gemahl gehalten. Und Sisi saß stundenlang mitten unter fremden Menschen und wünschte sich nichts sehnlicher, als irgendwann einmal wieder allein für sich sein zu können. Aber in ihrem Privatleben hatte sich alles grundlegend geändert.

Alle Stationen des Hochzeitszuges die Donau hinunter waren genau durchdacht und geplant gewesen, nur eines hatte man in der Aufregung vergessen: den gefährlichen Strudel im Strudengau, der durch einen kleinen Felsen mitten im Fluß bei St. Nikola die Donau aufwirbelte. Nur die eingeweihten Schiffer, die regelmäßig die Donau hinunterfuhren, kannten die Gefährlichkeit dieser

Stelle. Und beinahe hätte die unter so großer Anteilnahme der Menschen in Bayern und Österreich begonnene Brautfahrt hier in den Wellen der Donau ein tragisches Ende gefunden, denn das Schiff mit Sisi und ihrer Familie geriet direkt in den Strudel, und nur der Kaltblütigkeit des Kapitäns war es zu verdanken, daß man zwar etwas durchnäßt, aber doch heil das Ufer erreichen konnte.
Es war die letzte Klippe gewesen, die Sisi hatte umschiffen müssen, bevor sie Franz Joseph in die Arme schließen konnte. Sehnsüchtig hatte der Kaiser schon stundenlang am Donauufer in Wien gewartet und mit ihm eine unüberschaubare Menschenmenge. Dann endlich war es so weit: Franz Joseph erkannte Sisi schon von weitem, denn sie stand auf dem Deck des Schiffes. Als die Anker in den Fluß rasselten, gab es für ihn kein Halten mehr. Ohne sich um das Volk zu kümmern, stürmte er wie ein verliebter Jüngling auf das Schiff, riß Sisi in die Arme und küßte sie. Das war so richtig nach dem Geschmack der Wiener! Ein Kaiser zum Anfassen, kein papierener Schreibtischmensch, wie man bisher geglaubt hatte. Hier zeigte sich ein junger Mann, der sein Mädchen über alles liebte!
In diesem Moment war auch Sisi glücklich. Sie spürte die Nähe und Zärtlichkeit ihres Bräutigams, doch dann bemerkte sie die riesige Menschenmenge, die zu ihrem Empfang bereitstand und sie beide neugierig betrachtete. Was wollten die vielen Leute von ihr? Diese Frage sollte sie ein Leben lang beschäftigen. Hier an der Donau fand der Beginn eines jahrzehntelangen Begafftwerdens statt, der Vorgeschmack für das Martyrium einer menschenscheuen Frau, die sich in ihr Einsamkeitsbedürfnis immer mehr hineinsteigerte, von niemandem, auch nicht von ihrem Mann, verstanden. Weder Sisi noch einer der Anwesenden, die diese rührende Liebesszene hier an den Ufern der Donau beobachteten, konnte damals erahnen, daß Franz Joseph aus einer Verliebtheit heraus, ja, vielleicht auch aus Liebe, die falsche Frau heiraten würde.
Sisi war den Tränen nahe, als sie in der altmodischen Kutsche durch Wien fuhr, durch eine fremde Stadt mit fremden Menschen, deren Mentalität sie niemals verstehen konnte und wollte. Dabei hatten die Wiener die junge schöne Braut mit offenen Armen aufgenommen, denn hier in Wien hatte man immer schon ein Herz

für bezaubernde Frauen. Alle, die Sisi gesehen hatten, waren sich einig: Die Kaiserbraut stellte mit ihrem bezaubernden Liebreiz alle anderen in den Schatten. Hoch Elisabeth! Überall waren Transparente mit Glückwünschen angebracht, man hatte die Häuser mit habsburgischen und bayerischen weißblauen Fahnen festlich beflaggt, und in den Gassen waren Spruchbänder gespannt, auf denen man lesen konnte: „Es lebe die Rose von Bayern!"

Sisi registrierte von all dem, was man ihr zu Ehren inszeniert hatte, herzlich wenig, fast verschüchtert saß sie in einer Ecke des Wagens, die Eindrücke und der Rummel um ihre Person waren einfach zuviel für das junge Mädchen. Dabei war dies erst der Anfang einer unendlichen Reihe von Verpflichtungen, die in den nächsten Tagen auf sie zukamen. Wie ein Opferlamm ließ sie alles über sich ergehen, lernte stundenlang die Rangordnungen und Titel der wichtigsten Persönlichkeiten in der Monarchie auswendig und las genaue Aufzeichnungen über das Protokoll für die bevorstehende Hochzeit.

Am Abend, wenn sie dann todmüde auf ihrem Bettrand saß, schlug die junge Braut beinahe verzweifelt die Hände vors Gesicht. Wenn sie dies alles geahnt hätte, wenn nur irgendjemand ihr gesagt hätte, was sie hier in Wien erwartete, ja, was hätte sie wirklich gemacht? Sie liebte Franz Joseph auf eine romantische und noch ganz kindliche Art, aber würde sie alles das tun können, was man von ihr verlangte? Warum konnte ihr Franzl nicht ständig in der Nähe sein, dann wäre alles gut, denn nicht nur einmal zerstreute er ihre Bedenken und Zweifel mit einem Lächeln und tröstete sie: „Es wird schon alles nicht so gefährlich werden, und ist das einmal überstanden, dann bist du doch meine süße kleine Frau, und wir werden den ganzen Zauber in unserem schönen Laxenburg bald vergessen."

Nun war der große Tag angebrochen, an dem aus der kleinen bayerischen Prinzessin die Kaiserin von Österreich werden sollte, aus einem einfachen Landkind eine internationale Persönlichkeit. Über diesen großen Sprung im Leben Sisis hatte sich wohl nur die Mutter des Kaisers intensive Gedanken gemacht, sie war lebenserfahren und reif genug, die Konsequenzen dieser Heirat voll und ganz zu erkennen. Einen Kaiser, der an der Spitze der riesigen

Donaumonarchie stand, zu heiraten, war nun einmal etwas anderes, als einfach nur dem Manne, den man liebte, das Jawort zu geben. Die Zukunft für die kleine Sisi würde sicherlich nicht immer rosig werden, auch wenn es jetzt noch so aussah.
Doch am 24. April 1854 konnte niemand mehr etwas am Lauf der Dinge verändern, und die Mutter des Kaisers, Erzherzogin Sophie, konnte nur den Segen des Himmels für die Brautleute erflehen, die jetzt, beide jung und schön, in der Augustinerkirche, der traditionellen Hochzeitskirche der Habsburger, vor dem Altar standen, um ihren Bund fürs Leben vom Wiener Kardinal Erzbischof Rauscher segnen zu lassen. In weißer Galauniform betrat der Kaiser das eher düstere Kirchenschiff, in dem Hunderte von Kerzen ein romantisches Licht verbreiteten, und ging mit elastischen Schritten zielstrebig zum Altar – eine jugendlich schlanke Erscheinung, ein attraktiver Mann!
Alle Hochzeitsgäste warteten jetzt gespannt auf die Braut. Und die war wahrlich entzückend anzusehen! Ein Murmeln der Bewunderung ging durch die große Schar der festlich gekleideten hohen Gäste, als Sisi die Kirche betrat, zierlich und mädchenhaft in dem knisternden, glänzenden Brautkleid, das glitzernde Brillantdiadem Sophies im aufgesteckten Haar, mit einem Strauß von weißen Rosen im Arm. Und alle, die sie sahen, konnten den jungen Kaiser verstehen, daß er sich in dieses schöne Mädchen Hals über Kopf verliebt hatte. So mancher drehte sich freilich um und versuchte, unter den zahlreichen Gästen auch die Schwester ausfindig zu machen, die heute eigentlich an Sisis Stelle hätte stehen sollen. Man munkelte und flüsterte, und ab und zu gab es einen, der Helene in Augenschein nahm. Sie wäre beileibe auch keine schlechte Wahl gewesen, dachten sich manche. Man mußte es der bayerischen Verwandtschaft des Kaisers lassen, ein Mädchen war schöner als das andere, und obwohl die übrigen Schwestern Sisis damals noch Kinder waren, so konnte man sich doch leicht vorstellen, daß auch sie einmal ausgesprochene Schönheiten werden würden.
Als Sisi endlich neben ihrem Bräutigam stand, war sie von den Blicken der vielen Hochzeitsgäste so verwirrt, daß sie fast auf jegliches Zeremoniell vergessen hätte. Franz Joseph mußte sie leise

daran erinnern, daß sie jetzt vor dem Hochaltar die Ringe zu wechseln hatten und einander das Eheversprechen geben mußten. Der Kaiser, der von Kardinal Rauscher zuerst befragt wurde, ob er die anwesende Braut zu seiner Frau nehmen wolle, bestätigte dies mit lauter Stimme, während Sisi ihr „Ja“ beinahe unhörbar flüsterte. Es schien wie ein Omen für ihr zukünftiges Leben!
Alles, was sich an diesem Hochzeitstag für Sisi ereignete, empfand sie in späteren Jahren wie einen Alptraum. Sie war mit ihren sechzehn Jahren einfach vollständig überfordert, man hatte sie nicht aufgeklärt, nicht nur in sexueller Hinsicht. Man hatte ihr nicht gesagt, daß jede noch so betagte Dame auch der höchsten Gesellschaft vor ihr zum Hofknicks in die Knie gehen würde, daß sie ihre Hand dann huldvoll zum Kusse reichen sollte und daß sie nun einmal trotz ihrer Jugendlichkeit die erste Dame in der Monarchie sein würde. Erst wenige Tage vor der Hochzeit hatte sie eine kleine Ahnung davon bekommen, was sie erwartete, aber sie konnte dies alles noch lange nicht innerlich verkraften, alles war für sie völlig ungewohnt, beinahe schrecklich! Sie mußte stundenlange Huldigungen über sich ergehen lassen, Dutzende von fremden Menschen erwiesen ihr Ehrfurchtsbezeugungen, und sie wußte im Grunde ihres Herzens eigentlich nicht, warum. Nur weil sie nun die Gemahlin des Kaisers von Österreich war?
Total erschöpft sank Sisi in den Wagen, der sie nach den Trauungsfeierlichkeiten nach Schloß Laxenburg bringen sollte. Auch die beiden Mütter waren mit von der Partie. Das Zeremoniell bestimmte, daß die junge Frau von ihrer Mutter und der Schwiegermutter ins Brautgemach geführt werden mußte. Ludovika und Sophie gaben sich redliche Mühe, die zu Tode erschöpfte Braut etwas aufzuheitern, denn dem jungen und unerfahrenen Mädchen stand noch die Hochzeitsnacht bevor. So wie die meisten jungen Mädchen ihrer Zeit war Sisi weder von der Mutter noch von irgendwelchen Erzieherinnen darüber aufgeklärt worden, was sich in der Hochzeitsnacht eigentlich ereignen würde. Dieses Thema war in beinahe allen Gesellschaftsschichten absolut tabu, man sprach nicht darüber. Daher wurden die meisten jungen Frauen von ihren Ehemännern im Brautbett mehr oder weniger vergewaltigt. Ganz selten fand sich ein junger Ehemann, der auf

die Unschuld und Unaufgeklärtheit seiner Braut Rücksicht nahm und sie erst allmählich und vorsichtig in die Geheimnisse des Alkovens einweihte. Franz Joseph war so ein Mann! Er machte nicht von seinen neuen Rechten rücksichtslos Gebrauch, wie das später sein Sohn Rudolf tat, sondern sah, wie erschöpft und furchtsam Sisi in den Kissen lag. Er liebte seine junge Braut viel zu sehr, um sie in der ersten gemeinsamen Nacht schockieren zu wollen. Er brachte ihr und sich dieses Opfer, obwohl er wahrscheinlich vor Leidenschaft glühte. Viel später, als über die seltsam unglückliche Ehe der beiden gesprochen und geschrieben wurde, gab man für so manches dem Kaiser die Schuld. Man warf ihm vor, sich nicht genügend hinter Sisi gestellt zu haben, aber alle Kritiker vergaßen und vergessen, daß Franz Joseph ein Leben lang Sisi gegenüber ein feinfühliger Mann gewesen sein muß, der sich selbst in der Hochzeitsnacht so beherrschen konnte. Auch als dann schließlich in der dritten Nacht die Ehe vollzogen wurde, war nicht er der Indiskrete, der seiner Mutter alles bis ins kleinste Detail erzählte, sondern die von der Erzherzogin beauftragten Hofschranzen, die neugierig an den Türen gelauscht hatten, informierten die Mutter über das, was im kaiserlichen Schlafzimmer vor sich gegangen war. Auch in Schloß Laxenburg hatten die Wände Ohren, und Erzherzogin Sophie war höchst interessiert, Einzelheiten über das intime Leben der beiden Jungvermählten zu erfahren. Als in der ersten Nacht nichts geschehen war und auch in einer zweiten nicht, da nahm sie diese Zurückhaltung des jungen Kaisers nicht etwa ihrem Sohn übel, sondern sie sah die Schwiegertochter als zickig an. Wie konnte dieses Mädchen einen Mann wie ihren Sohn nicht freudig in die Arme schließen und glücklich darüber sein, einen so attraktiven und aktiven Mann zu haben? Die Erzherzogin dachte wehmütig an ihre eigene Hochzeitsnacht zurück, an ihren schwerfälligen Bräutigam mit dem viel zu großen Kopf. Ihn hatte sie fast ins Bett zerren müssen, als er nur müde vor sich hingähnte und so gar keine Anstalten traf, sie zur Frau zu machen. Aber sie hatte nicht ihn gewollt, nur einen Sohn!

Die Flitterwochen, die Sisi in Schloß Laxenburg verbrachte, waren alles andere als das, was sie sich in ihren Jungmädchenträumen ausgemalt hatte. Denn auch in dieser für junge Eheleute so entscheidenden Zeit ließ der junge Kaiser seine Arbeit nicht im Stich. Jeden Tag fuhr er nach einem kurzen Frühstück, das zusammen mit der „lieben Mama“ eingenommen werden mußte, in die Stadt, um in der Hofburg alles zu erledigen und zu regeln. Dabei kümmerte er sich um jede noch so kleine Aktennotiz und bearbeitete jedes Dokument selbst mit größter Akribie, so, als wollte er seine fehlende Kreativität durch übergroßen Fleiß wettmachen. Er erfüllte seine Pflicht als Kaiser selbst in jenen ersten Tagen seiner Ehe, anstatt mit seiner bezaubernden jungen Frau auf Hochzeitsreise zu gehen. Aber Franz Joseph konnte nicht aus seiner Haut heraus, viel zu früh war ihm absolute Pflichterfüllung dem Staat gegenüber eingeimpft worden. Daher kam er niemals auf die Idee, einmal über seinen Schatten zu springen und das zu tun, wonach ihm der Sinn stand. Auch seine Mutter, die ihm sonst in allen Lebenslagen mit guten Ratschlägen zur Seite gestanden hatte, versagte in dieser Situation vollständig. Sie hätte mit ihrer Lebenserfahrung erkennen müssen, daß ihr Sohn Sisi nicht soviel allein lassen durfte. Aber Sophie war im Laufe der Jahre hart geworden. Außerdem stand sie der Schwiegertochter ohnedies nicht allzu positiv gegenüber. Was der Kaiser aber bei seiner Arbeitswut nicht bedachte, war, daß er bereits in diesen Wochen, in der ersten Zeit seiner Ehe, sein Lebensglück zu verspielen begann.

Er verließ Sisi in aller Herrgottsfrühe, und zurück blieb eine junge Frau, ganz den Vorschriften der Schwiegermutter ausgeliefert, die in Sisi nicht die Kaiserin von Österreich sah, sondern ein unreifes, unfertiges, wenig erzogenes junges Mädchen, das mit allen Regeln des Protokolls so schnell wie möglich vertraut gemacht werden mußte. Sie wollte die Schwiegertochter zu einer Kaiserin nach ihren Vorstellungen heranbilden, die so funktionieren sollte, wie sie sich das dachte.

Sophie konnte in ihrem Übereifer nicht erkennen, daß Sisi aus ganz anderem Holz geschnitzt war als ihr eigener Sohn, den die Erzherzogin von klein auf geformt hatte. Das ungestüme Blut ihres Vaters rollte in Sisis Adern und revoltierte schon sehr bald gegen alles und jedes, was die Schwiegermutter anordnete und befahl. Sie hatte ihren eigenen Kopf und ihren eigenen Willen, und den würde die „böse Frau“, wie sie Sophie bald heimlich bezeichnete, nicht brechen. Alles in ihr bäumte sich auf, wenn sie die Schwiegermutter und ihre Spioninnen, die man ihr als Hofdamen zugeteilt hatte, schon von weitem sah. Die einsamen Tage wurden ihr zur Ewigkeit, sie zog sich immer mehr in ihre Gemächer zurück und vermied alles, um nur ja der Schwiegermutter nicht in die Arme zu laufen.

Wenn dann der Abend hereinbrach und Franz Joseph endlich nach Laxenburg zurückkehrte, konnte er sich die Stimmungen seiner jungen Frau kaum erklären. Freudestrahlend fiel sie ihm um den Hals, um im nächsten Moment in Tränen auszubrechen. Anfangs hielt sich Sisi mit Klagen über die Schwiegermutter ihm gegenüber noch zurück, aber je mehr Zeit ins Land zog, umso öfter beschwerte sie sich bei Franz Joseph über seine Mutter und ihre ständigen Nörgeleien. Wie sollte sich der junge Kaiser verhalten? Er liebte seine Sisi zwar abgöttisch und versuchte, ihr jeden Wunsch von den Augen abzulesen. Aber er liebte auch von klein auf seine Mutter und konnte sich nicht vorstellen, daß ausgerechnet diese Frau nicht alles tun würde, um dafür zu sorgen, daß seine Sisi am Wiener Kaiserhof glücklich werden würde.

Und je mehr sich Sisi bei Franz Joseph beschwerte, umso mehr geriet er in eine Zwickmühle. Er wußte wirklich nicht, was er tun sollte. Wenn seine kleine Frau anklagend die Worte Sophies ihm gegenüber wiederholte, versuchte er sie meist nur zu beschwichtigen und erklärte ihr die Absichten seiner Mutter. Sie meinte es doch beileibe nicht böse, das mußte Sisi einsehen! Es gab nun einmal gewisse Dinge, die sie als Kaiserin beachten sollte, da hatte Mama schon recht, wenn sie begann, Sisi darin einzuweihen. Warum sträubte sich auch Sisi so vehement, mit ihm im offenen Wagen durch Wien zu fahren und sich dem Volke zu zeigen? Selbst Franz Joseph konnte nicht verstehen, daß Sisi das Angestarrtwerden, das Zurschaugestelltwerden in tiefster Seele zuwider war. Er war stolz auf seine bezaubernde Frau, und jeder sollte sehen, wie schön die junge Kaiserin war!

Sisi dachte da ganz anders. Was gingen sie die Leute an? Sie spazierte viel lieber durch einen weitläufigen Park oder unterhielt sich mit ihrem gefiederten Freund, dem Papagei. Da wußte sie genau, daß niemand hinter ihrem Rücken über sie tuscheln, daß niemand ihre Worte, ihre Blicke böswillig interpretieren würde.

Je länger Sisi sich von der Mutter des Kaisers Tag und Nacht beobachtet fühlte, umso größer wurde ihre Sehnsucht nach ihrer Familie, nach der fröhlichen, ausgelassenen Atmosphäre im Münchner Palais oder in Possenhofen. Wie glücklich waren die Geschwister, die nach wie vor tun und lassen konnten, was sie wollten. Sie schrieb beinahe verzweifelte Briefe nach Hause und wurde nur dann ab und zu wieder fröhlich, wenn ein Schreiben von ihrer Familie in Wien eintraf. So wie immer, wenn sie sich einsam fühlte, begann sie wieder kleine Gedichte zu schreiben, in denen sie ihren Seelenzustand zu Papier brachte:

„Es kehrt der junge Frühling wieder
Und schmückt den Baum mit frischem Grün
Und lehrt den Vögeln neue Lieder
Und macht die Blumen schöner blüh'n.
Doch was ist mir die Frühlingswonne
Hier in dem fernen, fremden Land?
Ich sehn' mich nach der Heimat Sonne,
Ich sehn' mich nach der Isar Strand.
Ich sehn' mich nach den dunklen Bäumen,
Ich sehn' mich nach dem grünen Fluß,
Der leis in meinen Abendträumen
Gemurmelt seinen Abendgruß."

Es war nicht verwunderlich, daß sich die junge Frau so unglücklich fühlte. Nicht nur die Schwiegermutter trug ein gerüttelt Maß an Schuld dazu bei, obwohl Sophie sicherlich das Beste wollte, aber nicht die richtigen Worte und den rechten Ton fand. Sisi war von einem Tag auf den anderen in eine völlig andere Welt versetzt worden, in eine Atmosphäre, die ihr absolut fremd war. Das junge Mädchen war an grenzenlose Freiheit gewöhnt gewesen und fand sich jetzt in einem goldenen Käfig, durch dessen Gitterstäbe es kaum blicken konnte. Hoffnungslos schien die Zukunft für die junge Kaiserin zu sein, hoffnungslos in jeder Hinsicht. Auch die Liebe ihres Mannes konnte sie nicht glücklich machen, denn wann war Franz Joseph tatsächlich da, wenn sie ihn brauchte? Zog er sich nicht immer wieder innerlich von ihr zurück, wenn sie über seine Mutter die Klagen begann? Sie konnte und wollte ihn nicht verstehen, daß er am Abend müde war und die Entspannung suchte und nicht die ständigen Beschwerden seiner Frau hören wollte. Außerdem war er von klein auf daran gewöhnt, alles, was die Pflicht erforderte, zu akzeptieren. Warum also konnte Sisi nicht wenigstens etwas von dem annehmen, was die „liebe Mama" für richtig hielt? Sie hatte immerhin jahrzehntelange Erfahrungen und hatte auch ihm immer den rechten Weg gewiesen. Vielleicht ergab bei den abendlichen Diskussionen ein Wort das andere, so daß sich Sisi immer mehr in ihr Schneckenhaus zurückzog. Sie konnte es niemals verstehen, daß ihr junger Ehemann, der vorgab, sie über alles zu lieben, dann und wann für seine Mutter Partei ergriff!

Franz Joseph allerdings, der am Abend jedem Streit aus dem Wege gehen wollte, dachte bei sich: Kommt Zeit – kommt Rat! Die beiden Damen würden sich schon mit der Zeit zusammenraufen. Was er damals, in seinen ersten Ehejahren nicht ahnen konnte, war, daß sich die Gegensätze mit jedem Tag, mit jedem Monat immer mehr verhärteten und Sisi schließlich, als sie die Atmosphäre am Wiener Hof nicht mehr ertragen konnte, als sie glaubte, keine Luft mehr zum Atmen zu bekommen, die Flucht ergriff und nie mehr ganz zu ihm und nach Wien zurückkehrte.

Während Sisi in Wien sich eingesperrt fühlte, umgeben von fremden Menschen, die ihr keine Liebe und kein Wohlwollen entgegenbrachten, ging das Leben in der Familie des Herzogs Max in Possenhofen seinen gewohnten Gang, auch wenn Ludovika der Gedanke an ihre so unglücklich „sitzengebliebene“ Nené während so mancher Nacht den Schlaf raubte. So leicht war es jetzt nicht mehr, unter den jungen Prinzen Europas den passenden zu finden, vor allem, weil er inzwischen ganz bestimmte Voraussetzungen erfüllen mußte. Immerhin würde der Auserwählte der Schwager des Kaisers von Österreich werden! Das war eine Hypothek, die gar nicht so leicht zu erfüllen war. Und wenn sich Franz Joseph im Kreise der bayerischen Verwandtschaft auch ungewöhnlich leutselig gab, so blieb er doch ein Leben lang Fremden gegenüber äußerst reserviert, so daß selbst Menschen, die er jahrzehntelang kannte, ganz stolz waren, wenn er sich einmal herabließ und ihnen die Hand reichte. Selbst innerhalb seiner eigenen engsten Familie forderte er den nötigen Respektsabstand, denn nur seinen beiden Töchtern Gisela und Marie Valerie war es erlaubt, ihn mit dem vertraulichen „Du“ anzureden. Seinen einzigen Sohn hingegen behandelte er förmlich, beinahe wie einen Fremden.

Vielleicht war es die lockere Atmosphäre, die im Hause von Herzog Max herrschte, die den Kaiser bewog, auf alle Regeln des Protokolls zu verzichten, wenn er in Possenhofen zu Gast war. Es wäre wahrscheinlich selbst ihm merkwürdig vorgekommen, wenn er hier inmitten der blühenden romantischen Wildnis in der Runde der fröhlich lachenden Menschen auf irgendwelchen formellen Riten ihm gegenüber bestanden hätte.

Sosehr sich Ludovika über den „erhabenen“ Schwiegersohn gefreut hatte, sosehr zerbrach sie sich jetzt den Kopf über die nächsten Heiratsarrangements, die in den kommenden Jahren ins Haus stehen würden. Königssöhne wären die Traummänner für ihre Töchter gewesen! Aber sosehr sich auch die Herzogin nach einem Prinzen aus königlichem Geblüt umsah, so wenig konnte sie einen finden, der für ihre Nené in Frage kam, und je mehr Zeit verstrich, umso unruhiger wurde Ludovika, denn Nené kam langsam in das Alter, wo die Heiratschancen drastisch zu sinken begannen. Immerhin war sie bei der Ischler Affäre fast neunzehn gewesen. Natürlich mußte man über die Sache erst mal Gras wachsen lassen. Allzu weit hatte es sich herumgesprochen, welche Absichten die beiden Wittelsbacherschwestern verfolgt hatten, aber jetzt mußte endlich ein passender Bräutigam für die schöne Nené gefunden werden, die besorgte Mutter wollte vermeiden, daß sie sich von heute auf morgen entschloß, den Schleier zu nehmen und ins Kloster zu gehen.

Ludovika beobachtete nämlich eine Entwicklung ihrer ältesten Tochter mit ängstlichen Augen. Nicht, daß sie irgendetwas gegen ihre Mildtätigkeit gehabt hätte, im Gegenteil, sie versuchte ja auch da und dort Not zu lindern, aber es konnte nicht das Lebensziel eines jungen Menschen sein, sich vor allem in karitativen Kreisen zu bewegen. Nené war rund um den Starnberger See bei der Bevölkerung äußerst beliebt. Man sah in ihr den guten Engel und wußte, wohin man sich wenden konnte, wenn man irgendwie in unangenehme Situationen geraten war.

Sie war immer dann und dort zur Stelle, wo sie gebraucht wurde, ohne großes Aufsehen und ohne lange Worte. Daß sie in diesem Milieu nicht den passenden Mann finden würde, ja, daß ihr soziales Engagement sie sogar davon abhalten konnte, in die entsprechende Gesellschaft zu kommen, das erfaßte ihre Mutter mit großer Sorge. Selbst Herzog Max, der sich um die Zukunft seiner Kinder wenig Gedanken machte, blickte so manches Mal nachdenklich auf das schöne junge Mädchen. Wie, wenn Nené gar nicht heiraten wollte, wenn sie ihren Lebensinhalt in der Hilfe für die Armen erblickte? Sie waren schon etwas ungewöhnlich, seine acht Kinder, das mußte selbst er, der für seine Exaltiertheit weit und breit bekannt war, zugeben. Vor allem waren sie grundverschieden in ihrem Wesen. Aber was ihn immer wieder mit besonderer Freude erfüllte, war die Tatsache, daß sie sich alle untereinander ungewöhnlich gut verstanden. Auch jetzt, wo Sisi als junge Kaiserin am Wiener Hofe lebte, gingen die Briefe hin und her, wobei aus ihren Zeilen allzu deutlich hervorging, daß sie keineswegs so glücklich war, wie sich dies alle erhofft hatten. Der Ernst des Lebens hatte sie viel zu früh erfaßt, das erschreckte die Familie in Possenhofen.

Wann immer Ludovika, die stets die Heiratsnetze für ihre Töchter auswarf, den Erbprinzen von Thurn und Taxis als Kandidaten ernsthaft ins Visier genommen hatte, bleibt ihr Geheimnis. Eines schönen Tages jedenfalls schien ihr, daß Maximilian Anton, der künftige Fürst von Thurn und Taxis, absolut der geeignete Mann für Nené sei. Man mußte die Sache nur richtig einfädeln! Seine Familie war nicht nur steinreich, sie zählte auch zu den Reichsfürsten seit vielen Generationen. Außerdem hatten die Thurn und Taxis, und das war natürlich für Ludovika von ausschlaggebender Bedeutung, mehrere Söhne im heiratsfähigen Alter. Was lag also näher, als ein Zusammentreffen zwischen Maximilian Anton und Nené zu arrangieren, alles rein zufällig! Mit ihrem Mann konnte sie nicht darüber reden, denn der lachte sie ohnedies meistens aus und bezeichnete ihre Bemühungen als „Kuppeleiversuche".

Ludovika begann jedoch Erkundigungen über den jungen Erbprinzen einzuziehen, und sie erfuhr zunächst nur, daß Maximilian Anton – so wie alle Thurn und Taxis – ein begeisterter Jäger war. Kein Wunder, wenn man bedenkt, daß die ausgedehnten böhmischen Wälder, die der Familie gehörten, beinahe direkt vor der Haustüre lagen. Aber auch in der ungarischen Tiefebene und in den heutigen kroatischen und serbischen Gebieten besaßen die Thurn und Taxis ihre Jagdreviere. Die europäische Hocharistokratie nahm gerne die Einladungen des Fürsten an, zu den großen Herbstjagden nach Böhmen zu kommen. Es waren vielbesprochene Ereignisse, wenn ganze Scharen von Jägern und Treibern durch die Wälder zogen, um das Wild aufzuspüren.

Auch Herzog Max hatte schon des öfteren sein Waidmannsglück in den Thurn und Taxisschen Forsten versucht. Der Herzog war ein gerngesehener Gast – nicht nur im Jagdrevier. Denn wenn man endlich die Büchse aus der Hand legte und irgendwo in einem kleinen Dorfwirtshaus einkehrte, dann kam er erst so richtig in Fahrt. Er war ein glänzender Erzähler und unterhielt die Jagdgesellschaft mit lustigen Geschichten, die vor Jägerlatein nur so

strotzten. Und je mehr Max ins Plaudern kam, je unglaublichere Jagdabenteuer er zum besten gab, umso lustiger wurde die Stimmung, freilich noch angeheizt durch so manchen guten Schluck. Ludovika selbst hatte bis jetzt weniger Kontakt zu den Thurn und Taxis gehabt, obwohl schon des öfteren auch eine Einladung der Fürsten an sie ergangen war. Aber sie hatte mit ihrer Kinderschar in Possenhofen einfach zuviel zu tun, als daß sie so wie ihr Mann für ein paar Tage nach Regensburg hätte fahren können. Jetzt aber kam ihr die bestehende Verbindung wie gerufen. Warum sollte nicht sie einmal die fürstliche Familie ins oberbayerische Possenhofen einladen? Herzog Max konnte sich dann gleich revanchieren und den Erbprinzen ins Hochgebirge zu einer echten Gemsjagd führen. Das würde den jungen Mann sicherlich interessieren! Denn schon von klein auf war der junge Taxissproß mit seinem Vater in die Reviere gefahren, hatte so manche Nacht – wo andere Kinder friedlich in ihren Betten schliefen – auf dem Hochstand verbracht und hatte das Waidmannshandwerk von Grund auf gelernt. Aber so eine richtige, körperlich anstrengende Hochgebirgsjagd war auch für ihn etwas nicht Alltägliches.
Ludovika trug Max ihren Plan vor, und der war – was nicht sehr häufig vorkam, wenn seine Frau ihm irgendwelche Absichten erklärte – sofort vom Fleck weg begeistert. Das war wirklich eine ausgezeichnete Idee Ludovikas, einmal die Thurn und Taxis einzuladen. Er würde schon zuschauen, daß der Erbprinz eine schöne Gams vor seine Flinte bekam!
Daß seine Frau im Hintergrund noch ganz andere Ziele verfolgte, davon hatte Max vorerst keine Ahnung. Denn Ludovika hütete sich tunlichst, ihn in ihre geheimsten Pläne einzuweihen. Wie leicht hätte er in seiner direkten, etwas plumpen Art alles zunichte machen können! Es sollte sich alles wie zufällig ereignen. Sie, Ludovika, würde alles bestens arrangieren. Nach der Jagd würde die Gesellschaft zu einem feuchtfröhlichen „Nach-Halali“ in Possenhofen einkehren, die Herren könnten dann in gemütlicher Atmosphäre ihre Jagderlebnisse zum besten geben, und wie von ungefähr würde dann die schöne Nené erscheinen und diskret ihre Aufwartung machen. Alles weitere würde – hoffentlich – Gott Amor besorgen!

Und während die Gäste über schmale Steige und steile Felswege kletterten, sich hinter Felswänden verbargen, um die Gemsen nicht unnötig zu früh aufzuscheuchen, wurde in Schloß Possenhofen alles zum Empfang der fürstlichen Familie vorbereitet. Nené wurde, so wie die übrigen Geschwister, von ihrer Mutter informiert, daß man einen besonderen Gast erwartete, den jungen Erbprinzen aus Regensburg. Wahrscheinlich konnte sich Nené einen Reim darauf machen, warum die Mutter so aufgeregt hin- und herlief, warum sie alles, was das fleißige Hauspersonal herrichtete, selbst überprüfte und überall noch einmal Hand anlegte. Und sie wunderte sich nicht einmal darüber, denn schließlich war allgemein bekannt, wie reich die Fürsten von Thurn und Taxis waren und welcher Aufwand an ihrem Hof in Regensburg herrschte.
Herzog Max hatte beinahe enthusiastisch von dem Leben und Treiben im fürstlichen Schloß St. Emmeram erzählt, denn die Gastfreundschaft der Thurn und Taxis war weit über die Grenzen Bayerns hinaus bekannt. Dort wußte man, wie man Gäste verwöhnte! Selbst Max, der immerhin in der weiten Welt herumgekommen war und viel gesehen hatte, staunte über die erlesenen Köstlichkeiten und exquisiten Weine, die auf der Tafel des Fürsten aufgetragen wurden. Seine Köche waren wahre Meister ihres Faches und verstanden die exotischen Delikatessen so zuzubereiten, daß sie auch den bayerischen Gaumen mundeten. Das Arrangement der Südfrüchte war eine Augenweide, genauso wie die von Künstlerhand geschaffenen Blumendekorationen. Man konnte sich nicht satt sehen, und über so manchem Glas alten schweren Weines vergaß man die Zeit.
Womit sollte man derart verwöhnte Gäste schon in Possenhofen erfreuen? Sie sollten rundherum zufrieden sein, schließlich hing von ihrem Wohlbefinden einiges für die Herzogsfamilie ab! Außerordentliche Dinge konnte man ihnen kaum bieten, aber warum auch? Ludovika überlegte nicht lange, spontan entschied sie sich wahrscheinlich für das Richtige: Die Herren kamen sicherlich hungrig und durstig von der Jagd. Und da war eine zünftige bayerische Brotzeit mit einer kühlen Maß Bier genau das Richtige! Ludovika hatte wieder einmal den Nagel auf den Kopf getroffen. Als die Jagdgesellschaft mit lautem Gepolter in Possenhofen

eintraf, als man sich müde und verschwitzt an den Tisch setzte, da duftete der frische Leberkäs so appetitlich, daß sich der Taxis-Erbprinz gleich eine extragroße Scheibe abschneiden ließ. Dazu gab es frischen „Radi“, resche Brezen und vor allem köstlich frisches Bier vom Faß im Maßkrug. Das schmeckte! Und während der junge Regensburger Gast den ersten Hunger stillte, ließ er seine Blicke über die Possenhofener Herzogskinder gleiten, alles sehr gutaussehende junge Leute, das mußte man ihnen schon lassen.

Lustig und ungezwungen ging es am Tische zu, es gab immer etwas Aufregendes zu erzählen und stets etwas zu lachen. Ein Wort ergab das andere, und im Nu war eine fröhliche Unterhaltung im Gange. Nur die älteste Tochter Nené schien etwas stiller als die anderen zu sein. Höchst selten schaltete sie sich in das Gespräch ein und machte nur dann und wann eine kurze Bemerkung. Vielleicht lag ihre auffallende Schweigsamkeit auch daran, daß sie einfach andere Interessen hatte als ihre Geschwister. Während nämlich ihre jüngeren Schwestern einander den neuesten Tratsch erzählten und sich auch vor dem Gast kein Blatt vor den Mund nahmen, saß Nené beinahe in Gedanken versunken da. Das ernste, schmale Gesicht war eigenartig schön in seinem Ebenmaß, und wenn sie aufschaute, um hin und wieder doch ein Wort zu sagen, konnte man ihre großen dunklen Augen aufblitzen sehen. Auch sie schien trotz aller Verschlossenheit durchaus Temperament zu haben!

Der Erbprinz ließ Nené nicht mehr aus den Augen und begann – beinahe etwas schüchtern – einige Fragen an sie zu stellen, um endlich mit ihr etwas plaudern zu können. Dabei bemerkte er, daß Nené mit ihrer sanften Stimme einen seltsamen Charme ausstrahlte. Sie erzählte Maximilian Anton von ihrem Engagement für die Bedürftigen in der Umgebung, was sie alles schon getan hatte und noch alles tun wollte, um die ärgste Not der armen Leute zu lindern. Sie wollte ihr Leben nicht sinnlos verbringen, sondern in echt christlichem Sinne Gutes tun. Ihr tiefer Glaube unterstützte sie bei all ihren Unternehmungen.

Der junge Erbprinz war beeindruckt. So etwas hatte er selten aus dem Mund eines schönen jungen Mädchens vernommen. Die meisten Töchter aus adeligem Hause hatten nur eines im Kopf: möglichst bald und reich zu heiraten. Was war Nené doch für eine rühmliche Ausnahme, er konnte sich an ihren Erzählungen nicht satt hören, noch dazu, da – je länger sie sprach – eine feine Röte ihr schönes Gesicht überzog und es mit Leben erfüllte.

Maximilian Anton hörte noch ihre Worte in sich klingen, als er sich zu später Stunde zurückgezogen hatte, als schon längst alle Lichter erloschen waren. Was war Nené doch für ein seltenes Mädchen! Wie hatte der Kaiser von Österreich so eine Frau verschmähen können? Der Thurn und Taxissche Erbprinz kannte natürlich die leidige Ischler Geschichte, denn sie hatte seinerzeit auch im Regensburger Schloß die Runde gemacht. Je mehr er darüber nachdachte, umso unverständlicher erschien ihm die Wahl Franz Josephs. Natürlich war Sisi eine reizende kleine Frau, aber ihre Schwester Nené strahlte nicht nur äußere Schönheit aus, aus ihren Augen sprach so viel innere Wärme und Herzlichkeit, so viel Güte und Verständnis für alles!

Welch ein Glück, so dachte Maximilian Anton jetzt, daß er die Einladung des Herzogs angenommen und auf diese Weise Nené kennengelernt hatte. Er spazierte mit ihr an den idyllischen Ufern des Sees entlang, an ihrer Seite beobachtete er die sich in unendlicher Vielfalt kräuselnden Wellen, durch die sich die majestätischen Schwäne lautlos ihren Weg bahnten, mit ihr durchwanderte er die Berge und Dörfer der Umgebung. Sie wiederum weihte ihn in die Schönheiten ihrer oberbayerischen Heimat ein. Und plötzlich bemerkte er ein unbekanntes Glücksgefühl in sich aufsteigen, er fühlte, daß er sich in die schöne Nené verliebt hatte.

Ludovika hatte ihre Tochter und den Erbprinzen nicht aus den Augen gelassen und mit zunehmender Freude das erwachende Interesse des jungen Mannes beobachtet. Ihre Wünsche schienen in Erfüllung zu gehen. Selbst Herzog Max, der sonst in diesen Dingen eher schwerfällig war, bemerkte mit Erstaunen, daß der Regensburger Erbprinz so manche Ausrede parat hatte, wenn ein neuer Jagdtermin angesetzt war. Und man konnte unschwer erkennen, daß der Grund der plötzlichen Interesselosigkeit an der Jägerei nur seine Nené sein konnte. Na ja, nicht schlecht, dachte sich auch Max, den jungen Thurn und Taxis würde man

schon als Schwiegersohn akzeptieren können. Er war ein liebenswürdiger, leutseliger junger Mann, der auf alle, wo immer er hinkam, einen äußerst guten Eindruck machte. Dazu kam, daß er einmal die Nachfolge seines Vaters als Fürst in Regensburg antreten würde.
Nené würde, sollte sich Maximilian Anton für sie entscheiden, einen reichen und angesehenen Mann an ihrer Seite haben, dessen Familie bereits Ende des 15. Jahrhunderts zu Macht und Einfluß gelangt war. Und Nené schien nicht abgeneigt. Denn auch sie hatte schon bald nur noch Augen für Maximilian Anton. Wenn er sie mit seinen dunklen Augen ansah, fühlte sie eine Verlegenheit in sich aufsteigen, die sie bisher noch nicht gekannt hatte. Bis in den späten Abend hinein saßen die beiden jungen Leute beisammen und führten interessante Gespräche in trauter Zweisamkeit. Und jeder Tag mehr, der ins Land zog, verstärkte bei beiden die Gewißheit, daß das Schicksal sie für einander bestimmt zu haben schien.
Die schönen unbeschwerten Stunden von Possenhofen gingen für Maximilian Anton und Nené viel zu schnell vorüber, und eines Morgens hieß es voneinander Abschied nehmen. Aber beide wußten, daß die Trennung nur vorübergehend sein würde. Denn der Erbprinz hatte die feste Absicht, sobald er zu Hause ankam, mit seinen Eltern über seine Pläne für die Zukunft zu sprechen. In Nené hatte er die Frau fürs Leben gefunden, und er konnte sich nicht vorstellen, daß seine Eltern gegen eine Ehe mit der schönen Tochter des Herzogs in Bayern irgendeinen Einwand vorbringen würden.
Und so war es auch. Der Fürst war über die Wahl seines ältesten Sohnes hoch erfreut, immerhin war die Schwester der zukünftigen Frau Maximilian Antons die Kaiserin von Österreich. Und so eine familiäre Verbindung konnte dem Fürstenhaus Thurn und Taxis nur von Vorteil sein, noch dazu, wo man allenthalben daranging, der Thurn und Taxisschen Post das Wasser abzugraben. Preußen war dabei der Haupträdelsführer und ergriff, wo immer sich eine Gelegenheit bot, die Postrechte der Thurn und Taxis zu beschneiden, die Initiative. Vor allem der immer mächtiger werdende Fürst Otto von Bismarck war ein erklärter Feind des

Regensburger Fürstenhauses und versuchte mit allen Mitteln, seine Vorherrschaft im deutschen Raum zu brechen. Im Jahr 1852 hatte Bismarck in einem Brief an seine Frau folgende Zeilen geschrieben, die seine ganze Aversion gegen die Thurn und Taxis ausdrückte: „Wenn auch der englische Courier der dies bis Berlin bringt, vor der hiesigen Post schützt, so fällt es doch den Taxisschen Gaunern in die Hände."

Deshalb konnte eine verwandtschaftliche Verbindung zum Kaiser von Österreich nur von Vorteil sein. Maximilian Anton würde in absehbarer Zeit die Nachfolge seines Vaters antreten und konnte dringend Hilfe brauchen, obwohl er selbst ein in allen Belangen ausgebildeter junger Mann war. Zusammen mit seinem Bruder Theodor hatte ihn der Vater an die renommiertesten Universitäten geschickt, wo die beiden Thurn-und-Taxis-Brüder Vorlesungen hörten, die von den berühmtesten Professoren der damaligen Zeit gehalten wurden. Der Erbprinz sollte durch eine umfassende Bildung die besten Voraussetzungen für sein späteres Wirken in Regensburg erhalten.

Die erste Station seiner Lehrjahre – Maximilian Anton hatte 1851 seinen zwanzigsten Geburtstag gefeiert – war die Universität in Bonn. Von hier wechselte er später nach Leipzig und von da nach Göttingen über. Der Erbprinz war ein ungewöhnlich aufgeschlossener junger Mann, der sich nicht nur mit dem beschäftigte, was er in der Zukunft unmittelbar brauchen würde, er pflegte auch regen Umgang mit Dichtern und Musikern. Und so ernsthaft er alles, was ihn interessierte – und dies war viel – studierte, so ungezwungen und fröhlich konnte er im Kreise seiner Kommilitonen sein. Obwohl Geld bei den Thurn und Taxis keine Rolle spielte, warf er es nicht mit vollen Händen zum Fenster hinaus, sondern führte ein Studentenleben mit allem Drum und Dran wie fast jeder andere. Er war beliebt bei den übrigen Studenten, die sich oftmals über ihn wunderten, denn trotz seiner Abstammung und seines Standes war er nicht selten der Anführer irgendeines Studentenulks. Dabei konnte er im nächsten Moment plötzlich wieder durchaus ernst sein und die Arbeit, die ihm abverlangt wurde, mit einer Präzision durchführen, die alle in Staunen versetzte. Er war sich nämlich in jeder Lebenslage bewußt, was er

dem Hause Thurn und Taxis und seinen Eltern schuldig war. Diese Verpflichtung erfüllte er bis ins kleinste Detail.
Maximilian war ein gutaussehender, schlanker junger Mann mit dunklem, leicht gewelltem Haar, das der Mode der Zeit entsprechend etwas über die Ohren gekämmt war. Der kleine Oberlippenbart verlieh ihm schon in jungen Jahren ein männliches Aussehen. Kein Wunder, daß so manches Mädchenherz bei seinem Anblick höher schlug. Und obwohl die eine oder andere schöne Leipzigerin in ihm den Traummann fürs Leben gesehen hätte, widerstand er mannhaft auch den raffiniertesten Versuchungen und war als Junggeselle nach Abschluß seiner Studien ins heimatliche Regensburg zurückgekehrt.
Jetzt aber hatte sich die Welt für den Erbprinzen von einem Tag auf den anderen verändert. Gott Amor hatte ihn mit seinem Pfeil mitten ins Herz getroffen. Er konnte es kaum erwarten, seine Nené zum Altar zu führen. Die beiden Väter waren sich bald einig geworden. Herzog Max schrieb von seinem in Franken gelegenen Schloß Banz aus am 30. März 1858 an den zukünftigen Schwiegervater seiner Tochter: „Mit freudigem Erstaunen erhielt ich die Kunde von dem Wunsche Ihres Herren Sohn, sich mit meiner Tochter Helene zu verbinden. Ich kann nur aus vollem Herzen versichern, daß mich diese Ehe sehr glücklich macht, umso mehr, da Helene in die Familie eines Mannes eintreten wird, dem ich seit einer langen Reihe von Jahren aufrichtig und treu ergeben bin.“
Die Antwort des Fürsten von Thurn und Taxis ließ nicht lange auf sich warten. Maximilian Karl übersandte der herzoglichen Familie folgende Zeilen: „Daß der Wunsch meines Sohnes mich in jeder Hinsicht nur erfreuen konnte, ist so natürlich, daß ich nicht zu versichern brauche, daß er keine Wahl hätte treffen können, welche mir angenehmer gewesen wäre ... Mit Ueberzeugung darf ich dabey versichern, daß mein Sohn den festen Willen und die beste Absicht hat, I.K.H., die Prinzeßin Helene so glücklich zu machen, als er es vermag.“
Schönste Eintracht herrschte innerhalb der Familien und große Freude über die Wahl, die die jungen Leute getroffen hatten. Aber beinahe wäre die Sache noch im letzten Augenblick schief gelau-

fen, denn man hatte nicht mit dem Veto des bayerischen Königs Maximilian II. gerechnet. Im Überschwang der Gefühle hatte man fast darauf vergessen, daß ein Fürst von Thurn und Taxis trotz seines legendären Reichtums einer Prinzessin aus königlichem Geblüt nicht ebenbürtig war. Die Mutter Nenés war sowohl die Tochter des Bayernkönigs Maximilian I. Joseph wie auch die Schwester des abgedankten Königs Ludwig I. und obendrein noch die Cousine von König Maximilian II. – Könige, wohin das Auge schaute! Und nun sollte Ludovikas Tochter einen im Rang weit unter ihr stehenden Mann heiraten! König Maximilian II. erklärte rundheraus, er habe „bey der ersten Anschauung Bedenken gefunden". Dies bedeutete nichts Gutes für die beiden verliebten jungen Leute. Briefe gingen hin und her, Ludovika versuchte mit allen Mitteln, den Cousin in München umzustimmen – schließlich hatte auch sie seinerzeit unstandesgemäß geheiratet –, Audienzen wurden angekündigt und im letzten Moment zum Ärger der Brautleute wieder verschoben, die Stimmungen wechselten beinahe tagtäglich. Aber letztlich entschloß sich der König doch, über alle Standesunterschiede hinweg die Heiratserlaubnis zu geben. Allerdings mußte schriftlich vereinbart werden: „1., daß der durchlauchtigsten Braut Rang und Rechte einer Prinzeßin und Herzogin in Bayern auch nach ihrer Vermählung vorbehalten bleiben, und dieselbe demgemäß zwar Fürstin von Thurn und Taxis heißen wird, zugleich aber auch den Titel Herzogin in Bayern-Königliche Hoheit zu führen hat."

König Maximilian diktierte diese Bedingungen am 2. Mai 1858 in Schloß Berg am Starnberger See, wo sich die bayerische Königsfamilie besonders gern aufhielt. Dieser schöne Frühlingstag war für Nené und Maximilian Anton zu einem besonderen Glückstag geworden, jetzt konnte endlich offiziell Verlobung gefeiert werden. Und nachdem der König höchstpersönlich die Schwierigkeiten, die sich in seinen Augen aufgetan hatten, beseitigt hatte, gratulierte er dem Brautpaar herzlich. Auch von Sisi traf in Possenhofen ein freudiges Glückwunschschreiben ein, da sie an der Verlobungsfeier am Namenstag ihrer Schwester selber nicht teilnehmen konnte. Sie erwartete zu dieser Zeit ihr drittes Kind, und es wäre viel zu gefährlich gewesen, das Risiko der langen Fahrt von Wien an den Starnberger See auf sich zu nehmen. Sisi war über die Entscheidung ihrer Schwester überglücklich, nun konnte sie endlich das schlechte Gewissen, das sie seit ihrer eigenen Verlobung in Ischl immer wieder befiel, endgültig abschütteln. Jetzt würde Nené an der Seite des Erbprinzen sicherlich glücklich werden, sie wünschte es ihr von ganzem Herzen!

NENÉ UND DER ERBPRINZ VON THURN UND TAXIS

Nachdem sich dann aber alles so gütlich gefügt hatte, stand den Hochzeitsvorbereitungen für Nené eigentlich nichts mehr im Wege. Die Vermählung sollte in der Heimat der Braut stattfinden, so wie es allgemein üblich war. Das herzogliche Ehepaar war sich diesmal ausnahmsweise darin einig, daß die Hochzeit ihrer ältesten Tochter ein unvergeßliches Fest für alle Beteiligten, aber auch für die Bevölkerung rund um Possenhofen werden sollte. Schon Wochen vor dem festgelegten Termin liefen die Vorbereitungen im elterlichen Schloß auf Hochtouren. Herzog Max hatte eigens seine geplanten Reisen abgesagt, um sich ganz der Tochter widmen zu können. Nené hatte in seinen Augen die richtige Wahl getroffen, denn Max empfand es als Glücksfall, noch einen passionierten Jäger als Schwiegersohn zu bekommen. Denn obwohl Sisi immer wieder an der Jagdleidenschaft ihres Mannes Anstoß nahm – aber wer konnte es den Frauen schon recht machen? – liebte es Herzog Max, den Kaiser in Ischl auf seinen Hochgebirgsjagden zu begleiten. Nun würde noch ein begeisterter Jäger in der Familie seinen Einzug halten. Was wünschte er sich schon mehr? Und daß Nené Maximilian Anton wirklich gern hatte, ihn vielleicht sogar liebte, das konnte man bei jeder Gelegenheit erkennen.

Die Mutter, Ludovika, wußte vor Aufregung kaum, wo ihr der Kopf stand, denn es gab soviel zu bedenken, anzuordnen, festzulegen, daß sie des Nachts kaum ein Auge zutat. Wie, wenn irgend etwas vergessen oder schlecht ausgeführt wurde? Konnte man sich wirklich auf die Bediensteten verlassen, die bisher eher ein beschauliches Leben geführt hatten in dem täglichen Einerlei? Würden sie wirklich allen Anforderungen, die so ein großes Fest mit sich brachte, gewachsen sein?

Tag und Nacht hörte man rund um Schloß Possenhofen ein Hämmern und Klopfen, es roch nach frischer Farbe und allen möglichen Reinigungsmitteln, denn das alte Haus wurde auf Hochglanz poliert. Türen und Fenster wurden neu gestrichen, vom Dach bis in den Keller wurden alle Möbel entstaubt, die Polster durchgeklopft, und niemand verwunderte es, wenn riesige Staubwolken aus den Fenstern stiegen, die Teppiche wurden neu verlegt, und die veralteten, schweren Samtbordüren erhielten zumindest eine moderne Drapierung. Die Gäste sollten sich nicht zu beklagen haben, denn die Handwerker renovierten und restaurierten die Räumlichkeiten, die für die erlauchten Besucher vorgesehen waren. Die Gästeliste war lang und mit prominenten Namen besetzt. Schließlich war die Braut die Schwester der österreichischen Kaiserin!

Ludovika führte bei allem die Oberaufsicht. Unermüdlich gab sie gute Ratschläge und trug ihre Wünsche vor, manchmal aber tat sie des Guten zuviel und wurde für alle Beschäftigten zu einer lästigen Nervensäge. Dutzende von Gärtnern versuchten sich in der Kunst, aus dem romantischen, weitflächigen Park, in dem Busch und Baum wild wucherten, einen gepflegt anmutenden Garten zu machen. In aller Eile installierte man da und dort Springbrunnen, deren Fontänen während der Sommernächte in gleißendes Licht getaucht wurden. In seiner Euphorie entwickelte der Herzog selber den Plan, daß nicht nur das Ufer des Starnberger Sees mit bengalischem Feuer in eine Zauberwelt verwandelt werden sollte, auch der Park sollte mit seiner feenhaften Beleuchtung zum Flanieren und Verweilen einladen.

Die Vorbereitungen klappten wie am Schnürchen, und schon nach kurzer Zeit erstrahlte das idyllische Schloß im festlichen Hochzeitsglanz. Über einen wichtigen Punkt allerdings war man sich innerhalb der Familie noch nicht einig: wo die kirchliche Trauung stattfinden sollte. Man stellte Überlegungen an, welche Kirche oder Kapelle in Betracht käme, aber der Brautvater verwarf letztlich alle Vorschläge: Er würde für die Hochzeit seiner ältesten Tochter eine eigene Kapelle im Schloßhof erbauen lassen! Hier sollte Nené ihrem Maximilian Anton das alles entscheidende Jawort geben. Außerdem konnte die Bevölkerung rund um Possenhofen an dem großen Fest teilnehmen. Leutselig wie Max in Bayern ein Leben lang war, empfand er es als echtes Herzensbedürfnis, auch die Zaungäste fürstlich zu bewirten.

Einige Aufregung allerdings machte sich plötzlich breit, als in der Wiener Presse ein Artikel auftauchte, in dem Nené irrtümlich als

Braut des Kronprinzen von Neapel bezeichnet wurde. Wieder wurde sie mit einem falschen Mann in Verbindung gebracht! Was die Journalisten verwechselt hatten, waren die Namen der Töchter des Herzogs in Bayern. Denn tatsächlich hatte Ludovika, in dem Bestreben, ihre Töchter möglichst königlich zu verheiraten, ihre Fühler auch nach Neapel-Sizilien ausgestreckt und war mit dem dortigen König in Kontakt getreten. Sie hatte ja noch Marie und Sophie unter die Haube zu bringen. Irgendwie hatte die Presse von ihren Plänen Wind bekommen, und sofort war dieser seltsame Artikel zur Überraschung der Brautleute erschienen.
Obwohl die Arbeiten an der neuen Kapelle in Possenhofen schnell voranschritten, sah der Herzog schon sehr bald ein, daß der vorgesehene Hochzeitstermin am 28. Juli nicht eingehalten werden konnte. Daher entschloß man sich, die Einladungen für den 25. August, den Geburts- und Namenstag von Ludovika, auszuschicken, denn man hoffte, daß viele illustre Gäste dem Brautpaar die Ehre geben würden. Und schon bald trafen die ersten Zusagen in Possenhofen ein. Daß der Kaiser von Österreich mit seiner Gemahlin nicht an der Hochzeit teilnehmen konnte, war allen klar. Die Geburt des dritten Kindes stand unmittelbar bevor.
Aber seine beiden Brüder Karl Ludwig mit Gemahlin Margaretha und Ludwig Viktor würden zum Fest kommen, das teilte man offiziell aus Wien mit. Für den jüngsten Bruder des Kaisers Ludwig Viktor war dies nahezu eine Selbstverständlichkeit, war er doch stets dort zu finden, wo er Neuigkeiten erfahren konnte. Er liebte es ungemein, wie ein Götterbote im Land herumzureisen und seine Nase überall hineinzustecken. Manch böswilliger Klatsch und Tratsch ging auf sein Konto, und seine Schwägerin Elisabeth war keineswegs immer von ihm begeistert, denn auch sie war oft durch seine unbedachten Äußerungen Ziel öffentlicher Diskussionen geworden. Vielleicht war es Langeweile, die Ludwig Viktor zu einer derartigen Lebensweise trieb. Als jüngster Bruder des Kaisers hatte er nun einmal keine besonderen Aufgaben und lebte daher nur in den Tag hinein. Für seine Mutter Sophie war seine Erziehung seit der Verheiratung seines Bruders auch nicht mehr so wichtig, obwohl er natürlich als Spätgebore-

ner besonders ihrer Führung bedurft hätte. Aber Sophie hatte andere Aufgaben, als sich um den jüngsten Sohn in gesteigertem Maße zu kümmern. Und wie viele Erzherzöge seiner Zeit vertrieb er sich daher den Tag mit Dingen, die ihm gerade Spaß machten. Müßiggang war auch damals aller Laster Anfang. Und so kam es, daß er einmal ganz gewaltig in die Fettnäpfchen trat und sich den vollen Zorn seines kaiserlichen Bruders zuzog. Denn Ludwig Viktor hatte auch in seinem intimsten Privatleben keine klare Linie, er wußte wahrscheinlich selber nicht, wie er sich zwischen Männlein und Weiblein entscheiden sollte. Als daher dem Kaiser durch eine Indiskretion zu Ohren kam, daß sein Bruder in einem Schwimmbad einem männlichen Badegast allzu nahe gekommen war, da verbannte Franz Joseph ihn kurzerhand nach Salzburg, wo er Schloß Klesheim als Wohnsitz wählte.

Aber Ludwig Viktor war auch in der Stadt an der Salzach kein Kind von Traurigkeit, er war seltsamerweise bei den Damen genauso beliebt wie bei den Herren, und die Kinder der kaiserlichen Familie hatten ihren Spaß mit dem komischen Onkel „Luziwuzi", wie Ludwig Viktor allgemein gerufen wurde.

Nicht nur im Schloß Possenhofen wurde alles für die Hochzeitsfeierlichkeiten auf Hochglanz gebracht, auch in den übrigen Orten am Starnberger See rüstete man sich für das Fest des Jahres. Prinzessin Nené war überall äußerst beliebt, und daher hätte man sich mit ihr wirklich aus vollem Herzen freuen können, wäre nicht ihr Abschied vom Starnberger See unmittelbar bevorgestanden. Betrübt sahen daher vor allem die Armen und Kranken dem Tag entgegen, an dem Nené ihnen ein letztes Lebewohl zuwinken würde. Wie sollte es – ohne ihre Hilfe – mit ihnen weitergehen?

So traurig man auch war, sosehr wünschte man der jungen Frau Glück für die Zukunft, und man war sicher, daß sie mit dem Erbprinzen von Thurn und Taxis den richtigen Mann erwählt hatte. Nun war sie nicht mehr die sitzengelassene Kaiserbraut, nun würde sie einem abwechslungsreichen Leben in Regensburg entgegengehen.

Daß sie als junge Ehefrau mehr als genug zu tun haben würde, das ließ sich schon damals vorhersehen. Die Thurn und Taxis waren nämlich nicht nur reich, sie galten auch als äußerst aktiv. Dabei galt ihre Sorge nicht nur der Post, die sie vor Jahrhunderten ins Leben gerufen hatten, sie gingen immer und überall seit Generationen mit offenen Augen durchs Leben. Mit ihren übervollen Geldtruhen hätten sie es sich leisten können, ihre Tage in Saus und Braus zu verbringen, aber so ein Leben, das oft andere Adelige führten, schien nicht nach ihrem Geschmack. Im Laufe der Zeit hatten sie ihre Ländereien, die weit verstreut oft inmitten von anderen Herrschaftsgebieten lagen, durch preiswerten Kauf oder geschickten Tausch vergrößert und so auf legale Weise ihr ohnehin schon sehr beträchtliches Vermögen vermehrt. Sie ließen sich dabei nur selten in die Karten schauen, aber eines wußte man genau, wenn es irgendwo ein Fleckchen Erde zu kaufen gab, dann standen die Fürsten von Thurn und Taxis interessiert vor der Tür. In den letzten Generationen hatten kluge, gebildete Fürsten das Haus geführt, und, obwohl es immer schwieriger mit den Posten (hier die Mehrzahl von „Post“, da den Thurn und Taxis in den einzelnen Gebieten des noch nicht einigen Deutschland die jeweilige Post im Land gehörte) wurde, es fertiggebracht, sich gegen die Übermacht der anderen Staaten zu erwehren. Die Post brachte immense Summen an Einnahmen, und die Verlockung war groß, den Thurn und Taxis das Postmonopol zu nehmen. Vor allem der König von Preußen mit seinem „eisernen Kanzler“ Bismarck im Hintergrund wartete nur auf eine günstige Gelegenheit, um die Thurn und Taxissche Post an sich reißen zu können.

In diese Familie heiratete nun Nené ein, ein Mädchen, das nicht nur durch ihren äußeren Liebreiz entzückte, das Zither spielen und malen konnte, so wie so manche höhere Tochter dieser Zeit, sondern das vor allem ernsthaft zu denken und mitleidig zu fühlen imstande war, etwas, was gerade in höheren Kreisen eher eine Ausnahme bedeutete. Ganz anders als ihre Schwester Sisi, die von dem allgemeinen Elend um sie herum kaum Notiz nahm, da sie sich die meiste Zeit ihres Lebens eigentlich nur für sich selbst interessierte, ging Nené in die Dörfer und entdeckte zu ihrem Entsetzen, was es für arme Menschen auf dieser Erde gab. Und sie suchte zu helfen, wo sie konnte.

Nené war ganz und gar ungewöhnlich. Nach dem aufgezwungenen Schnellsiedekurs, wo sie sich in Windeseile alles, was sie am

Wiener Kaiserhof hätte brauchen können, hätte aneignen sollen – ein absolutes Ding der Unmöglichkeit – hatten sich die Eltern entschlossen, die Ausbildung ihrer Tochter doch weiter fortzusetzen und die Lehrer beizubehalten. Schließlich hatte man ja schon begonnen, die Tochter für einen besonderen Mann vorzubereiten, und man konnte nie wissen, ob nicht in der Zukunft sich eine ähnliche Heiratschance ergeben würde. Schön und attraktiv war Nené auf alle Fälle, so wie alle ihre Schwestern. Wenn die Prinzen, die auf Brautschau waren, auch in erster Linie auf die Familie der Zukünftigen und ihre äußere Erscheinung großen Wert legten, so konnte es doch auf keinen Fall schaden, wenn die Mädchen auch eine gewisse Bildung besaßen.

Es war schwierig gewesen, den ganz unterschiedlichen Interessen der Herzogskinder gerecht zu werden. Der Herzog hatte daher ganz verschiedene Hauslehrer engagiert, die die individuellen Begabungen fördern sollten. Nené saß am liebsten stundenlang im herrlichen Schloßpark und betrachtete hingerissen die Büsche und Bäume und sah zu, wie ihnen der Wind immer andere Formen verlieh. Angestrengt dachte sie darüber nach, wie sie die Natur in ihren Farben und ihrer Vielfalt mit dem Pinsel oder Zeichenstift auf der Leinwand einfangen könnte. Und was sie laienhaft begann, wurde allmählich durch die Anleitung des Malers Karl Theodor Piloty gekonnt ausgefeilt und vervollkommnet. So wie ihre Schwester Sisi zur Feder griff, um ihre geheimsten Wünsche und unerfüllten Sehnsüchte den glatten Seiten eines Heftes anzuvertrauen, so drückte sich Nené mit dem Zeichenstift oder dem Pinsel aus.

Obwohl Nené in der lustigen Herzogsfamilie als eher verschlossen und ruhig galt, war sie doch keine Spielverderberin, wenn es darum ging, im mehrstimmigen Chor die klangvollen oberbayerischen Lieder bei manchen Anlässen zum besten zu geben. Alle Söhne und Töchter des Herzogs waren musikalisch und hatten die Vorliebe des Vaters für das Zitherspielen ererbt. Jedes Kind hatte schon in ganz jungen Jahren ein eigenes Instrument von den Eltern als Geschenk erhalten, und der berühmte Zithervirtuose Johann Petzmayer, den Herzog Max zu sich aus Niederösterreich nach München geholt hatte, unterwies persönlich alle Kinder.

Genauso wie ihre Schwester Sisi im fernen Wien liebte Nené dieses volkstümliche Instrument. Plötzlich war das Zitherspiel rund um den Starnberger See gesellschaftsfähig geworden, da Herzog Max bekanntlich selbst gern in die Saiten griff. Dazu sang er mit seiner angenehm sonoren Stimme, und seine Kinder schlossen sich seinem Gesang mit Freuden an. So mancher, der an Schloß Possenhofen oder an dem riesigen Park vorüberkam, hörte dann und wann nicht nur melodiöse Volkslieder erklingen, sondern auch das eine oder andere lustige Schnaderhüpfl, das der Herzog selbst zu einem besonderen Anlaß gedichtet hatte.
Die Herzogsfamilie liebte die Musik – das wußte man weit und breit –, und daher war es für die Musikkapellen in Possenhofen, in Feldafing, in Garatshausen, ja selbst in Starnberg eine freudige Verpflichtung, am Tag der Hochzeit Nenés sich bei den Brautleuten und den Eltern mit einem originellen Ständchen einzustellen. Trompeten und Posaunen, Klarinetten und Flügelhorn wurden auf Hochglanz poliert, denn die Musikanten wollten nicht nur einen Ohrenschmaus bieten, auch das Auge der hohen Herrschaften und ihrer Gäste sollte erfreut werden, und so holte man wie bei allen feierlichen Anlässen nach guter alter Sitte die heimische Tracht aus den Kästen. Überall rund um den Starnberger See machte sich ein geschäftiges Treiben breit, und hätte man nicht gewußt, daß die Tochter des Herzogs in Bayern zum Traualtar geführt werden sollte, hätte man meinen können, daß eine Königstochter heiraten sollte.
Endlich war nach so mancher Panne beim Bau auch die Kapelle für die Trauung Anfang August zur Zufriedenheit aller fertiggestellt worden. Damit nicht doch noch im letzten Moment eine Verzögerung der Arbeiten eintrat, hatte der Brautvater selber die Oberaufsicht übernommen. Mit zufriedener Miene betrachtete Herzog Max das gelungene Werk, jetzt konnte Hochzeit gefeiert werden!
Es war auch allerhöchste Zeit geworden, wollte man den festgesetzten Hochzeitstag wirklich einhalten, denn immer wieder war es notwendig gewesen, aus irgendwelchen Gründen den Termin zu verschieben, so daß die beiden Brautleute allmählich ungeduldig wurden. Aber alles hatte sich schließlich in den letzten Mona-

ten beinahe überstürzt, und die Aussteuer Nenés mußte gleichsam im letzten Moment herbeigezaubert werden. Dabei war es wahrscheinlich für die reiche Familie der Thurn und Taxis völlig unerheblich, was Nené mit in die Ehe brachte. Aber: Ordnung mußte sein, und Herzog Max war bekannt dafür, daß er sich, was die Mitgift seiner Töchter betraf, nicht kleinlich zeigte, obwohl er nicht gerade in Geld schwamm. Es sollte ihm niemand nachsagen können, daß seine Mädchen nur darauf aus waren, wohlhabende Männer zu heiraten.

So wie seinerzeit bei Sisi, waren die Schneiderinnen und Weißnäherinnen beinahe Tag und Nacht beschäftigt, um die Seidenblusen und Samtröcke, die pelzverbrämten Mäntel und Capes, die wallenden Negligés und die spitzenbesetzten Hemden rechtzeitig fertigzustellen, daneben sorgten die Schuster und Hutmacherinnen dafür, daß die Herzogstochter bei jeder Gelegenheit in Regensburg nach der neuesten Mode repräsentieren konnte. Dabei hätte es die schöne Nené gar nicht eigentlich nötig gehabt, durch raffinierte Kleider aufzufallen, denn alle waren sich darin einig, die die strahlende Braut zu Gesicht bekamen, daß der Erbprinz von Thurn und Taxis keine bessere Wahl hätte treffen können.

Die Trauung war inzwischen auf den 24. August angesetzt worden, und nach und nach trafen die ersten Hochzeitsgäste in Possenhofen ein. Es war nicht leicht gewesen, für sie die passende Unterkunft zu finden, vor allem die Wiener Erzherzöge waren verwöhnte Gäste. In Wien hatte die allerhöchste Gesellschaft schon von Anfang an die Nase über das kleine Schloß Possenhofen gerümpft, und einige Hofschranzen hatten den idyllischen Landsitz des Herzogs in Bayern mit einer Bettelwirtschaft verglichen. Es war zwar allgemein bekannt, daß sich der Kaiser, wenn er an den Starnberger See kam, immer sehr wohl im Hause seiner Schwiegereltern fühlte, aber die Hofdamen konnten dem ungezwungenen Landleben, das sie hier vorfanden, nichts abgewinnen. Nur eine der Damen, die der Kaiserin sehr nahestand, die Gräfin Festetic, fand lobende Worte über Sisis geliebtes „Possi“. Sie brachte über das romantische Schloß mit dem verwunschenen Park, der von einer uralten, zerbröckelnden Mauer umgeben war,

folgende Zeilen zu Papier: „Das Haus ist einfach, aber gut geführt, sauber, nett, gute Küche, ich fand keinen Prunk, es ist alles wohltuend altmodisch, aber vornehm und nichts von Bettelwirtschaft, wie meine Colleginnen von einst und jetzt vorerzählten."
Aber, so unauffällig wohlgeordnet und doch freizügig sich das Leben sonst in Possenhofen für die Familie abspielte, jetzt stand man doch vor beinahe unlöslichen Problemen, denn alle Gäste konnte man nicht in den eigenen Räumlichkeiten unterbringen. Daher hatte der Herzog zusätzlich noch einzelne Appartements in den nahegelegenen Gasthöfen in Feldafing und Starnberg angemietet und luxuriös ausstatten lassen, denn es konnte nicht angehen, daß einer der Gäste nicht den gewohnten Komfort vorfand. Neben den beiden habsburgischen Erzherzögen hatten sich noch die Prinzen Luitpold und Adalbert von Bayern angesagt, daneben noch einige Mitglieder des Hauses Hohenzollern, denn die Familie der Thurn und Taxis war schon über längere Zeit auch mit den Hohenzollern verwandt und verschwägert. Auch die Kaiserinwitwe von Österreich, Caroline Auguste, eine Stiefschwester Ludovikas und vierte Gemahlin des verblichenen Kaisers Franz I., wollte der Hochzeit beiwohnen. Die bayerische Regierung war durch den allseits bekannten Staatsminister von der Pfordten vertreten, und da der König selbst verhindert war, schickte er dem Bräutigam durch seinen Minister den St.-Hubertus-Orden.

Am 23. August, dem Vorabend der Hochzeit, erlebte das Brautpaar eine besondere Überraschung: Als Nené mit Maximilian im weiten Schloßpark spazierte, um die letzten ruhigen Minuten vor dem großen Fest in trauter Zweisamkeit zu genießen, erblickten sie in der Ferne seltsam bunte Lichter, die in der dunklen Nacht über den See langsam näher kamen. Der leise Wind wehte ab und zu ein paar abgerissene Töne eines Liedes übers Wasser. Entzückt war Nené stehengeblieben, um dem geheimnisvollen Treiben zuzuschauen. Ganz allmählich wurden die Lichter größer, und man konnte unzählige kleine Boote erkennen, die sich mit rhythmischem Ruderschlag langsam dem Schloß näherten. Jeder Kahn, in dem eine bunte Laterne ihr flackerndes Licht auf den See warf, war über und über mit Blumen geschmückt. Kaum hatten die

Ruderer das Ufer erreicht, sprangen sie aus den Booten und stellten sich vor dem überraschten Brautpaar im Halbkreis auf. Ein Dirigent trat in die Mitte und stimmte den ersten Ton einer Serenade an, die jetzt die Musikanten Nené und ihrem Bräutigam darbrachten. Natürlich wurden die Überraschungsgäste von dem Herzogspaar mit kühlem Bier und schnell abgebratenem Leberkäs bewirtet, man war lustig und guter Dinge, fast so lange, bis der helle Morgen heraufzog. Der langersehnte Hochzeitstag!

Schon in aller Früh schossen die Prangerschützen mit ihren laut krachenden Böllern die Braut aus dem kurzen Schlaf, und es war ein Glück, daß Nené vierundzwanzig Jahre jung war, sonst hätte sie all die Strapazen der vergangenen Tage kaum ausgehalten. Dazu kam die Aufregung des Hochzeitstages. Aber frisch und munter stieg sie aus dem Bett und konnte die allgemeine Hektik, die sich plötzlich in dem gemütlichen Schloß breitgemacht hatte, kaum verstehen. Alles lief durcheinander, keines wußte, wo was zu finden war, einer stand dem anderen im Wege, und niemand dachte daran, daß eigentlich alles schon seit langem schönstens geordnet und geregelt war. Am nervösesten aber war Ludovika, denn jeder wollte ausgerechnet von ihr etwas wissen, wandte sich an sie um einen Rat und wartete ungeduldig, bis sie ihre Anordnungen erteilt hatte. Nur einen schien das alles nicht besonders zu berühren. In ruhiger Gelassenheit stand Herzog Max inmitten des ganzen Trubels und zündete sich gemächlich seine Morgenpfeife an.

Aber endlich stand die schöne Braut in ihrem kostbaren, reich bestickten, üppigen weißen Kleid vor den Toren, umringt von den festlich gekleideten Geschwistern, die die Schwester gebührend bewunderten. Nené war eine entzückende Braut, darüber waren sich alle einig. Und ganz anders als ihre Schwester Sisi, die an ihrem Hochzeitstag eher bleich und gottergeben gewirkt hatte, strahlte Nené übers ganze Gesicht, und jeder, der sie sah, konnte ihr Glück fühlen.

Die Trauung war für zwei Uhr am Nachmittag angesetzt, aber schon Stunden vorher hatte sich eine riesige Schar von Zuschauern eingefunden. Menschen aus der Umgebung, aber auch aus München waren Männer und Frauen angereist, um den schönsten

Tag im Leben der jungen Frau mitzuerleben. Man hatte sich auch von dem strömenden Regen nicht abhalten lassen. Denn ausgerechnet am 24. August hatten sich die Schleusen des Himmels geöffnet, und es goß den ganzen Tag lang wie aus Kübeln. Aber diese Kapriolen des Wettergottes taten der allgemeinen Freude keinen Abbruch. Wenn auch das Festprogramm für schönes Wetter vorgesehen war, so war man beim Improvisieren einfallsreich, immerhin war man am Starnberger See an Wetterüberraschungen gewöhnt.

Die Stimmung vor dem Schloß war den ganzen Vormittag über groß. Der Herzog hatte Tische und Bänke aufstellen lassen und sich wieder einmal äußerst freigebig gezeigt. Jeder, der hier auf das Brautpaar wartete, bekam Freibier und Würstel, damit man die Stunden des Wartens wohl verkraften konnte.

Kurz nach Mittag fuhren auch die ersten offiziellen Gäste vor. Jetzt kam Leben in die Zuschauer, denn schließlich war es interessant, welch illustre Personen dem Brautpaar das Geleit geben sollten. Man hatte ja schon vor Wochen aus den Zeitungen erfahren, wer aus dem In- und Ausland zu erwarten war. Es war nur schade, daß ausgerechnet die Kaiserin von Österreich nicht hier sein konnte. Nur zu gern hätte man Sisi wieder einmal gesehen! Außerdem war sie immer Nenés Lieblingsschwester gewesen, aber zur Freude aller hatte die Kaiserin erst vor drei Tagen dem langersehnten Kronprinzen das Leben geschenkt. Die genauen Berichte aus Wien waren noch nicht eingetroffen, man hatte nur erfahren, daß es eine sehr schwere Geburt gewesen sein sollte. Sosehr die Nachricht natürlich alle Familienmitglieder in Possenhofen erfreute, so ging sie doch inmitten der Hochzeitsvorbereitungen etwas unter.

Endlich – nach dem langen Warten – verbreitete sich ein aufgeregt freudiges Raunen in den Reihen der Zaungäste: Das Brautpaar war in Sicht! Als ersten erblickte man den Bräutigam, den Erbprinzen Maximilian Anton. Er war ein wirklich gutaussehender junger Mann, darüber waren sich alle einig. Und da er auch noch freundlich und sympathisch wirkte, fand man, daß Nené eine gute Wahl getroffen hatte. An seiner Seite würde sie sicherlich das große Glück finden! Man wünschte ihr dies von Herzen!

Obwohl man erst den Bräutigam in genauen Augenschein genommen hatte, wartete alles gespannt auf die junge Braut. Und als man sie endlich an der Seite ihres Vaters von weitem kommen sah, brachen die Männer und Frauen in laute Hochrufe aus, das Gedränge, die schöne Braut zu sehen, wurde beinahe lebensgefährlich, und die Ordner hatten alle Hände voll zu tun, um die Menge in Zaum zu halten. Nené war nun einmal der Liebling am Starnberger See, und man wollte ihr zeigen, wie gern man sie hatte und wie sehr sie allen ans Herz gewachsen war.

Nené war von der Begeisterung, mit der sie vor der Kapelle empfangen wurde, zu Tränen gerührt. Über einen bunten Teppich aus blühenden Blumen schritt sie der Hochzeitskapelle zu. Eine Überraschung folgte nun auf die andere: Kaum hatten sich die Tore der Kapelle geöffnet, nahm das Musikkorps des königlichen Infanterie-Leibregiments in soldatischer Ordnung Aufstellung und begrüßte mit einer feierlichen Fanfare das Brautpaar. Und während die Hochzeitsgesellschaft in der Kapelle einzog, erklangen die Strophen eines Hochzeitsliedes, das Ferdinand Fränkel eigens für Nené und Maximilian Anton gedichtet und komponiert hatte:

„Holdes Brautpaar sei willkommen
Hier an dem geweihten Ort,
Bald verbindet Euch für immer
Nun des Priesters heilig Wort.
Führe Bräutigam Dein Bräutchen,
Mit dem Kranz im Lockenhaar,
Führ sie durch die bunte Menge
Zu dem funkelnden Altar!“

Dort wartete bereits der Abt des Klosters Beuerberg, Dr. Haneberg, der auf besonderen Wunsch Nenés die Trauung vornehmen sollte. In tiefem Ernst knieten die beiden jungen Leute vor dem Altar und lauschten den ermahnenden, wohlwollenden Worten des Priesters. Und während er die Hände Nenés und Maximilians ineinanderlegte und durch die geweihte Stola verband, sang der Chor.

Anders als das ihrer Schwester einst im fernen Wien war Nenés „Ja“ sicher und bestimmt, und man merkte ihr an, wie glücklich sie war, Maximilian Anton zum Manne zu bekommen. Als der Chor eine kurze Pause einlegte, erklangen die zarten Stimmen der Zöglinge des Erziehungsinstitutes vom Kloster Beuerberg. Zwar konnte man die Sängerinnen nicht sehen, da sie auf einer kleinen Empore ihre Lieder anstimmten, aber beim Einzug in die Kirche hatte man erstaunt zwei kleine Mohrenmädchen bemerkt, die beinahe unschlüssig mit Blumensträußen in der Hand durch die überraschte Menschenmenge trippelten. Wer waren diese beiden pechschwarzen Kinder? So mancher Besucher der Hochzeitsfeierlichkeiten mag sich insgeheim bekreuzigt haben.

Wer den Herzog in Bayern besser kannte, den verwunderte so schnell nichts mehr. Vor vielen Jahren hatte er nämlich von einer Reise nach Ägypten und den Vorderen Orient unter größten Schwierigkeiten vier Negerkinder nach München gebracht, die er dort in aller Öffentlichkeit als eine Kuriosität vorstellte und sie vor den erstaunten Menschen durch einen katholischen Priester taufen ließ. Jahre später entdeckte Sisi den Mohren Rustimo, einen leicht verunstalteten Knaben, den sie ihrer jüngsten Tochter Marie Valerie, ob diese wollte oder nicht, als Spielgefährten engagierte. Die Kaiserin hatte die Lust am Skurrilen von ihrem Vater geerbt und amüsierte sich jedesmal aufs neue, wenn die Leute, die gekommen waren, um sie – wie sie sich ausdrückte – zu begaffen, entsetzt auseinanderstoben, wenn sie plötzlich den pechschwarzen Rustimo erblickten. Aber auch Nené suchte gerne die Gesellschaft der beiden Mohrenmädchen, und als sie den genauen Hochzeitstermin erfahren hatte, hatte sie die beiden Kinder persönlich zu dem Fest eingeladen.

Arm in Arm verließen die beiden, Nené und Maximilian, die Kapelle und nahmen strahlend die Glückwünsche der Hochzeitsgäste, aber auch die guten Wünsche der Zaungäste in Empfang. Es regnete zwar immer noch in Strömen, aber dies tat der allgemein guten Stimmung keinen Abbruch, im Gegenteil: Wenn es in den Brautkranz regnete, so wollte es ein alter Aberglaube, dann würde dies ein Leben lang Glück bedeuten!? Unter den vielstimmigen Hochrufen und einem begeisterten Trommelwirbel zog das neuvermählte Paar von der Kapelle durch den Schloßhof zurück ins elterliche Schloß, wo schon alles für das Festmahl vorbereitet war.

Eltern und Geschwister umringten das junge Paar und überreichten ihre Geschenke. Dabei hatte sich Herzog Max für Nené eine ganz besondere Überraschung ausgedacht. Er machte ihr Schloß Biederstein zum Geschenk, einen Besitz, auf dem einmal die Königin Caroline gelebt hatte. Nené und Maximilian beschlossen spontan, die ersten Monate ihrer Ehe auf diesem Schloß zu verbringen. Man wollte ohne großen Hofstaat, vor allem ohne weitere Verpflichtungen, die Flitterwochen möglichst ungestört genießen.
Aber noch war es nicht soweit. Auch die Familie des Bräutigams hatte sich mit einem wahrlich fürstlichen Brautgeschenk eingestellt. Der Fürst legte seiner schönen Schwiegertochter persönlich ein Brillantkollier um den Hals, das einen Wert von 160 000 Gulden hatte. Herzlich wurde Nené in die Familie der Thurn und Taxis aufgenommen, und die allgemeinen Umarmungen entsprangen nicht nur dem aufgesetzten Zeremoniell und einer kühlen Höflichkeit, sie zeigten allen Festgästen, wie glücklich die Schwiegereltern über die Wahl ihres Sohnes waren. Ein Leben voller Glück stand den beiden jungen Menschen offen, und es schien, als würde niemand Irdischer dieses Glück zu trüben vermögen …
Die Hochzeitstafel war im Schloß Possenhofen ausgerichtet worden, prachtvoll und pompös. Man wollte auf keinen Fall der Wiener Verwandtschaft einen Anlaß bieten, worüber man sich mokieren konnte. Alles, was nur irgendwie möglich war, war aufgeboten worden. Die Tische bogen sich von ungewöhnlichen Köstlichkeiten, das Hochzeitsmenü war von den berühmtesten bayerischen Köchen zusammengestellt worden. Dabei sollten nicht nur heimische Schmankerln, die ein Leben lang zu den Lieblingsspeisen von Herzog Max gehörten, wie frische Fische aus dem Starnberger See, Beeren aus den heimischen Wäldern rundherum, kühles Bier aus den berühmtesten Münchner Brauereien, die Gaumen der Gäste erfreuen, es waren vor allem französische Spezialitäten, die die Meisterköche vorgeschlagen hatten. Wenn man die Menüfolge las, lief einem schon das Wasser im Munde zusammen, denn von Trüffeln und Austern über Gänseleberpastete bis zum teuersten französischen Champagner war

alles aufgeboten worden, was das Herz erfreuen konnte. Es war für jeden etwas dabei.
Beim Anblick der festlichen Tafel mußte jeder Besucher zugeben, daß in Schloß Possenhofen wahrlich keine Bettelwirtschaft herrschte. Blütenweiß glänzend bildeten die schweren Damastdecken einen stilvollen Untergrund für das feine Meißener Porzellan und die getriebenen Silberschalen, die überall auf den Tischen standen. Dazwischen waren in riesigen Silberleuchtern schon am Nachmittag Kerzen entzündet worden, nicht nur, um der Tafel ein festliches Gepränge zu verleihen, sondern auch, um in den Räumen eine gewisse Helligkeit zu erzeugen. Denn draußen regnete es nach wie vor ohne Unterlaß. Aber niemand achtete auf den Regen, man genoß Speis und Trank in vollen Zügen, ein Toast nach dem anderen wurde auf das hohe Brautpaar ausgedrückt, und so manches Glas mit altem Wein wurde auf das Wohl des jungen Paares erhoben und geleert. Man wünschte ihnen ein langes, glückliches Leben, keine Sorgen und viele Kinder.
In bester Stimmung zog sich das Festmahl über mehrere Stunden dahin, bis es schließlich für das Brautpaar Zeit wurde, den sogenannten „Thé dansant“, einen Tanztee, der in den frühen Abendstunden angesetzt war, zu eröffnen. Verliebt glitten die beiden schönen jungen Leute über das Parkett, und so mancher Gast dachte im stillen, daß Nené – anders als ihre Schwester Sisi – wohl auch an der Seite Kaiser Franz Josephs das große Glück gefunden hätte. Wäre sie vielleicht die bessere Kaiserin geworden?
Als sich der Abend über den Starnberger See senkte, waren die Festlichkeiten noch nicht zu Ende. Jetzt begann erst so richtig das große Spektakel für die Bevölkerung. Herzog Max hatte den Wunsch, daß keiner an so einem Freudentag Trübsal blasen sollte, alle sollten fröhlich sein und einen guten Schluck auf das Brautpaar trinken. Deshalb hatte der Herzog tief in die Tasche gegriffen und in den Brauereien rund um Possenhofen Hunderte Fässer Bier bestellt, die man im Hochsommer mit großen Eisbrocken kühlte, damit der Gerstensaft zu jeder Tages- und Nachtzeit die richtige Temperatur hatte. Denn was das Bier anging, da war man in Bayern heikel. Damit aber jedermann nicht nur seinen Durst löschen konnte, brutzelte in den „Standln“, die überall an den

Ufern des Starnberger Sees aufgestellt worden waren, in riesigen Pfannen köstlich duftender Leberkäs. Dazu gab es kunstvoll geschnittenen, gut gesalzenen Radi und natürlich knusprige Brezen. Die Stimmung stieg von Stunde zu Stunde, und überall sang man nicht nur ein Loblied auf den reichen Bräutigam und die sittsame Nené, sondern man konnte sich nicht genug darin tun, die Taten des „guten" Herzogs Max zu preisen. Das war wirklich ein Herr wie aus dem Bilderbuch, wie es weit und breit keinen besseren gab. Der kannte keine Standesschranken, schaute nicht hochnäsig auf den Mann aus dem Volke und mischte sich leutselig mitten unters Volk. Er war immer noch ein schöner Mann, und so manche unbescholtene Maid konnte den Avancen nicht widerstehen, die ihr der Herzog machte. Wurde dann das Ergebnis der Bemühungen des Schloßherren allzu sichtbar, so blinzelte man sich nur wissend zu und hüllte sich in Schweigen. Denn Herzog Max kümmerte sich um alle seine Kinder, ob sie nun im Schloß aufwuchsen oder in irgendeiner Hütte in den Bergen.
Langsam zog die Nacht herauf, und nachdem es dunkel geworden war, hatte der Herzog eine weitere Überraschung bereit: Plötzlich erhellte sich der Himmel trotz des strömenden Regens, und die ersten Raketen tauchten die Gegend in unwirkliches bengalisches Feuer. Ein Aufschrei des Entzückens ging durch die Menschenmenge, so etwas hatte man noch nie gesehen! Ein Wunder am Himmel über dem Starnberger See! Und die Farben von oben spiegelten sich für Augenblicke in den leicht gekräuselten Fluten des Sees – Himmel und Erde schienen ineinander zu verschmelzen und ein vielfarbiges Eins zu werden. Kaum war die letzte Rakete verglüht, erklang wie aus weiter Ferne leise Musik. Dazu glitten buntbeleuchtete, blumengeschmückte Gondeln übers stille Wasser – ein romantisches Schauspiel! Und während die Lustbarkeiten rund um Possenhofen ihren Höhepunkt erreichten, hatte sich längst das Brautpaar zurückgezogen und genoß endlich die lang ersehnte Zweisamkeit …
Die Festlichkeiten waren noch lange nicht zu Ende! Der nächste Tag zog zwar genauso trüb und naß ins Land, aber das tat der allgemeinen Fröhlichkeit beim Festschießen, das der Herzog arrangiert hatte, keinen Abbruch, und so mancher Schützenkönig zog

mit wertvollen Preisen, die an diesen besonderen Tag erinnern sollten, feuchtfröhlich nach Hause. Die Hochzeitsfeierlichkeiten waren ein voller Erfolg für den Herzog und die Herzogin in Bayern gewesen, denn selbst in den allerhöchsten Kreisen war man sich darin einig, daß man selten ein gelungeneres Fest erlebt hatte. Endlich hatte auch der Regen aufgehört, und der Sommer war an den Starnberger See zurückgekehrt. Nené und Maximilian hatten zunächst die Absicht, noch ein paar Tage inkognito in München zu bleiben. Sie hatten sich nicht für eine große Hochzeitsreise entschieden, sondern wollten, bevor sie auf Schloß Biederstein zogen, die ersten Wochen ihrer Ehe auf dem Regensburger Schloß Taxis verbringen.
Bald stellte es sich heraus, daß es für die Frischvermählten unmöglich war, unerkannt durch die Straßen Münchens zu schlendern, zu lang und ausführlich waren die Berichte in den Zeitungen über ihre Hochzeit gewesen. Jetzt wollten auch die Münchner das schöne Paar sehen und ihm bei jeder Gelegenheit Glück wünschen. Nené und Maximilian waren freundliche Menschen, und sie bedankten sich herzlich winkend für die Ovationen der Bevölkerung, als sich ihr Wagen auf der Fahrt zum Residenztheater mühsam den Weg durch die Menge bahnte. Auf dem Theaterprogramm stand an diesem Abend das Volksstück „Das letzte Fensterln“, seltsamerweise ein Stück in zwei Teilen! Vielsagend für einen jungen Ehemann!
Es waren nur noch Tage, die Nené in ihrer Heimat verbrachte, dann hieß es zumindest vorübergehend Abschied vom Starnberger See zu nehmen, von „Possi“, wo sie so glückliche Zeiten verbracht hatte. Alle waren traurig, daß ausgerechnet diese Prinzessin die Gegend verließ. Eine Wiener Zeitung brachte die Stimmung der Bevölkerung zum Ausdruck: „Nur ungern sehen die Landleute die hohe Neuvermählte scheiden. Ihre unermüdliche Wohlthätigkeit und Herzensgüte schuf ihr im Munde des Volkes den Namen des ‚Engels von Possenhofen‘. Sie kennt alle Armen und Bedürftigen der Umgebung, kein Kranker entbehrte ihres Trostes und die Zahl der Thränen, die sie im stillen getrocknet, kennt nur Gott allein! So möge sie denn in ihrer neuen Stellung als Gattin auch des Segens des Allmächtigen im reichsten Maße

theilhaftig werden und eine lange Reihe von glücklichen Jahren an der Seite ihres hohen Gemahls verleben! Dies ist der einstimmige Wunsch, der aus dem Munde aller kam, welche der feierlichen Trauung beiwohnten."

Nené hatte wirklich den richtigen Mann geheiratet, denn Maximilian konnte seiner Frau keinen Wunsch abschlagen und hatte stets ein offenes Ohr, wenn sie Arme und Bedürftige unterstützen wollte. Die Stadt Regensburg hatte sich natürlich auch unter den Gratulanten befunden, und als Dank dafür spendete das junge Paar für die Armen der Stadt 1000 Gulden. Obwohl sich die Familie der Thurn und Taxis schon seit Generationen um die in Not geratenen Menschen gekümmert hatte, war dieses großzügige Geschenk doch etwas Außergewöhnliches.

Am 9. September 1858 stand der Zug gegen zwölf Uhr mittags zur Abfahrt bereit. Die gesamte Herzogsfamilie hatte sich zum Abschied Nenés eingefunden. Mit Tränen in den Augen drückte Ludovika die Tochter ein letztes Mal an sich, dann nahm der Herzog seine Tochter in die Arme. Die Geschwister umringten die Schwester, so als gälte es, Abschied fürs Leben zu nehmen.

Auf dem Bahnsteig und vor dem Bahnhofsgebäude hatte sich eine riesige Menschenmenge versammelt, denn im letzten Moment hatte sich die Kunde wie ein Lauffeuer verbreitet, daß an die Armen von Possenhofen, von Feldafing, Pöcking und Garatshausen noch insgesamt 1000 Gulden verteilt worden waren, davon stammten 700 aus dem Geldbeutel des Herzogs und 300 aus den Schatztruhen der Thurn und Taxis, daneben erhielten die Kranken im Distriktkrankenhaus von Starnberg 300 Gulden. Und jetzt, vor ihrer Abreise, konnte Nené sich noch einen Traum verwirklichen, denn sie bekam endlich die 4000 Gulden, die notwendig waren, um eine Anstalt für die weibliche Jugend der Umgebung errichten zu können.

Wehmütig winkte man dem Zug nach, der langsam in der Ferne verschwand.

Und während am Starnberger See eine Lustbarkeit die andere jagte, machten unzählige bunte Raketen die Nacht in der Kaiserstadt zum Tage. Das Volk von Wien tanzte ausgelassen in den Straßen und sang selbstverfaßte Lieder auf das Wohl des kleinen Kronprinzen. Endlich lag der heißersehnte Thronfolger in der Wiege – wenn das kein Grund zum Feiern war! Das ewig raunzende Wienervolk hatte schon alle möglichen Bemerkungen auf den Lippen gehabt, als es hieß, daß die junge Kaiserin in absehbarer Zeit wieder ein Kind erwartete. Würde es nicht wieder ein Mädchen sein? Nein – diesmal war es der ersehnte Erbe, der Kronprinz und künftige Thronfolger, der jetzt den Namen des ersten Habsburgerkaisers erhielt – Rudolf.
Auch Sisi war glücklich, obgleich sie fürchten mußte, daß ihr der kleine Rudolf ebenso wie seinerzeit ihre Töchter von der Schwiegermutter schon bald weggenommen werden würde. Die Erzherzogin Sophie war nämlich der Ansicht, daß ein geregelter Tagesablauf für die Kinder unerläßlich sei, sie sollten in ihrer Kindskammer mit ihren Ajas und natürlich auch den Großeltern ein kindgemäßes Leben führen können und nicht von einem Ort zum anderen von einer wankelmütigen Mutter geschleppt werden. Selbst der Kaiser mußte zugeben, daß Sisi ungewöhnlich launenhaft war. Sprach sie gerade noch lächelnd mit ihrer bezaubernden Stimme, so konnte sie im nächsten Augenblick beißend ironische Bemerkungen machen, daß allen das Wort im Munde erstarb. Sie war nicht berechenbar, und niemand konnte wirklich vorausahnen, was sie verletzen oder beleidigen würde. Für ihre Schwiegermutter war gerade diese Charaktereigenschaft im Hinblick auf eine einwandfreie Erziehung der Kinder bedenklich. Daher wollte sie die beiden Töchter nicht allzuviel der jungen Mutter überlassen, was Sisi wiederum empörend und unerhört fand. All ihr Trachten ging deshalb dahin, ihren Mann so lange zu überreden oder zu becircen, die Kinder wenigsten auf ihren Reisen mitnehmen zu dürfen. Der Kaiser stand zwischen zwei Fron-

ten, auf der einen Seite wurde er von seiner Mutter in Schach gehalten, auf der anderen von seiner entzückenden Frau bombardiert. Diese Schlacht gewann zunächst Sisi. Franz Joseph willigte endlich ein, daß sie die kleine Sophie mit nach Venedig nehmen konnte, auf eine brisante Reise, wie man allgemein vorhergesehen hatte. Es herrschte nämlich – auch durch die Intervention Frankreichs – Aufbruchstimmung in allen österreichischen Gebieten südlich der Alpen. Der Funke der Freiheit war entzündet worden, und er war nicht mehr aufzuhalten in seinem Flug über Städte und Landstriche, er entzündete eine wild lodernde Freiheitsflamme. Der Kaiser hätte überall und nirgends sein sollen und konnte sich doch zu größeren Aktionen kaum entschließen. Obwohl Franz Joseph von klein auf Militarist war, ein Leben lang bei allen offiziellen Anlässen in Uniform erschien und diese auch in privatem Kreise kaum ablegte – sehr zum Mißfallen seiner Frau, die sich einmal ihrem „Cousin" König Ludwig II. gegenüber dahingehend sehr abfällig geäußert hatte –, so war er doch eher ein Soldat auf dem Reißbrett. In der Theorie wußte er genau, wie seine Truppen verteilt werden mußten, wie die Angriffe auf den Feind auszuführen waren, aber in der Praxis war er bei seinen italienischen Abenteuern stets glücklos. Am Ende seiner Regierungszeit hatte Österreich bis auf das Trentin alle seine Besitzungen südlich der Alpen verloren.
Der Kaiser hatte, als man ihm 1848 ganz plötzlich – und für einen Achtzehnjährigen viel zu früh – die Krone aufgesetzt hatte, eine äußerst komplizierte, beinahe unlösbare politische Situation vorgefunden, an deren Erbe er noch lange Jahre zu tragen hatte. Überall – vor allem in Ungarn – hatte man gegen die Habsburger opponiert und blutige Aufstände provoziert, und es war dem jungen, in der politischen Realität völlig unerfahrenen Kaiser nur möglich gewesen, die Magyaren mit Hilfe der Russen zur Räson zu bringen, ja, man könnte fast sagen, in die Knie zu zwingen – etwas, was für ein stolzes Volk wie das ungarische einer inneren Katastrophe gleichkam. Niemals würde man dem Kaiser die übereilt vollstreckten Todesurteile verzeihen, die über Männer gefällt worden waren, denen man manchmal nicht einmal antiösterreichische Umtriebe nachweisen konnte.

Der Kaiser allein wäre niemals in der Lage gewesen, eine Aussöhnung mit diesem schwer gedemütigten Volk herbeizuführen. Aber er hatte jetzt eine Frau an seiner Seite, die ganz anders als die Schwiegermutter den Ungarn gegenüberstand. Sisi hatte begonnen, Ungarisch zu lernen, und empfand Mitleid mit dem stolzen Volk, das – wie Sisi fand – so viel Unrecht hatte durch die Österreicher erleiden müssen. Behutsam begann sie mit ihrem Mann über Ungarn und sein Volk zu sprechen, eine Diskussion, die anfangs nur kurz war, denn der Kaiser hatte nichts anderes zu sagen, als was Sisi beinahe tagaus tagein ohnedies schon von ihrer Schwiegermutter gehört hatte, die die Ungarn in tiefster Seele haßte. Die junge Kaiserin ließ sich aber nicht beirren und suchte immer wieder aufs neue ein Gespräch über dieses Thema. Allmählich hörte Franz Joseph seiner Frau zu, und wie von selbst änderte sich das Bild, das Franz Joseph bisher von den Magyaren gehabt hatte. Sisi versuchte ihren Mann davon zu überzeugen, daß es am besten wäre, selber nach Ungarn zu reisen und sich von den Zuständen, die der Kaiserin als unerträglich geschildert worden waren, selbst zu überzeugen. Sisi setzte all ihren Charme und ihren Zauber ein, um Franz Joseph zu dieser Reise zu bewegen.
Und damit die Ungarn den guten Willen des Kaisers erkennen sollten, bat Sisi ihren Mann, mitfahren zu dürfen und auch die Kinder mitzunehmen. Sicherlich würde die ungarische Bevölkerung dem Kaiser ganz anders entgegentreten, wenn er mit seiner schönen Frau und zwei kleinen Kindern auftrat. Die Argumente Sisis waren einleuchtend, und obwohl die Schwiegermutter wieder äußerste Bedenken anmeldete, als sie hörte, daß die Reise nicht nur ins feindselige Ungarn ging, sondern auch noch die beiden Kinder mit von der Partie sein sollten, setzte Sisi ihren Willen durch. Die beiden Mädchen wurden reisefertig gemacht und trafen mit ihren Eltern in Budapest ein, wo die Bevölkerung zunächst kaum dazu zu bringen war, zur Begrüßung des Kaiserpaares zu erscheinen. Aber wie ein Lauffeuer hatte es sich herumgesprochen, mit welcher Begeisterung die junge Kaiserin durch das ungarische Land gefahren war. Und welcher echte Ungar konnte schon einer zauberhaften Frau widerstehen, selbst wenn sie die Gemahlin eines verhaßten Kaisers war? Außerdem – war-

um sollte man ihr feindlich gesinnt sein – sie war ja keine Habsburgerin, sie kam aus dem Hause der Wittelsbacher, und gegen die Bayern hatte man noch nie etwas gehabt!
Der Einzug der schönen Kaiserin wurde in Budapest zum ersten großen Triumph Sisis in Ungarn, freundliche Menschen jubelten ihr zu, und dabei war es natürlich unmöglich, den Kaiser, der an ihrer Seite ritt, gänzlich auszuschließen. Franz Joseph wußte nicht, wie er sich verhalten sollte, so ganz wohl war ihm nicht in seiner Haut. Er wußte schließlich, daß die „Eljen-Rufe" jedem anderen, nur nicht ihm galten. Seine Frau stand im Mittelpunkt des Geschehens, und er als Randfigur stand plötzlich im politischen Abseits. Sosehr ihn eine solche Situation sonst gestört hätte, hier in Budapest hätte ihm nichts Besseres passieren können. Der Kaiser erkannte mit sicherem Instinkt, daß ein erster Anfang mit den widerspenstigen Magyaren gemacht war, und daß man sich über kurz oder lang irgendwie und irgendwo finden würde.
In dem Maße, wie die Reise von persönlichen Erfolgen begleitet war, so unglücklich verlief sie familiär. Schon in Budapest begann die kleine Gisela zu kränkeln. Aufgeregt hatten die besorgten Eltern den Leibarzt Dr. Seeburger kommen lassen, aber er beruhigte das Kaiserpaar und meinte, in kurzer Zeit würde die Kleine wieder wohlauf sein. Gisela wurde tatsächlich rasch wieder gesund, aber nun fing Sophie an zu erbrechen, hoch zu fiebern und schließlich an blutigem Durchfall zu leiden. Aber auch diese Symptome beunruhigten Dr. Seeburger noch nicht, und er meinte, daß die Kleine eben ungewöhnlich hart zahne. Die Eltern sollten nur ihre vorgesehene Reise, die man nur schweren Herzens verschieben wollte, fortsetzen.
Am 28. Mai 1857 traf ein Telegramm in Debreczin ein, wo sich Franz Joseph und Sisi gerade aufhielten. Die Nachricht Dr. Seeburgers war niederschmetternd. Für die kleine Sophie gab es keine Rettung mehr. Fassungslos vor Schmerz telegraphierte Kaiser Franz Joseph an seine Mutter nach Wien: „Unsere Kleine ist ein Engel im Himmel ... wir sind vernichtet."
Die junge Mutter brach an der Bahre ihrer Tochter zusammen und gab sich die Schuld am Tod Sophies. Hatte sie es nicht als Machtprobe gesehen, als sie unbedingt die Kinder nach Ungarn

mitnehmen wollte? Jetzt, wo es zu spät war, überfiel Sisi grenzenlose Reue. Und genauso, wie sie teilnahmslos in vielen Dingen sein konnte, so maßlos war sie in ihrem Schmerz.

Die trübe Stimmung der Kaiserin zog sich über Monate dahin, so lange, bis sie merkte, wieder schwanger zu sein. Und obschon sie die Schwangerschaften haßte, schien sie jetzt doch auf andere Gedanken zu kommen. Vielleicht würde sich endlich der ersehnte Thronfolger einstellen. Nicht nur, daß der Kaiser einen Sohn dringend brauchte, um dem Volk den Fortbestand der Monarchie zu dokumentieren, auch ihre Stellung innerhalb des Kaiserreiches würde sich festigen, denn letztlich galten seit alters her nur die Frauen im Hause Habsburg etwas, die einem Sohn, einem Erben das Leben geschenkt hatten.

In diesen Monaten übersiedelte die Kaiserfamilie innerhalb der Hofburg, vor allem, um die kleine Gisela mehr in der Nähe zu haben. Äußerst mißmutig hatte Erzherzogin Sophie diesem Umzug zugestimmt, aber Sisi hatte ihrem Mann mit allen Konsequenzen gedroht, wenn die kleine Tochter weiterhin ihre Kindskammer direkt neben den Gemächern der Schwiegermutter haben sollte. Als Hauptargument gegenüber seiner Mutter führte der stets gehorsame Sohn die Beschwerlichkeit an, die man Sisi in ihrem Zustand zumuten würde, wenn sie ständig eine Unzahl Treppen steigen müßte, um ihr Kind zu sehen.

Die Wochen der Schwangerschaft zählten für Sisi zu den unangenehmsten in ihrem Leben, da ihr vom kaiserlichen Leibarzt Dr. Seeburger alles untersagt wurde, was ihr Freude bereitete, wie reiten oder längere Spaziergänge zu unternehmen, da er für das werdende Kind eine zu große Gefahr in der Bewegung erblickte. Der jungen Kaiserin, die die körperlichen Anstrengungen liebte, erschienen die Anordnungen Seeburgers geradezu mittelalterlich. Aber sie wußte genau, wer hinter all dem steckte! Für Sisi waren besonders die letzten Wochen der Schwangerschaft in der Augusthitze, die über der Stadt lag, beschwerlich und zermürbend, vor allem die Ungewißheit, ob das Kind diesmal der erhoffte Thronfolger werden würde, raubte ihr den Schlaf.

Und während alle auf den Tag X warteten, ereignete sich im Schloß Schönbrunn ein Zwischenfall, den alle als böses Omen ansahen: Im Zeremoniensaal war der riesige geschliffene Kristallüster, der in der Mitte hing, unter lautem Getöse von der Decke gefallen und in tausend Stücke zerschellt. Fassungslos bekreuzigten sich die Diener, als sie das Unglück sahen. Der Himmel hatte vor der Geburt des Kaiserkindes ein Zeichen gegeben, und dies bedeutete nichts Gutes!

Natürlich hatte man Sisi nichts von dem Vorfall erzählt, zu groß wäre der Schock für die junge Frau gewesen, die in den nächsten Tagen all ihre Kraft brauchen würde. Und was man fast geahnt hatte, traf ein: Die Wehen überfielen die Kaiserin mit einer derartigen Urgewalt – früher, als man ausgerechnet hatte. Bevor die Schwiegermutter zu Sisi eilte, um ihr in den nächsten schweren Stunden beizustehen, ließ Sophie das Allerheiligste aussetzen und ordnete an, daß allenthalben in Wien um eine leichte Geburt gebetet werden sollte. Sisi wurde stundenlang von den Wehen gepeinigt, die sie immer schwächer werden ließen. Aber endlich, nach vielen, nicht endenwollenden Stunden hatte sie es geschafft und – das Wunder war geschehen: Ein „magnifique gebauter, sehr starker" Sohn, wie Franz Joseph sich stolz ausdrückte, lag in seinem Arm.

Die Harmonie in der Kaiserfamilie hätte nicht schöner sein können, so lange, bis Erzherzogin Sophie wieder auf den Plan trat. Wie selbstverständlich nahm sie sich sofort um das neugeborene Kind an und bestimmte, daß der Enkel wiederum ganz in ihre Nähe gebracht werde. Die junge Mutter konnte sich zu diesem Zeitpunkt nicht wehren, da sie, ganz anders als nach den Geburten der beiden Töchter, hoch fieberte und man zunächst nicht wußte, wie man dieses Fieber bekämpfen sollte. Dr. Seeburger stand rat- und tatenlos am Bett der Kaiserin, die in ein Delirium zu fallen drohte. Aber obwohl der Arzt das absolute Vertrauen des Kaisers und vor allem seiner Mutter besaß – nur Sisi stand Dr. Seeburger stets mißtrauisch gegenüber – war er alles andere als eine Koryphäe auf medizinischem Gebiet. Denn sonst hätte er erkennen müssen, daß Sisi an Milchstau litt, da sie ihr Kind nicht stillen durfte. So etwas war nur den Frauen aus dem niederen Volk gestattet – für die Damen der Hocharistokratie galt es als „shocking" und bäurisch, ein Kind an der Brust zu haben.

Als Sisi erfuhr, daß die Schwiegermutter schon alles arrangiert hatte, daß sich ihr keinerlei Möglichkeiten boten, selber die Erziehung ihres Sohnes in die Hand zu nehmen, da resignierte sie vollständig. Sie hatte nach der kräfteraubenden Geburt und durch die schwächende Krankheit einfach keine Kraft mehr, sich gegen die Schwiegermutter aktiv durchzusetzen. Auch ihr eigener Mann gab seiner Mutter recht, die hundert Argumente vorbrachte, warum es notwendig war, den Sohn in ihrer Nähe zu haben. Er sollte schließlich wie sein Vater ein echter, traditionsbewußter Habsburgerkaiser werden, ganz im katholischen Sinn, so wie seine zahlreichen Vorfahren. Nur sie, Sophie, war in der Lage, aus dem Kind einen Kaiser zu formen! Sophie mochte in vielen Dingen recht behalten, was sie aber nicht bedachte war, daß dieses Kind eigentlich Anspruch auf seine Eltern gehabt hätte. Denn in dem Maße, wie sie das Kind in Anspruch nahm, verlor es gleichzeitig Vater und Mutter. Es war für keinen von beiden mehr nötig, sich um das Wohl und Wehe des kleinen Rudolf – diesen Namen erhielt der Knabe in der Taufe zu Ehren des ersten Habsburgerkaisers – zu kümmern. Sisi entwickelte zu ihrem einzigen Sohn genausowenig eine Beziehung wie zu ihrer Tochter Gisela. Die Kinder wuchsen in den Salons der Großmutter heran, und alles, was diese für gut hielt, geschah. Dabei überspannte sie gerade bei dem psychisch so schwierigen Rudolf den Bogen bei weitem. Sie selber umgab zwar das zarte Kind mit großer Liebe und Fürsorge, aber sie wählte, als Rudolf sechs Jahre alt wurde, einen völlig ungeeigneten Soldatenkopf als Erzieher aus, Gondrecourt, der drauf und dran war, den sensiblen Buben mit seinen Haudegenmethoden kaputtzumachen. Dem Eingreifen Sisis war es zuzuschreiben, daß Gondrecourt nicht noch mehr Schaden anrichtete. Denn sie forderte von Franz Joseph ultimativ, daß dieser unmögliche Erzieher ihres Sohnes Knall auf Fall entlassen würde. Vieles aber war nicht mehr gutzumachen, was Gondrecourt in der Zeit, als er Rudolf mit seinen unsinnigen Methoden traktierte, an dem Kind verbrochen hatte. Vielleicht wäre das Leben Rudolfs in ganz anderen Bahnen verlaufen, und vielleicht wäre auch Sisi nicht so unglücklich geworden, hätte Franz Joseph eingesehen, daß die Mutter ein Anrecht auf ihren

Sohn hatte. So aber konnten beide keine Beziehung zueinander aufbauen, zwei Menschen, die in ihrer charakterlichen Veranlagung gut zueinander gepaßt hätten, die kaum miteinander sprachen, obwohl sie sich viel zu sagen gehabt hätten.
Und es war nicht verwunderlich, daß Sisi, je länger sie am Wiener Kaiserhof lebte, immer weniger Kontakt sowohl zur kaiserlichen Familie als auch zu den sie umgebenden Menschen pflegte. Es war nicht ihre Gesellschaft, die hier den Ton angab. So oft sie konnte, schrieb sie nach Possenhofen, denn hier war ihr Zuhause, dem sie Tag und Nacht nachtrauerte und das sie aufsuchen wollte, so bald und so oft es nur ging. Ihre Geschwister waren ihre wahren Freunde, auf sie konnte sie sich felsenfest verlassen, sie vermißte sie, sie liebte sie ebenso wie ihre ferne Mutter. Seltsamerweise entfernte sie sich immer mehr von ihrem Vater, den sie als Kind heiß geliebt hatte, aber jetzt als erwachsene Frau erkannte sie die Kontroversen zwischen den Eltern, sie verstand ihre Mutter nur zu gut, die dem Vater bei jeder Gelegenheit Vorwürfe gemacht und sein liederliches Leben an den Pranger gestellt hatte. Sisi hatte zwar so etwas selbst niemals erlebt, denn ihr eigener Mann überschüttete sie geradezu mit seiner Liebe und Leidenschaft, die sie kaum erwidern konnte, aber sie konnte die Situation ihrer Mutter nachvollziehen, und dabei fiel die Rolle ihres Vaters sehr negativ aus. Was hatte die Mutter in den vielen Jahren an der Seite dieses leichtlebigen Menschen alles erdulden müssen!
Die Kaiserin hatte sich von der Entbindung nur langsam erholt, und kaum war sie wieder halbwegs auf den Beinen, da hatte sie nur einen einzigen Wunsch, in nächster Zeit nach Possenhofen zu fahren. Dort wollte sie endlich ausspannen und sich körperlich und geistig erholen. Vielleicht war es ihr auch möglich, Nené zu treffen und ihr persönlich zur Hochzeit zu gratulieren. Zu viel würden sie sich zu erzählen haben! Außerdem hatte sie erfahren, daß sich ihre Schwester Marie mit dem Kronprinzen von Neapel verlobt hatte. Wieder eine glänzende Partie für eine Wittelsbacherprinzessin!

Eine große Hochzeitsreise war für das junge Ehepaar Thurn und Taxis nicht vorgesehen gewesen. Man besuchte lieber die nähere Umgebung, verweilte auf den Besitzungen des Hauses und fand sich schließlich wieder am Starnberger See ein. In Regensburg, wo das junge Erbprinzenpaar in Zukunft wohnen sollte, wollte man erst im Dezember festlich einziehen. Mittlerweile nahmen Nené und Maximilian Anton ihren Wohnsitz in Schloß Biederstein, da die Vorbereitungen in Regensburg zur Begrüßung des jungen Paares erst angelaufen waren. Maximilian Anton hoffte, daß der Abschied aus Oberbayern seiner jungen Frau nicht allzu schwer fallen würde. Außerdem war Regensburg wirklich nicht aus der Welt, und Nené konnte jederzeit, wenn sie wollte, auf einen kurzen Besuch nach Possenhofen fahren. In späteren Jahren, als sie plötzlich allein in der Welt stand, machte sie von dieser Möglichkeit reichlich Gebrauch, vor allem, wenn sie wußte, daß ihre Schwester Sisi vorübergehend an den Starnberger See kam.

Überall, wo sich Nené aufhielt, nahm sie sofort Kontakt mit den Armen und Kranken in der näheren Umgebung auf. Ein Leben lang hatte sie das Bedürfnis, sich um die Leute zu kümmern, die nicht auf der Lichtseite des Lebens standen. Die Thurn und Taxis waren seit vielen Generationen steinreiche Leute. Aber trotz ihres Reichtums waren die sie auf dem Boden der Realität geblieben und hatten die Sicht auf das Wohl und Weh im Volk nicht verloren. Sie gingen mit offenen Augen und auch offenen Händen durchs Leben und waren stets bereit, die ärgste Not, die ihnen bekannt wurde, zu lindern. Deshalb fiel es Nené auch nicht allzu schwer, ihren Mann davon zu überzeugen, daß man an allen möglichen Orten Gutes tun müsse. So zum Beispiel im württembergischen Neresheim, wo die Taxis gleichfalls Besitzungen hatten.

Am 19. September 1858 wurde dort ein gewaltiges Volksfest veranstaltet. Vor der Kirche waren unzählige Buden aufgestellt worden, wo man alles verkaufte, was eigentlich keiner so recht benötigte.

Der köstliche Duft von Bratwürsten vermischte sich mit dem süßen Zuckergeruch der gebrannten Mandeln. Es war ein Jahrmarkt wie am Kirchweihfest, nur hatte man heute etwas anderes zu feiern. In der Kirche wurde unter großer Anteilnahme der Bevölkerung eine neue Orgel eingeweiht, ein Geschenk des Hauses Thurn und Taxis. Daß das neuvermählte Paar selber bei dem Fest anwesend war, erhöhte natürlich noch die Ehre, die man Neresheim erwies. Selten hatte man in der Kirche so viele Menschen gesehen, aber nicht nur der Klang der neuen Orgel hatte die Bewohner in das Gotteshaus gelockt, es waren vor allem die beiden Jungvermählten, die man unbedingt in Augenschein nehmen wollte.
Kaum hatten sich Nené und Maximilian wieder auf Schloß Biederstein zurückgezogen, da überbrachte ein Bote eine persönliche Einladung des Kaisers von Österreich nach Ischl. Die kaiserliche Familie war endlich wieder im Salzkammergut eingetroffen, denn der Zeitplan war durch die Geburt des Kronprinzen etwas durcheinandergeraten. Vielleicht wäre es Sisi lieber gewesen, die letzten anstrengenden Wochen der Schwangerschaft in Ischl zu verbringen, aber dies war aus Traditionsgründen absolut unmöglich. Der zukünftige Kaiser mußte auf alle Fälle in der Hauptstadt der Monarchie geboren werden. Daher konnten in diesem Jahr der Kaiser und seine Familie erst im Herbst ein paar Wochen im Salzkammergut verbringen, und alle fanden, daß nach den großen Aufregungen im August die Erholung wirklich not tat.
Auch ein Einladungsschreiben an Ludovika und die übrigen Geschwister war aus der Hofkanzlei in Possenhofen angekommen. Die Antwort Ludovikas allerdings hatte in Ischl bei den Verantwortlichen einige Aufregung verursacht. Denn die Herzogin hatte an Sisi ein Telegramm geschickt, wo sie ihre Ankunft mit „Gackel" und „Spatz" ankündigte. Der Postbeamte hatte – entgegen jeglicher Diskretion – diese Meldung publik gemacht, und so dachte man allgemein, daß die Mutter der Kaiserin mit zwei Vögeln anreisen wollte. Man mußte also unbedingt eine Voliere am Bahnhof bereitstellen, damit die beiden Vögel nicht davonflatterten!
Natürlich war es für Nené und Maximilian eine schöne Abwechslung, Anfang Oktober einige gemütliche Tage in Ischl zu verbringen und die ungezwungenen Unterhaltungen zu genießen, die das

Leben im Salzkammergut bot. Nené trat Franz Joseph ungeniert und zwanglos gegenüber. Sie hatte dem Kaiser längst verziehen, daß er nicht sie, sondern Sisi gewählt hatte. Und sie fragte sich oft im stillen: Hatte Sisi wirklich mit Franz Joseph das große Los gezogen? Immer häufiger machte die Schwester absolut nicht den Eindruck einer glücklichen Ehefrau, sie wirkte enttäuscht und deprimiert. Nur hier in Ischl, im Kreise ihrer Familie, schien sie wirklich aufzuleben, obwohl natürlich auch die Schwiegermutter mit von der Partie war und ihr auf Schritt und Tritt auf den Fersen blieb. Nur fielen hier ihre ständigen Ermahnungen nicht auf fruchtbaren Boden, denn die eigene Schwester Ludovika entkräftete alles, was Sophie belehrend aussprach. Ludovika versuchte die Tadel und Vorschriften abzumildern und die Mutter des Kaisers ein bißchen zu überreden, nicht allzu strenge Maßstäbe bei der Schwiegertochter anzulegen. Ludovika meinte es sicherlich gut, und Sisi erkannte, wie auch alle anderen, die dabei waren, ihre Bemühungen, nur Sophie war von ihren Vorstellungen nicht abzubringen.
Aber hier in Ischl, inmitten der herrlichen Natur, fernab der düsteren Hofburg, mitten im Kreise der Geschwister, fühlte sich Sisi endlich frei und beinahe unabhängig. Auch Franz Joseph erschien ihr plötzlich wieder in einem anderen Licht, beinahe so wie in den wenigen Tagen, als sie sich hier kennengelernt hatten. Sie genoß jeden Tag, jede Stunde, jeden Augenblick, als müßte sie Kraft schöpfen für die kommenden Monate und Jahre.
Sisi und Nené waren wie in früheren Zeiten in Possenhofen ein Herz und eine Seele. Die Männer sollten ruhig ihrem Jagdvergnügen frönen, denn die beiden Frauen hatten sich soviel zu erzählen und zu besprechen. Sie unternahmen lange Spaziergänge die Traun entlang oder stiegen auf den Jainzen, den Hausberg direkt hinter der Stadt. Hier kannte die Kaiserin so manches lauschige Plätzchen, wo die Schwestern oft stundenlang saßen und sich Geheimnisse anvertrauten. Endlich hatten sie nach den Jahren der Entfremdung wieder zueinandergefunden und konnten offen miteinander sprechen!
Der Erbprinz von Thurn und Taxis hatte als begeisterter Jäger im Nu das Herz des Kaisers gewonnen. Zusammen mit dem um-

fangreichen kaiserlichen Gefolge brachen die beiden Herren oft schon in aller Herrgottsfrüh auf, um die steilen Berglehnen emporzusteigen und – unbemerkt vom äsenden Wild – auf dem Anstand Platz zu nehmen. Sie waren gute Schützen, der Kaiser und sein Gast, vor allem, da ihnen von den Jagdgehilfen in schneller Reihenfolge geladene Büchsen gereicht wurden, so daß sie nur anlegen und zielen mußten. Mit reicher Beute kehrten sie dann zu den Damen zurück, um am wärmenden Feuer des offenen Kamins in trauter Runde den Abend zu verbringen.

Doch dann war es für Maximilian Anton und Nené allmählich an der Zeit, nach Regensburg heimzukehren. Die Bewohner der Stadt konnten es kaum erwarten, endlich die junge Erbprinzessin zu sehen und zu begrüßen, die noch dazu eine echte Prinzessin von Bayern war.

Am 22. Dezember war es dann endlich so weit: Das Eintreffen des jungen Erbprinzenpaares war in Regensburg angesagt worden. Die Stadtväter hatten sich vorgenommen, daß an diesem Tag unmittelbar vor Weihnachten in der uralten Stadt an der Donau das Fest der Feste stattfinden sollte. Alles, was den beiden bisher geboten worden war, sollte übertroffen werden! Und obwohl die Dezembertage an der Donau manchmal grau in grau sind, vom dauernden Nieselregen begleitet, ließen es sich die Menschen nicht nehmen, stundenlang in der nassen Kälte auszuharren, um die ersten Ovationen Nené und Maximilian Anton darzubringen. Die Häuser der Stadt waren bunt beflaggt, an einem Giebel wehte die Thurn-und-Taxis-Fahne, daneben flatterte die bayerische Rautenflagge, und in unmittelbarer Nähe blähte sich die städtischen Fahne im Winterwind. Die Fenster der Häuser waren mit Reisig umkränzt, da man zu dieser Jahreszeit keine Blumen auftreiben konnte.

Die Ratsmitglieder hatten es sich nicht nehmen lassen, den hohen Herrschaften persönlich entgegenzufahren und sie schon außerhalb der Mauern der Stadt willkommen zu heißen. Die junge Erbprinzessin sollte hier in Regensburg einen Empfang haben, der dem nicht nachstand, den ihre Schwester Sisi einst in Wien erlebt hatte. Alles, was in der Stadt Rang und Namen hatte, war vor dem Thurn und Taxisschen Palais vorgefahren, um in geziemender

Weise die Aufwartung zu machen. Im weiten Garten des Palais hatten Gesangvereine Aufstellung genommen. Wochenlang waren die Willkommenslieder geübt worden, mit denen man das Erbprinzenpaar auch musikalisch begrüßen wollte. Niemand spürte in der Festesfreude die bittere Kälte, die allmählich durch die dicken Kleider kroch, denn man unterhielt sich während der Zeit des Wartens fröhlich miteinander und erzählte sich wahre Wunderdinge über Nené. Dabei war natürlich die unglückliche Geschichte von ihr und Kaiser Franz Joseph ein Hauptthema, man stellte sich vor, wie unangenehm diese Affäre für ein junges Mädchen hatte sein müssen und war froh, daß sie nun doch noch an der Seite Maximilian Antons glücklich werden konnte. Sie mußte schon eine ganz besondere Frau sein, dessen war man sich einig. Schließlich hatte es sich längst bis Regensburg herumgesprochen, wie mitleidig und freigebig Nené überall war, und man war sicher, sie würde auch hier in der Stadt an der Donau so wie immer Gutes tun.
Kaum hatten Nené und Maximilian die Türme der Stadt von weitem erblickt, näherten sich ihnen fünfzig Reiter, eine Abordnung der Bürger von Regensburg. In untertänigem Respektsabstand zügelten sie ihre Pferde und warteten auf die Erlaubnis, sich nähern zu dürfen. Dann trugen sie ihren herzlichen Willkommensgruß vor. Nené, die an der Seite ihres Mannes stand, war über diese unverhoffte Begrüßung zu Tränen gerührt. Ein bisher nie gekanntes Glücksgefühl erfaßte sie, noch bevor sie die Tore der Stadt, in der sie in Hinkunft leben sollte, durchschritt. Sie fühlte, hier war sie gern gesehen!
Es war schon beinahe dunkel geworden, als das hohe Paar endlich in Regensburg seinen Einzug hielt. Langsam durchschritten Nené und Maximilian Anton einen Triumphbogen, der eine Inschrift enthielt:

„So viele Herzen drinnen wohnen,
So viele Grüße nach Millionen“

Schöner und freudiger konnte sich die Bevölkerung der Stadt nicht ausdrücken, Nené spürte schon im ersten Augenblick die Sympathie der Regensburger, sie merkte, daß es ihr ein leichtes

war, die Herzen der Bevölkerung zu erobern. Und sie wußte, daß sie sich nichts sehnlicher wünschte, als eine Fürstin zu werden, der man in Liebe zugetan war.
Erschöpft, aber froh sanken Nené und Maximilian an diesem Abend in die Kissen. Es war für Maximilian ein gutes Gefühl, heimgekehrt zu sein mit einer Frau, von der er wußte, daß sie an seiner Seite von den Regensburgern absolut akzeptiert werden würde. So konnte er beruhigt in die Zukunft schauen.
Am nächsten Abend war eine Festvorstellung im Theater angesetzt. Als das junge Paar abends um sechs Uhr erschien, erhoben sich alle Zuschauer von ihren Plätzen und brachen in einen dreifachen Hochruf aus. Und jetzt war es Nené, die sich mit herzlichen Worten bei den Leute bedankte, die ihnen sagte, wie sehr sie sich über den überaus warmen Empfang in Regensburg bei allen, die dabei mitgeholfen hatten, bedankte. Der Theaterregisseur Rothammer hatte einen eigenen Prolog auf das Erbprinzenpaar verfaßt, in dem er den beiden Glück und Segen, aber auch Kinderreichtum und ein langes Leben wünschte. Er konnte nicht ahnen, daß für die beiden nichts von alledem in Erfüllung gehen sollte.
Als sich Nené und Maximilian nach der Vorstellung zum Schloß begaben, wurden sie von einem eindrucksvollen Fackelzug überrascht, den der Gewerbeverein eigens für sie abhielt. Nené hatte von der schönen Stadt an der Donau, die nun ihre neue Heimat darstellte, noch nicht viel gesehen, zu beschwerlich waren die letzten Tage und Nächte für sie gewesen. Denn sie war bereits in anderen Umständen, im Mai sollte ihr erstes Kind das Licht der Welt erblicken. Sie hätte viel darum gegeben, sich jetzt etwas schonen zu können, aber nicht nur für ihren Mann Maximilian war es notwendig, sich der Regensburger Bevölkerung in seinem neuen Stand ausgiebig zu präsentieren, es war auch für den regierenden Fürsten und seine Gemahlin wichtig, als Familie stets präsent zu sein. Daher durfte sich Nené in der jetzigen Situation keine Ruhe gönnen, sie mußte frisch und vergnügt ausschauen, wo sie am liebsten sich zurückgezogen hätte, mußte lachen und fröhlich sein und charmant plaudern, wo sie am liebsten geschwiegen hätte. Aber anders als ihre Schwester Sisi, die nur das tat, was sie selbst wirklich wollte, erkannte Nené die politischen Notwendigkeiten

und richtete sich danach. Sie gab dem Volk, was es haben, sie zeigte dem Volk, was es sehen wollte. Auf diese Weise wurde sie schon in ganz jungen Jahren eine echte Landesmutter, lange bevor sie selbst irgendetwas mit der Regierung zu tun hatte. So jung sie war, so politisch klug handelte sie. Obwohl sie einige äußere Ähnlichkeiten mit ihrer kaiserlichen Schwester hatte, sosehr war sie in ihrem Inneren konträr zu Sisi. Sie war eine Frau, die sich nicht ins stille Kämmerlein zurückzog, um dort Trübsal zu blasen, sie wollte selbst die Fäden der Politik mitziehen. Was Nené allerdings nicht wußte, war, daß sie nur allzu bald in die Rolle der aktiven Politikerin geschoben werden sollte. Der Tod war der große Regisseur, der in den nächsten Jahren die Rollen besetzte.

Zunächst aber standen beide, Erbprinz Maximilian Anton und seine Helene, noch in der zweiten Reihe. Der Fürst von Thurn und Taxis war rüstig und bestimmte wie schon seit Jahrzehnten mit starker Hand und wachem Geist die Geschicke seines Hauses. Das bedeutete, daß die jungen Leute nicht übermäßig mit Arbeit überhäuft wurden. Nené allerdings wollte auch hier in der Stadt an der Donau ihre sozialen Vorstellungen verwirklichen. Genauso wie am Starnberger See trachtete sie danach, den Armen zu helfen. Dazu war es freilich nötig, sich eingehend mit der Situation in Regensburg vertraut zu machen. Es war nicht ganz leicht aufzuspüren, wo wahrhaft bedürftige Leute wohnten, die dringend der Unterstützung bedurften. Aber allmählich fand Nené vertrauenswürdige Menschen, die ihr verschiedene Vorschläge unterbreiteten. Schon am 3. Januar 1859 konnten deshalb 1000 Gulden unter die Armen von Regensburg verteilt werden.

Die nächsten Wochen und Monate waren für Nené damit ausgefüllt, sich in der neuen Umgebung so richtig einzugewöhnen. Immerhin war sie in Bayern geblieben, aber es war für sie dennoch eine gewaltige Umstellung, plötzlich in dem reichen Haus Thurn und Taxis einen Platz zu haben. Hatte ihre Mutter auch nicht gerade die Groschen für das tägliche Leben zählen müssen, so konnte man in Possenhofen auch nicht aus dem vollen schöpfen. Zwar war Herzog Max in Bayern ein wohlhabender Mann, der zeit seines Lebens niemals von Geldsorgen geplagt wurde, aber er frönte einem Lebensstil, für den er Geld in Hülle und Fülle benötigte. Daher mußten sich Ludovika und die Kinderschar eher bescheiden. Jetzt aber staunte Nené über die Lebensart, die den Thurn und Taxis zu eigen war. Nicht nur, daß man mehrmals im Monat riesige Gesellschaften gab, man lud auch immer wieder – wenn der richtige Zeitpunkt gekommen war – zu den schon legendär gewordenen Jagden in die Wälder rund um Regensburg. Daß anschließend dann die Jagdgesellschaft im fürstlichen Schloß in Regensburg einkehrte, war geradezu eine Selbstverständlichkeit. Während die Herren in den Jagdgründen dem Wild auf der Fährte waren, kochten Dutzende von Köchen in den fürstlichen Küchen auf, damit die müden Waidmänner entsprechend gelabt werden konnten. Die Tische bogen sich von außergewöhnlichen Delikatessen, die natürlich nach dem jeweiligen Anlaß fachkundig ausgewählt worden waren. Denn dem Jagdvergnügen sollte das Gaumenvergnügen in nichts nachstehen. Kamen dann die Jagdgäste, die man aus allen Teilen der Habsburgermonarchie, aber auch aus den deutschen Gebieten eingeladen hatte, in das Schloß, war es für die Damen eine Selbstverständlichkeit, sich all die Abenteuer, die man in den letzten Stunden im Wald und auf der Heide erlebt hatte, anzuhören. Dichtung und Wahrheit waren dabei natürlich, wie das bei Jägern meistens der Fall ist, bunt gemischt. Es wurde daher geschmaust und gelacht, und die Stunden rannen dahin, ohne Müdigkeit und ohne Langeweile.

Für Nené war dieses Leben zwar reichlich anstrengend, sie stand aber bei all den Gastereien im Mittelpunkt, denn alle, die sie noch nicht kannten, wollten die junge Erbprinzessin persönlich kennenlernen. Dabei wurde sie von allen Seiten eingehend begutachtet, wie sie aussah, wie sie sich gab, was sie sprach und wie sie lächelte. Denn immerhin war sie die Schwester der legendären Kaiserin von Österreich, und daher wollte man einen Vergleich der Schwestern ziehen können und prüfte, ob Nené ebenfalls so bezaubernd wie Sisi war.

Nené hinterließ einen durchaus guten Eindruck, und sowohl ihre Schwiegereltern als auch ihr Ehemann waren voll und ganz mit ihr zufrieden. Freilich war sie keine Gesellschaftslöwin, die einen Abend lang die Damen und Herren unterhalten hätte, dazu war sie viel zurückhaltend. Aber sie antwortete charmant mit einem reizenden Lächeln, wenn sie gefragt wurde, und erzählte so manche nette Geschichte, die sie mit ihren Geschwistern in Possenhofen erlebt hatte, dort, wo sich jetzt ein kleiner Skandal anbahnte, der die Gemüter in den eleganten Salons genauso erregte wie in den Palais der Hocharistokratie:

Nenés ältester Bruder hatte die Absicht, seine langjährige Geliebte, die Schauspielerin Henriette Mendel, mit der er schon eine Tochter hatte, vor den Traualtar zu führen und sie zu seiner rechtmäßigen Gemahlin zu machen. Man war schockiert, ja beinahe empört! Wie konnte der älteste Sohn des Herzogs in Bayern einen derartigen Schritt wagen? Man war ja in dieser Familie an allerhand gewöhnt, aber so etwas – offiziell? Allenthalben schüttelte man nur den Kopf und wartete darauf, wie der Kaiser von Österreich reagieren würde. Denn immerhin war der junge Prinz in Bayern der Schwager Franz Josephs, und die kleine Schauspielerin würde seine – wenn auch angeheiratete – Schwägerin werden!

Herzog Ludwig kümmerte sich nicht um die allgemeine Stimmung, er hatte genug von all den Heimlichkeiten, er wollte seine Henriette und sonst keine! Und sosehr vor allem seine Mutter ihn anflehte, doch an das Prestige des Hauses und der Familie zu denken, legte Ludwig den Hochzeitstermin für den 28. Mai 1859 fest. Und wenn er allein mit der geliebten Frau in der Kirche stehen würde, ihm machte es nichts aus, wenn die Familie schmollte. Seltsame und unglückliche Ehen gab es für Ludwig rundherum genug. Er mußte nur in die Gesichter seiner beiden Schwestern Sisi und Marie Sophie schauen, um zu erkennen, daß er, auch wenn er auf die Erstgeburtsrechte und materielle Vorteile verzichten würde, sicherlich ein zufriedeneres Leben führen würde als die beiden Monarchinnen. Denn daß Sisi allmählich, je länger sie in Wien lebte, merkwürdiger wurde, das war ihrem Bruder Ludwig schon lange aufgefallen. Und daß Marie Sophie in Neapel ihre blauen Wunder erlebte, als sie in der Hochzeitsnacht erfahren mußte, daß ihr Gemahl impotent war, das hatte sich bis Possenhofen herumgesprochen. Einzig Nené schien an der Seite ihres Maximilian glücklich zu sein!

Wahrscheinlich war es dem Einfluß Sisis zuzuschreiben, daß zur Überraschung aller der Kaiser Henriette Mendel zur Freiin von

Wallersee ernannte, also ihr wenigstens einen niederen Adelstitel verlieh. Denn die einzige in der Familie, die sich beinahe liebevoll um die junge Frau kümmerte, war ihre neue Schwägerin Sisi, die Kaiserin von Österreich. Sie lud Henriette in ihre Privatgemächer ein, trank mit ihr Tee und unternahm lange Wanderungen an der Seite der anmutigen, reizenden jungen Frau. In den Augen Sisis hatte der Bruder, wenn auch revolutionär, so doch recht gehandelt, oder gerade deswegen richtig, weil er sich gegen die starren Normen der Gesellschaft gestellt hatte. Warum sollte ein Herzog in Bayern keine Bürgerliche zu seiner Frau machen, wenn er sie liebte? Sisi waren die Standesschranken schon lange ein Dorn im Auge, und wenn sie am Starnberger See weilte – meistens mietete sie in Garatshausen das Schloß ihres Bruders –, dann war es für sie eine Selbstverständlichkeit, die Schwägerin möglichst oft zu sich zu bitten. Sie liebte die Natürlichkeit und Unkompliziertheit Henriettes, auch wenn alle anderen Possenhofener nach wie vor die Nase über diese nicht standesgemäße Frau des Herzogs rümpften.

Natürlich war es Nené und ihrem Mann unmöglich gewesen, an der Hochzeit teilzunehmen. Wahrscheinlich war Nené froh darüber, eine wirklich glaubwürdige Ausrede zu haben, um den Bruder nicht brüskieren zu müssen. Aber die Geburt ihres ersten Kindes stand unmittelbar bevor, die Ärzte rechneten mit der Entbindung in den letzten Maitagen. Die junge Fürstin hatte alles abgesagt, was sie noch über die Maßen hätte strapazieren können und verließ kaum mehr ihre Gemächer, sie wollte sich keinem Risiko aussetzen.

Und auch die Mutter Ludovika hatte eine gute Entschuldigung, der Trauung ihres ältesten Sohnes fernbleiben zu können. Denn schon Wochen vorher hatte Ludovika mit Nené und Maximilian vereinbart, nach Regensburg zu fahren, um der Tochter in ihrer schweren Stunde beizustehen. Für die junge Frau war es eine absolute Beruhigung, die Mutter mit ihrer unkompliziert beruhigenden Art in ihrer Nähe zu wissen. Wie hätte sie also jetzt, in letzter Minute, alle Pläne verändern sollen, die schon so lange fixiert waren, nur weil sich Ludwig diesen Termin und jene Frau nun einmal in den Kopf gesetzt hatte! Undenkbar. Er mußte allein heiraten, wenn er schon unbedingt wollte, vielleicht würde der Vater bei der Trauung anwesend sein. Zu Herzog Max paßte diese Schwiegertochter weit besser als zu Ludovika mit ihren großen Plänen und Zielen!

Als sich die ersten Wehen einstellten, herrschte im Schloß verständliche Aufregung. Endlich, nach den langen Wochen des Wartens, würde es soweit sein! Der Fürst und die Fürstin sagten alle Verpflichtungen ab, um sofort da zu sein, wenn sie gebraucht würden. Ludovika hatte sich neben dem Bett der Tochter niedergelassen, hielt ihre Hand, um ihr während der nächsten Stunden Mut zuzusprechen. Währenddessen ging der junge Ehemann im Vorraum auf und ab, ohne irgendetwas für seine junge Frau, die von Schmerzen geplagt war, tun zu können. Die herbeigerufenen Ärzte des Fürstenpaares und die Hebamme hatten ihm versichert, daß es noch Stunden dauern würde, bis das Kind da sein würde.

Auch diese Geburt hatte ein Ende, und schließlich lag zwar nicht der erhoffte Erbe in der reichlich mit Spitzen ausgestatteten Wiege, sondern eine kleine Tochter. Für einen kurzen Augenblick machte sich Enttäuschung in den Mienen der Thurn und Taxisschen Familienmitglieder breit, aber schnell zeigte sich Freude über die glückliche Geburt des kleinen Mädchens vor allem bei den Großeltern, bei Maximilian Karl und seiner Gemahlin Mathilde Sophie. Liebevoll wurde das Mädchen von allen Seiten betrachtet, und die jungen Eltern, aber auch die stolzen Großeltern fanden, daß die Kleine ganz entzückend anzusehen war, so wie alle jungen Mütter und Väter kein schöneres Kind als ihr eigenes kennen.

Nur eine beschrieb die kleine Tochter der Schwester ihrem Mann in einem Brief nicht gerade vorteilhaft: Sisi, die Lieblingsschwester Nenés. Denn anders ist die Bemerkung Kaiser Franz Josephs in einem Brief vom 13. Juni 1859, den er aus Verona sandte, nicht zu verstehen. Wie beinahe täglich, schrieb Franz Joseph an seine ferne Sisi voller Sehnsucht und Sorge folgende Zeilen: „Meine liebe, liebe Engels Sisi! Ich danke Dir unendlich für Deine beiden so lieben Briefe vom 9. und 10., die mir sehr wohl thaten. Auch danke ich Dir innigst, daß Du so viel für uns betest, das wird gewiß Glück bringen. Ängstige Dich nur nicht zu viel, denn mir geht es gut, ich habe Dich ungeheuer lieb, denke sehr viel an Dich und erinnere mich an alle meine Versprechungen. Auch gräme ich mich nicht mehr als notwendig und bin guten Muthes. Ich sehne mich sehr nach Dir, mein Engel, und doch kann ich Dich jetzt nicht sehen, bis sich hier und in Deutschland die Sachen klarer stellen ... Ich bitte Dich innständigst schlafe und ‚esse' genug. Frage die Mama auch wieder wegen dem Wasser. Das Kind von der Nené muß grauslich sein. Adieu mein Engel, meine einzige Freude und mein Trost. Ich bleibe mit vielen Küssen Dein Franz"

Glücklicherweise fiel dieser Brief Nené niemals in die Hände, die Beziehungen zu ihrer kaiserlichen Schwester hätten sich bestimmt merklich abgekühlt!

Während man in Regensburg tagelang die glückliche Geburt der kleinen Luisa feierte, wurde es um die junge Kaiserin in Wien immer einsamer. Sie hatte sich zwar von der Geburt des Kronprinzen allmählich körperlich erholt, geblieben war aber ein psychischer Knacks, der dadurch hervorgerufen wurde, daß man auch dieses Kind der Mutter gleich nach der Geburt weggenommen hatte. Erzherzogin Sophie hatte sofort ihre Hände nach dem Thronfolger ausgestreckt, sie wollte den Sohn ihres Sohnes zu einem echten habsburgischen Herrscher erziehen. Was würde schon herauskommen, wenn womöglich der wittelsbachische Erziehungsstil eines Herzog Max in der Hofburg seinen Einzug halten würde! Nicht auszudenken! Sisi war keine geeignete Person, um Kinder in die richtigen Bahnen lenken zu können, dazu war sie selber viel zu wenig erzogen worden, kannte das Wort Disziplin praktisch nur vom Hörensagen und trug fast tagtäglich durch ihre spontanen, oft kindischen Handlungen dazu bei, daß sich der Eindruck, den die Schwiegermutter von Anfang an von ihr hatte, noch verstärkte.
Daß die Erzherzogin durch ihre ständige Bevormundung der jungen Frau alle Chancen genommen hatte, sich zu einer echten Kaiserin zu entwickeln, das sah Sophie natürlich niemals ein. Sie spürte nur immer mehr die Opposition, die Sisi ihr entgegenbrachte, denn allmählich trat die junge Frau aus ihrer Lethargie heraus und begann, sehr zum Unwillen ihrer Schwiegermutter, ein Eigenleben zu führen, natürlich nicht im Sinn des Kaiserhauses. Hatte Sisi in den ersten Jahren ihrer Ehe beinahe Tag für Tag einen Brief an ihre Lieben zu Hause geschrieben, so begann sie sich nach der Geburt des Kronprinzen in Ermangelung anderer interessanter Aufgaben einzig und allein für sich selbst und ihre Schönheit zu interessieren. Sie betrachtete sich stundenlang im Spiegel und stellte erstaunt fest, daß die drei Schwangerschaften sie gottlob nicht verunstaltet hatten, wie sie befürchtet hatte. Im Gegenteil, sie war zu einer Schönheit geworden, mit dem langen

vollen Haar, den schillernden Augen, die einmal tiefbraun wirkten, um im nächsten Moment sich ins Grünliche zu verfärben. Sie hatte auch nach der Geburt Rudolfs bald wieder ihr Idealgewicht erreicht und mußte sich nicht übertrieben schnüren, damit ihre legendäre Wespentaille zur Geltung kam.
Eine Vielzahl von Bewunderern hatte sich um die junge schöne Frau geschart, einer aber fehlte: der Mann, der bis an ihr Lebensende seine Frau nicht nur bezaubernd fand, sondern sie aus tiefstem Herzen liebte, ja anbetete. Der Kaiser war gezwungen, zu seinen Truppen nach Italien zu gehen, da es jenseits der Alpen an allen Ecken und Enden politisch zu brennen begann. In Oberitalien hatte eine großangelegte Freiheitsbewegung eingesetzt, die von Garibaldi und dem französischen Kaiser Napoleon III. geschürt wurde, einem Glücksritter, der seine politischen Karten auf den Tisch warf, wo es ihm gerade günstig schien. In der unzufriedenen Bevölkerung Oberitaliens hatte er den richtigen Spielpartner gefunden. Man wollte raus aus der habsburgischen Monarchie, man wollte frei sein oder sich höchstens in ein einheitliches Italien eingliedern lassen.
Franz Joseph war kein begnadeter Feldherr, am allerwenigsten ein geschickter Stratege, obwohl er ein begeisterter Soldat war. Aber wie so manches in seinem Leben, blieb auch das Soldatenspielen mehr Theorie. Er besuchte seine Truppen und inspizierte ihre Manöver selbst in den entlegensten Gebieten der riesigen Monarchie. Aber wenn es Ernst wurde, wie jetzt auf dem Schlachtfeld von Solferino, da befiel Franz Joseph eine seltsame Lethargie – es war eben doch ein Unterschied zwischen Traum und Wirklichkeit!
Diese Tatsache war für Franz Joseph ein Leben lang schwer zu erkennen, denn auch seine eigene Ehe pendelte zwischen diesen beiden Phänomenen. Und er war nicht in der Lage oder wollte ganz einfach, was seine Beziehung zu Sisi betraf, die nüchterne Realität nicht erkennen, er wollte sich nicht eingestehen, daß seine Frau an seiner Seite nicht glücklich geworden war. Er verschloß die Augen und zog sich in eine Idealwelt zurück. Anders wären seine Briefe an seine Frau, die er regelmäßig schrieb, niemals zu verstehen, seine Geschenke und seine Großzügigkeit ihr

gegenüber, selbst in einer Zeit, als Sisi kaum noch ein paar Tage in Wien am Kaiserhof verbrachte.
Sein ganzes Leben lang sorgte er sich und bangte um seine Frau, die sich schon in der Zeit, als er noch auf dem Schlachtfeld in Italien weilte, allmählich innerlich von ihm abwandte. Die Briefe des Kaisers allerdings zeugten von einer tiefen Liebe zu Sisi:

„Verona den 8. Juli 1859. Meine liebste Engels Sisi, Für Deine lieben Briefe vom 3., 4. und 5. danke ich Dir von ganzem Herzen, so wie für die beruhigenden Nachrichten über die Gesundheit unserer lieben Gisella. Du hast gewiß wegen ihr recht viel Angst ausgestanden, die ich leider nicht mit Dir theilen konnte. Wie sehr ich mich nach Dir sehne und ich mich wegen Dir ängstige, kann ich gar nicht sagen. Ganz desperat macht mich die entsetzliche Lebensweise, die Du Dir angewöhnt hast und die Deine theuere Gesundheit ganz zerstören muß. Ich beschwöre Dich, gebe dieses Leben gleich auf und schlafe bei der Nacht, die ja von der Natur zum Schlafen und nicht zum Lesen und Schreiben bestimmt ist. Reite auch nicht gar zu viel und heftig. Schone Dich überhaupt recht, mir zu lieb, damit Du recht wohl bist, wenn ich, wie ich jetzt bestimmt hoffe, bald zurück komme. Es hat mir sehr leid gethan, daß es Dir unangenehm war, daß ich geschrieben habe, ich müßte wegen der Geschäfte nach Wien zurück. Du kannst Dir wohl denken, daß mein einziger Drang zum Zurückkehren und meine einzige Freude dabei ist, Dich wieder zu umarmen, allein in einer Zeit wie die Jetzige, darf man sich nicht von den Gefühlen des Herzens, auch wenn sie noch so stark sind, leiten lassen, sondern nur von dem Gefühl der Pflicht ...“

Vielleicht war es die übertriebene Pflichtauffassung des Kaisers, an der die Ehe zerbrach, vielleicht war es die ständige Einmischung der Schwiegermutter in intimste Angelegenheiten der jungen Familie, die Sisi in den nächsten Jahren aus dem Haus trieb. Vielleicht aber reagierte die junge Frau auch überempfindlich auf alles, was ihre Person betraf. Jede leiseste Kritik an ihrem Verhalten hängte sie an die Goldwaage, ohne allerdings dabei zu bedenken, daß auch sie sehr wohl eine scharf geschliffene Zunge hatte. Sisi konnte bezaubernd liebenswürdig sein, wenn sie wollte und ihr der Sinn gerade danach stand. Fiel aber irgendwie in einer Diskussion ein unrechtes Wort, eine Bemerkung, die sie aus oft unerforschlichen Gründen verletzte, fiel eine Maske über ihr Gesicht, und sie erstarrte. Im nächsten Moment konnte aus der eben noch charmant plaudernden Kaiserin eine bissige, ironisch-zynische Person werden. Es war schwierig, sich mit ihr auszukennen, und selbst Menschen, die sie wirklich liebten, wie ihre Hofdamen Ida von Ferenczy oder die Gräfin Festetic, die ihr innerlich wie Freundinnen nahestanden, verstanden die Kaiserin manchmal wirklich nicht.

Wie sollte ihr eigener Mann, der in seinem Wesen und in seiner Einstellung zu Gott und der Welt grundverschieden war, wirklichen Zugang zu so einem komplizierten Wesen finden? Franz Joseph mußte von vornherein verlieren, das stand von Anfang an fest. Auch seine unerschütterliche Liebe konnte nicht bewirken, daß seine Frau sich änderte.

Als der Kaiser von seinem italienischen Abenteuer zurückkam, schien es zunächst, als könnte alles noch gut werden. Aber schon bald mußte Franz Joseph entsetzt feststellen, daß sich seine junge schöne Frau, die er mehr als alles auf der Welt begehrte, von ihm zurückzog, seine Nähe – besonders im Schlafzimmer – mied, was er sich kaum erklären konnte, bedeutete ihm doch körperliche Liebe sehr viel, schließlich war er ein gesunder und vitaler Mann. Aber Sisi schützte beinahe jeden Abend irgendeine Unpäßlichkeit vor und zog sich allein in ihre Gemächer zurück.

Was der enttäuschte und allmählich frustrierte Ehemann dabei nicht bedachte, war die Tatsache, daß Sisi alles vermied, um erneut schwanger zu werden. Schließlich hatte sie ihre Pflicht erfüllt, sie hatte einen Kronprinzen geboren, die Nachfolge war gesichert, jetzt wollte sie ihre Ruhe haben. Jede Schwangerschaft war eine Qual für sie gewesen, und die letzte Entbindung hätte für sie beinahe mit einer Katastrophe geendet. Und jede Nacht mit Franz Joseph brachte erneut die Gefahr einer Schwangerschaft. Ein entsetzlicher Gedanke!

Wochen und Monate vergingen, in denen das Eheleben des kaiserlichen Paares absolut gestört war. Es konnte dabei natürlich

nicht ausbleiben, daß alle möglichen Gerüchte um etwaige heimliche Geliebte des Kaisers zu kursieren begannen, und man war sich allgemein einig darüber, daß der Kaiser recht hätte, würde er sich eine Dame fürs Bett suchen. Eine polnische Gräfin war im Gespräch genauso wie die eine oder andere bekannte Dame der Gesellschaft. Aber nichts Genaues war zu erfahren, der Kaiser war nun einmal zeit seines Lebens ein sehr diskreter Mann. Auch als er dann ein Jahrzehnt später eine jahrelange sexuelle Beziehung mit einer ganz gewöhnlichen jungen Frau, Anna Nahowsky, unterhielt, wußten wahrscheinlich nicht einmal die engsten Vertrauten genauere Zusammenhänge. Erst als die Nahowsky, die höchstwahrscheinlich vom Kaiser eine Tochter und einen Sohn hatte, fürstlich abgefunden wurde, gingen zumindest den Beamten, die diese unwahrscheinlich hohen Summen auszahlen mußten, die Augen auf.
Mit der körperlichen Entfernung zwischen Franz Joseph und Sisi ging eine innere Entfremdung Sisis von ihrem Mann Hand in Hand. Wahrscheinlich gestand sie es sich in dieser Zeit noch nicht so recht ein, wie sehr sie alles versuchte, aus Wien wegzukommen. Anders war ihre seltsame Krankheit nicht zu verstehen, die sie befiel und immer schwächer und matter werden ließ, so daß der kaiserliche Hofarzt ernsthafte Befürchtungen um ihr Leben hatte. Aus der blühenden Sisi war eine durchsichtige, hüstelnde junge Frau geworden, die beängstigend oft den ganzen Tag im Bett verbrachte. Überall fragte man sich mit besorgter Miene, wie alles weitergehen sollte, wie krank die Kaiserin von Österreich wirklich war. Schließlich fand man in all den Überlegungen nur einen einzigen Ausweg: Sisi mußte weg aus Wien, möglichst in wärmere Gefilde mit einem stabil gleichmäßigen Klima, wo sie die Möglichkeit hatte, wieder ganz gesund zu werden.
Mittlerweile war es Herbst geworden, und schwere Nebel legten sich über die Stadt. Immer häufiger plagten Sisi langandauernde Hustenanfälle, und nun sah auch Franz Joseph ein, daß es für seine Frau keine Alternative gab, als in den Süden zu reisen, um wieder gesund zu werden. Es war ein schwerer Entschluß für ihn gewesen, einem längeren Aufenthalt auf der Insel Madeira zuzustimmen, die so weit entfernt war, daß er seine geliebte Frau nicht

einmal ab und zu besuchen konnte. Wie sollte er die langen einsamen Monate überstehen?
Sisi war überraschend etwas zu Kräften gekommen und bestieg den Salonwagen leichten Herzens. Endlich konnte sie die verhaßte Stadt hinter sich lassen und mit ihr all die schrecklichen Menschen, zu denen sie keinen Kontakt finden konnte, allen voran ihre Schwiegermutter! Daß Franz Joseph tief betrübt am Waggonfenster stand und ihr nicht genug versichern konnte, wie sehr er sie liebte und wie sehr sie ihm fehlen würde, ging ihr schon etwas nah, aber der Abschied von ihren kleinen Kindern fiel ihr nicht allzu schwer. Sie sah die kleine Gisela und deren Bruder ohnehin nur ab und zu zwischen Tür und Angel.
Als sich der Zug in Bewegung setzte, hatte sie den Eindruck, schon fast gesund zu sein, sosehr freute sie sich über die wiedergewonnene Freiheit, auch wenn diese nur vorübergehend sein würde!

Der Winter 1860 war für den Kaiser in Wien keineswegs eine leichte Zeit. Unermüdlich hatte er sich mit brisanten politischen Entscheidungen herumzuschlagen, und Abend für Abend saß er allein in seinen Gemächern und dachte voll Sehnsucht an seine schöne Frau auf dem fernen Madeira. Daß eine Kaiserin allein in ein fremdes Land gereist war, um dort Genesung zu suchen, war in der damaligen Zeit eine wahre Sensation. Wahrscheinlich hatte es auch einiger Überredungskunst der Ärzte bedurft, um Franz Joseph schließlich davon zu überzeugen, daß ausgerechnet die portugiesische Insel Madeira der ideale Platz für seine schwerkranke Frau sein würde. So war alle Welt wahrlich überrascht, als die Meldung von der Abreise der Kaiserin von Österreich durch die Gazetten ging. Selbst Königin Victoria hatte davon Notiz genommen und Sisi spontan ihre Privatjacht zur Verfügung gestellt. Sie hatte die junge Kaiserin in ihrer kapriziösen Art damals noch nicht persönlich kennengelernt. Später, nach etlichen wenig erfreulichen Begegnungen, wäre sie wohl schwerlich zu so einer Geste bereit gewesen.
Franz Joseph quälten aber noch andere Gedanken und ließen ihn so manche Nacht kaum ein Auge zutun. Wie sollte es mit ihm und Sisi überhaupt weitergehen? So klammerte er sich an die Hoffnung, daß Sisi möglichst bald gesund an Leib und Seele zurückkehren würde, und daß dadurch auch die ewigen Querelen mit der „lieben Mama" ein Ende finden würden. Denn Leidtragender bei diesen ständigen Streitereien und Sticheleien war nicht nur er, der Kaiser selbst, auch die Kinder entwickelten eine seltsame Art, mit beiden konkurrierenden Frauen umzugehen. Gisela und Rudolf liebten nämlich in zunehmendem Maße ihre Großmutter, die immer für sie da war, die sich um alles kümmerte und ihnen mit Rat und Tat zur Seite stand. Ihre Mutter, die nur ab und zu mit ihnen ein paar kurze Minuten spielte oder sich nach ihnen erkundigte, war ihnen allmählich fast fremd geworden. So waren sie auch nicht allzu traurig, als Sisi sich von ihnen unter Tränen ver-

abschiedet hatte. Sie würden die Mutter wahrscheinlich am wenigsten vermissen!
Es war eine traumhaft schöne Villa direkt am Meer, die Regierungsrat Leopold Bayer, der Privatsekretär der Kaiserin, auf Madeira für Sisi und ihr kleines Gefolge angemietet hatte. Man wollte möglichst unter sich sein, und ein großer Hofstaat wäre für die Gesundung der jungen Frau sicherlich abträglich gewesen. Aber auf den gewohnten Luxus konnte man selbstverständlich auch hier auf der kleinen Insel mitten im Atlantik nicht verzichten. Daher überraschte es niemanden, daß der Kaiser am Ende tief in die Tasche greifen mußte. Der Kuraufenthalt Sisis kostete ihn 42 000 Gulden.
Fast tagtäglich trafen Briefe aus Madeira in Wien ein. Man hatte den Oberlieutnant von Thurn und Taxis auf die Insel geschickt, damit er über den Gesundheitszustand der Kaiserin genau Bericht erstattete. Voller Sorge erwartete der Kaiser ungeduldig jedes Schreiben. Dabei hätte er beruhigt sein können, denn seiner Frau schien es von Tag zu Tag besser zu gehen. Fernab vom Kaiserhof kam sie wieder zu Kräften und wurde wieder heiter. Sie war guter Dinge und unternahm so oft wie möglich einen kleinen Ausflug. Auch der ständige Husten hatte nachgelassen, und die Ärzte auf Madeira kamen schließlich zu dem einstimmigen Urteil, daß die junge Frau in kürzester Zeit wieder voll hergestellt sein würde.
Vieles hatte dazu beigetragen, den körperlichen und vor allem den seelischen Zustand Sisis günstig zu verändern: Sonnig und heiter zeigte sich die Insel mitten im November, eine Zeit, wo in Wien dichter Nebel über der Stadt lag und in seinem eintönigen Grau alle Freude zu ersticken schien. Auf Madeira kannte die Natur rundherum keine Traurigkeit, es duftete und blühte, als gäbe es keinen Winter und keine Kälte. Die Sonne schien angenehm warm, und die Kaiserin konnte tagelang auf der Terrasse liegen und die frische reine Meeresluft in vollen Zügen atmen. Nach und nach stellte sich auch der Appetit wieder ein.
Obwohl Sisi nichts zu tun hatte, empfand sie keinerlei Langeweile. Sie vertrieb sich die Zeit mit allen möglichen Kartenspielen, dazwischen schrieb sie Briefe an Franz Joseph und ab und zu

sogar an ihre Kinder. Sie vermißte sie. Wie hätten sie hier die Natur genießen und sich vor allem an den bunten Vögeln erfreuen können!
An die vierjährige Gisela, die zu dieser Zeit noch in der gleichen Kindskammer wie ihr Bruder Rudolf lag, schrieb die Kaiserin folgende Zeilen: „Du weißt schon, was ich Dir für schöne, kleine Vögel mitbringen werde, in einem hübschen Vogelhaus, und dann werde ich Dir Musik machen und Dir auch eine ganz kleine Guitarre zum Spielen bringen."
Sisi begann nämlich bereits zu überlegen, welche Mitbringsel sie für die Kinder auswählen sollte. Und diese Eigenschaft behielt sie buchstäblich bis zum Tod. Selbst an jenem furchtbaren 10. September 1898, dem Tag, an dem sie einem Attentat zum Opfer fallen sollte, hatte sie in Genf in einem Antiquitätengeschäft ein Orchestrion entdeckt, das sie unbedingt für ihre jüngste Tochter Marie Valerie kaufen wollte, um ihr das Instrument bei ihrer Rückkehr zu schenken. An den kleinen Kronprinzen schrieb sie einige Tage später:
„Mein lieber Rudolf,
ich habe gehört, Du warst ganz bös, daß ich Dir nicht auch geschrieben habe. Ich habe gedacht, Du wärest zu klein, um das zu verstehen, aber Du bist ja auch schon ganz vernünftig, ich werde Dir recht viele und schöne Spielsachen mitbringen. Erinnerst Du Dich noch ein wenig an mich? Es küßt Dich innigst und von ganzem Herzen, mein liebes, liebes Bubi,
Deine Mama."
Obgleich es scheint, daß aus den Briefen Sisis ein wenig die Sehnsucht nach ihren Kindern spricht, so empfand sie doch den Tag der Abreise, die Stunde, in der sie das neu gewonnene Paradies wieder verlassen mußte, wie ein Damoklesschwert, das drohend über ihr hing. Sie konnte sich schwerlich vorstellen, wieder in Wien leben zu müssen, in der steifen ungemütlichen Atmosphäre der Hofburg, wo einer des anderen Feind war.
Aber schließlich war es soweit. Franz Joseph hatte sie in seinen vielen Briefen immer dringlicher gebeten, zu ihm nach Hause zurückzukehren, hatte ihr vor Augen gestellt, wie sehr er und die Kinder sie vermißten, und in jedem Brief hatte er versucht, ihr zu

sagen, wie sehr er sie liebte. Was blieb der jungen Frau übrig, als sich endlich durchzuringen, Madeira und damit auch der Freiheit Lebewohl zu sagen? Über Cadiz reiste sie nach Sevilla, wo die bezaubernde junge Frau mit nicht endenwollendem Beifall einer riesigen Menschenmenge empfangen wurde. Vergeblich hatte man versucht, ihren Aufenthalt in der Stadt geheimzuhalten. Über Mallorca und Malta setzte sie ihre Reise fort und landete schließlich auf Korfu, wo sie für kurze Zeit Station machte. Es war aber nur ein kleiner Zwischenaufenthalt auf dieser Insel vorgesehen, denn schon nach einigen Tagen ging es weiter nach Triest.

Endlich war der langersehnte Tag für Franz Joseph gekommen, an dem er seine Frau wieder in die Arme schließen konnte. Wie lange hatte er auf diesen Augenblick gewartet und wie sehr hatte er gehofft, daß seine junge schöne Frau ganz gesund nach Hause zurückkommen werde! Sisi hatte sich während ihrer Abwesenheit zu einer voll erblühten Schönheit entwickelt, und auch die Hofschranzen, die der Kaiserin von Anfang an nicht so gewogen waren, mußten dies neidlos anerkennen.

Aber kaum war Sisi wieder in Wien, in den kalten Räumen der Hofburg, umgeben von den alten lauernden Gesichtern und den tadelnden Blicken der Schwiegermutter, kaum hatte sie den ersten Cercle in der hochadeligen Gesellschaft hinter sich, als sie alle ihre Lebensfreude, die sie im sonnigen Süden gewonnen hatte, wieder verlor. Nichts hatte sich geändert, sie fühlte sich beobachtet und von Mißtrauen umgeben. Umso mehr war ihr klar, daß sie diese Atmosphäre nicht mehr ertragen konnte. Franz Joseph zeigte ihr zwar in den wenigen Stunden des Tages, die er für sie erübrigen konnte, seine ganze Liebe und Leidenschaft, aber Sisi wich vor der körperlichen Nähe abermals zurück, mit dem Effekt, daß sie ihn nur umso mehr reizte.

Ihre Kinder bekam sie nach wie vor kaum zu Gesicht. Wenn Gisela und Rudolf nicht mit den Großeltern zusammen waren, wurden sie von einer Aja und einem Ajo erzogen, einer Art Ersatzeltern, so wie es seit Generationen bei den Habsburgern üblich war. Auch Franz Joseph, der Vater der beiden Kinder, fand an dieser Regelung nichts auszusetzen. Er selbst war von der von ihm geliebten Baronin Sturmfeder in den ersten Kinderjahren liebevoll betreut worden, und so sollten auch seine eigenen Kinder heranwachsen. Daß natürlich Sisi von Possenhofen ganz etwas anderes gewöhnt war, das konnte er sich zwar vorstellen, aber der Kaiserhof in Wien hatte eben andere Gesetze als die kleine Wittelsbacherresidenz! Sein Sohn würde immerhin Kaiser eines riesigen Reiches werden und nicht irgendein unbedeutender Herzog!

SISI UND NENÉ AUF DER INSEL KORFU

Sisi hatte sich zwar in den ersten Wochen nach ihrer Rückkehr bemüht, auch zu ihrer Schwiegermutter freundlich zu sein, aber schon nach kurzer Zeit warf sie all ihre guten Vorsätze über Bord. Sie hielt diese Frau einfach nicht aus. Ihre Nerven begannen zu vibrieren, wenn sie merkte, daß Erzherzogin Sophie in ihrer Nähe war. Die Folge war, daß Sisi wieder anfing zu hüsteln, sie zog sich in ihre Gemächer zurück und vermied jeden Kontakt, auch mit ihrem Mann. Die Bestürzung Franz Josephs war groß. Wie konnte es sein, daß Sisi schon wieder zu fiebern begann und das Bett kaum verlassen konnte? Er konnte sich schon leicht ausmalen, welche Therapie Dr. Skoda der jungen Frau verordnen würde: wieder einen Aufenthalt im Süden, wieder weit weg von ihm!

Tatsächlich machte der Arzt bald den Vorschlag, die junge Kaiserin auf eine im Süden gelegene Insel zu schicken, diesmal allerdings nach Korfu. Man wollte Komplikationen vermeiden, und so schien es in der damals angespannten politischen Lage günstiger, wenn die Kaiserin von Österreich innerhalb der Monarchie blieb – die adriatische Insel gehörte damals noch zum Reich der Habsburger.

Natürlich erregte die neuerliche Abreise Kaiserin Elisabeths allgemein großes Aufsehen. Nicht nur die Wiener Bevölkerung reagierte betroffen, sondern man fragte sich bei Hof, was das alles zu bedeuten habe. Warum floh die Kaiserin immer wieder aus der schönen Wiener Stadt, warum fühlte sie sich hier nicht wohl? Natürlich war inzwischen durchgesickert, daß die Schwiegermutter der jungen Frau das Leben wirklich schwermachte, aber man wußte auch, daß der Kaiser seine bezaubernde Sisi geradezu abgöttisch liebte. Was waren also die wirklichen Gründe für all die ständigen Krankheiten einer Frau, der das Leben doch alles bieten konnte?

Für Franz Joseph war die Situation besonders schwierig geworden. Wie sollte man dem einfachen Mann auf der Straße erklären, warum die Kaiserin körperlich und psychisch so wenig

stabil war? Traf ihn, den Kaiser, dabei nicht auch ein gerüttelt Maß an Schuld?
Es schien ihm daher angebracht, daß Sisi ohne allzu großes Aufsehen die Stadt verließ und sich in Triest einschiffte, um einige Monate auf der grünen Insel in der Adria zu verbringen. Hier sollte sie neue Kraft schöpfen und auf andere Gedanken kommen. Aber dazu brauchte sie eine passende Gesellschaft. Der Kaiser hatte inzwischen erkannt, wie sehr seine Frau an ihrer Familie hing. Nicht nur ihre Mutter Ludovika hatte sie in ihrer heiteren Art immer wieder aus ihrer Lethargie reißen und ihr neuen Lebensmut einflößen können, auch die Geschwister wirkten manchmal durch ihre bloße Anwesenheit wahre Wunder. Deshalb beschloß Franz Joseph, sich nach Possenhofen zu wenden, um anzufragen, wer von der Familie Sisi nach Korfu begleiten könnte.
Aber zu seiner Enttäuschung mußte der Kaiser erfahren, daß Ludovika im Augenblick unabkömmlich war und daß auch die übrigen Geschwister anderen Verpflichtungen nachkommen mußten. Nur eine blieb übrig: Nené in Regensburg! Der Kaiser war sich natürlich im klaren darüber, daß es nicht leicht sein würde, die junge Mutter zu bitten, mit Sisi nach Korfu zu reisen, aber einen Versuch wollte er doch machen. Mehr als ablehnen konnte die Erbprinzessin von Thurn und Taxis auch nicht!
Das Schreiben des Kaisers sorgte natürlich in Regensburg für nicht geringe Aufregung. Wie stellte sich Franz Joseph diese Reisebegleitung eigentlich vor? Außerdem war aus dem Brief nicht erkennbar, wie lange Nené auf Korfu verweilen sollte. Zwar hatte Ludovika versprochen, sich um die beiden kleinen Töchter zu kümmern, aber immerhin gab es noch einen Ehemann, der seine Einwilligung geben mußte. Es folgten lange Debatten, in denen das Für und Wider einer solchen Reise beratschlagt wurde, auch die Eltern von Maximilian Anton schalteten sich ein, und man erörterte ausführlich, ob und wie krank Sisi eigentlich war und ob es Nené wirklich gelingen würde, die Schwester aufzuheitern und die Schwermut von ihr zu nehmen. Sollte man in den Plan des Kaisers einwilligen oder Franz Joseph abschlägig antworten? Immerhin war seine Bitte ein großer Vertrauens- und Sympathiebeweis, und das wog schwer in der Waagschale der kaisertreuen Taxis!

Am 6. August 1861 verließ die Kaiserin Wien, um zwei Tage später in Triest an Bord eines Dampfschiffes der kaiserlichen Marine zu gehen, das sie nach Korfu bringen sollte. Noch war nicht sicher, ob Nené nachkommen würde, noch hatte man sich im Hause Thurn und Taxis nicht endgültig entschlossen. Dann aber erhielt der Kaiser beinahe überraschend die Nachricht, daß das Thurn und Taxissche Erbprinzenpaar in den nächsten Tagen in der Hauptstadt der Donaumonarchie eintreffen werde. Damit hatte Franz Joseph Gewißheit, daß Nené ihrer Schwester auf Korfu Gesellschaft leisten wollte.
Nun ging alles sehr schnell. Die beiden kleinen Töchter Nenés wurden nach Possenhofen zu der Großmutter gebracht, die sich in den nächsten Wochen und Monaten um sie kümmern wollte, dann bestiegen Nené und Maximilian Anton in München den komfortablen Salonwagen des Zuges, der für sie zur Verfügung stand. Freudig wurden die beiden von Kaiser Franz Joseph in Wien empfangen. Vielleicht, weil er sich damals nicht für sie entschieden hatte, war Franz Joseph seiner Schwägerin Nené gegenüber immer von einer ganz besonderen Liebenswürdigkeit, so als wollte er ihr zeigen, daß er gegen sie eigentlich gar nichts gehabt hätte, hätte es nicht Sisi gegeben. Auch Nené fühlte sich ein Leben lang zu Franz Joseph hingezogen, sie wußte, daß sie sich jederzeit auf ihn verlassen konnte und daß er sie immer gut beraten würde. Er war für sie inzwischen zu einem echten Freund geworden. Damals konnte sie freilich nicht ahnen, daß sie den kaiserlichen Schwager schon bald als Ratgeber dringend brauchen würde.
Man war in den folgenden Tagen sehr „en famille", für Nené wurden noch die wichtigsten Dinge bereitgestellt, denn sie hatte in Regensburg nur wenig Zeit gefunden, um sich auf die Reise nach Korfu richtig vorzubereiten. Alles war zu überstürzt gewesen. Hatte Nené anfangs etwas zaudernd in den Plan des Kaisers eingewilligt, so begann sie sich jetzt so richtig auf die Reise in den Süden zu freuen. Wie sie gehört hatte, sollte Korfu ein wahres Paradies sein mit seiner herrlichen subtropischen Vegetation und dem tiefblauen Meer der Adria. Hier konnten sie und Sisi lange Spaziergänge unternehmen, von früheren Zeiten plaudern und alles vergessen, was sie bedrückte.

Am 18. August 1861 bestiegen der Erbprinz von Thurn und Taxis und seine Frau den Zug nach Triest. Maximilian Anton hatte es sich nicht nehmen lassen, Nené persönlich auf das Schiff zu begleiten. Immerhin würden sie wochenlang voneinander getrennt sein. Franz Joseph hatte in seiner großzügigen Art auch seiner Schwägerin eines seiner Kriegsschiffe zur Verfügung gestellt. Als die Fürstin von Thurn und Taxis auf dem Kriegsdampfer „Greif" an Bord ging, stand die ganze Besatzung vor der bayerischen Prinzessin stramm. Mit respektvollen Worten begrüßte sie der Kapitän und bezeichnete es als besondere Ehre, daß die Schwester Ihrer Majestät dem Schiff die Ehre ihrer Anwesenheit erwies.

Als Sisi auf Korfu die Nachricht erreichte, daß Nené sich auf dem Wege zu ihr befand, heuerte sie kurzerhand einen kleinen Küstendampfer an, der sie der Schwester entgegenbringen sollte, so daß die beiden einander schon mitten in der Adria treffen konnten.

Es war ein freudiges Wiedersehen. Mit einem Mal hatte Sisi ihre Schwäche, ihren Husten und ihre sonstigen Wehwehchen vergessen, munter plaudernd saß sie mit Nené an Deck, und man hätte niemals glauben können, daß sie noch vor kurzem kaum einen Schritt hatte gehen können. Es würde eine schöne Zeit für beide auf der herrlichen Insel werden, dessen waren sich die Schwestern sicher. Denn wenn auch Sisi immer mehr seltsame Eigenschaften an den Tag legte, mit denen sie ihre Hofdamen nicht nur einmal zur Verzweiflung brachte, so natürlich gab sie sich, wenn eines ihrer Geschwister in ihrer Nähe weilte. Dann konnte sie wieder ganz so sein wie in früheren Tagen. Sie lachte und scherzte und vergaß ihre Stellung als Kaiserin.

Am 23. August um sechs Uhr abends warf die „Greif" ihren Anker aus, und Sisi und Nené betraten den Boden von Korfu. Die untergehende Sonne tauchte die Insel in ein zauberhaftes rötliches Licht, in dem die fast schwarzen Zypressen lange Schatten auf den steinigen Boden warfen und dabei beinahe feierlich wirkten. Tausendfach ertönte das gleichmäßig sägende Zirpen der Zikaden, eine Melodie, die die fremdartige Stimmung des südlichen Abends verstärkte. Nené war hingerissen, so mußte das Paradies aussehen! Hier, in dieser traumhaften Atmosphäre, mußte ihre Schwester endlich ganz genesen.

Sisi und Nené verbrachten die folgenden Tage und Wochen beinahe nur in trauter Zweisamkeit. Es gab so viel zu erzählen und zu besprechen. Und nach und nach redete sich die Kaiserin all ihre Probleme von der Seele, sie sprach von der unfreundlich kalten Atmosphäre am Wiener Kaiserhof, von den unzähligen Attacken der Schwiegermutter, von dem Spitzelwesen, das man um sie herum aufgebaut hatte, von all den unerfreulichen Dingen, die sie tagtäglich umgaben. Ein Thema allerdings wurde nur am Rande besprochen: ihre Beziehung zu ihrem Mann. Denn Sisi wollte und konnte Nené natürlich nicht sagen, daß sie in den Armen Franz Josephs immer mehr erkaltete, daß sie wohl seine Liebe und Fürsorge bemerkte, aber daß sie sich immer mehr von ihm zurückzog, einerseits, um nicht wieder schwanger zu werden, andererseits, da sie einfach körperlich nichts empfand. Unter Liebe verstand sie etwas ganz anderes als ihr Mann, und sie konnten im Bett keine Gemeinsamkeit finden!
Nené war eine gute Zuhörerin, die der Schwester aus ihrer eigenen Erfahrung heraus wohl so manchen guten Ratschlag gab, eine Lösung der Probleme allerdings hatte sie auch nicht zur Hand. Vielleicht sollte Sisi der Schwiegermutter mehr Paroli bieten, keinesfalls durfte sie sich alles von Erzherzogin Sophie gefallen lassen, obwohl Nené immer wieder versuchte, Sisi klar zu machen, daß es die „liebe Tante" wahrscheinlich nicht so böse meinte, wie dies anscheinend zum Ausdruck kam. Denn in zahlreichen Briefen an Nené hatte sich Sophie immer sehr positiv über Sisi geäußert, hatte dargelegt, wie reizend und manchmal aufopfernd sie sich verhalten hatte. Kein negatives Wort war in den einzelnen Schreiben zu finden gewesen.
Natürlich legte Sisi die Einwände ihrer Schwester auf ihre Art aus: Sie meinte, daß die Schwiegermutter auch den Familienmitgliedern gegenüber falsch sei, da sie nicht die Wahrheit berichtete, sondern alles schönfärbte. Die junge Kaiserin hatte sich nun einmal eine fixe Meinung gebildet, und dabei blieb sie! Und wenn sie einmal von irgendetwas und irgendjemandem eine bestimmte Vorstellung hatte, dann war Sisi kaum von dieser Idee abzubringen, das wußte Nené. Schon als Kind war es schwer gewesen, daß die Schwester eine Ungerechtigkeit vergessen konnte, auch wenn

man sich hundertmal bei ihr entschuldigt hatte. Wie oft hatte Nené unter dem nachtragenden Wesen Sisis gelitten, denn schon ein unüberlegtes Wort hatte genügt, daß sich die Schwester wie aus heiterem Himmel in ihr Zimmer zurückzog und für längere Zeit beleidigt war.
Die Schwiegermutter nahm natürlich auf diese mimosenhafte Empfindlichkeit der Schwiegertochter keine Rücksicht, denn sie war es gewohnt, das zu sagen und das zu tun, was sie für richtig hielt, ohne zuvor jedes Wenn und Aber zehnmal zu ventilieren. Vorsichtig versuchte Nené Sisi dies klarzumachen, sie mußte behutsam zu Werke gehen, um nicht selber in eine schlechte Position zu kommen. Aber weil sie selbst aus ihrer Ehe plauderte und Sisi merkte, daß auch im Regensburger Schloß der Himmel nicht voller Geigen hing, fiel es Nené leichter, der Kaiserin Wege aufzuzeigen, die vielleicht für die nächsten Jahre gangbar gewesen wären.
Auch Nené war auf der Suche nach einem Ausweg, denn sie hatte sich, ohne daß es natürlich jemand wissen durfte, unsterblich in einen feschen Ulanenoffizier verliebt. Für Nené eine aussichtslose Sache, aber sie konnte gegen ihre Gefühle nicht ankämpfen. Aus diesem Grund empfand sie nicht nur ihrem Manne gegenüber schwere Gewissensbisse, sondern sie fürchtete auch, daß wegen ihrer heimlichen Sehnsüchte und Wünsche die Strafen des Himmels über sie hereinbrechen würden. Denn Nené war von Kindheit an streng gläubig, ganz anders als ihre Schwester Sisi, die sich im Laufe der Jahre eine eigene Religion zurechtgebastelt hatte, sehr zum Mißfallen des streng katholischen Wiener Hofes. Nené hingegen war katholisch vom Scheitel bis zur Sohle und wußte auch, daß jeder Gedanke an einen anderen Mann sündig war und gebeichtet werden mußte. Wie aber sollte sie ihren Gefühlen Einhalt gebieten, noch dazu, wo Maximilian Anton sich nicht als der Mann erwiesen hatte, den sich Nené einst erträumte! Wahrscheinlich wäre sie an der Seite Franz Josephs viel glücklicher gewesen, denn er schien, was Sisi erzählte, nach wie vor stürmisch und leidenschaftlich zu sein, ganz im Gegensatz zu Maximilian Anton.
Nené hatte wahrscheinlich, so wie ihre Schwestern Marie Sophie und Mathilde, eher das heißblütige Naturell ihres Vaters geerbt –

im Gegensatz zu Sisi. Denn Marie Sophie und auch Mathilde erregten durch ihre Liaisons allgemeines Aufsehen, obwohl man versucht hatte, ihre Abenteuer zu vertuschen. Die ganze Familie in Possenhofen war peinlichst darum bemüht, den allerärgsten Skandal zu vermeiden.

Zu spät hatte Nené vermutlich erkannt, daß Maximilian Anton schon seit Jahren ein kranker Mann war und aus diesem Grund weniger Leidenschaft an den Tag legte, als sie in ihrer sinnlichen Art begehrte. Er mußte seine Kräfte schonen, wo er nur konnte. Daher unternahm er auch keine weiten Reisen, nur der Einladung des Kaisers von Österreich zu den Hochgebirgsjagden in Ischl konnte er nicht widerstehen. So hatte ihn Franz Joseph über die Abreise seiner Gemahlin hinweggetröstet, indem er ihm wieder eine interessante Gamsjagd in Aussicht gestellt hatte.

Aber trotzdem wurden allmählich für Maximilian Anton die Tage und Nächte ohne seine Frau zu lang, und er schickte dringende Briefe nach Korfu, um Nené zur Heimkehr zu bewegen. Auch Franz Joseph versuchte, Sisi zu überreden, zu ihm nach Wien zurückzukehren. Aber aus den Antwortschreiben seiner Frau ging eindeutig hervor, daß sie noch lange nicht die Absicht hatte, ihren Aufenthalt auf der herrlichen Insel zu beenden. Nené hingegen kehrte zurück. Sehnsüchtig erwartete Maximilian Anton seine Gemahlin, nachdem er die vergangenen Wochen mit seinen kleinen Kindern bei der Schwiegermutter in Possenhofen verbracht hatte. Da er wußte, daß Nené zuallererst nach Wien reisen mußte, um Franz Joseph über Sisi Bericht zu erstatten, war er kurzerhand nach Triest gereist, um seine Frau dort in Empfang zu nehmen.

Auch der Kaiser hatte ungeduldig auf Nené gewartet. Sie mußte ihm stundenlang von seiner Frau berichten und alles bis ins kleinste Detail schildern. Er wußte, sie würde sich sicherlich kein Blatt vor dem Mund nehmen und ihm die Wahrheit über Sisis gesundheitliche Verfassung sagen. Das, was er zu hören bekam, beruhigte ihn zwar einigermaßen, denn Nené schilderte den Zustand Sisis als hervorragend. Sie würde ausgezeichnet schlafen, überhaupt nicht mehr husten, ganz normal mit großem Appetit essen, im Meer schwimmen und so manchen Nachmittag die Küste ent-

langsegeln. Abends sitze sie stundenlang am Strand und beobachte voll Entzücken den Sonnenuntergang. Mit keinem Wort aber berichtete Nené, daß Sisi ihren Mann, die Kinder oder gar Wien und den Kaiserhof vermissen würde. Ja, Nené mußte zugeben, daß sich Sisi gar nicht mehr vorstellen konnte, ihr bisheriges Leben am Wiener Hof wieder aufzunehmen.
Der Kaiser war ratlos. Wie stellte sich seine Frau ihre und auch die gemeinsame Zukunft vor? Sie war nun einmal Kaiserin von Österreich, und es gab eine Unzahl von Pflichten, die sie zu erfüllen hatte! Sicherlich sprach er auch mit Nené darüber, vielleicht hoffte er, daß er von ihr, die ein Leben lang vernünftig gewesen war, einen guten Rat bekommen könnte. Aber Nené stand ebenso vor einem Rätsel und konnte Franz Joseph nur raten, Geduld zu haben und keine überstürzte Entscheidung zu treffen.
Sie selbst mußte nun möglichst bald mit ihrem Mann aufbrechen, denn die Kinder warteten schon ungeduldig. Man hatte inzwischen auch in Regensburg erfahren, weshalb die Erbprinzessin so lange die Stadt verlassen hatte, umso weniger aber hatte man diese Entscheidung akzeptiert. Immerhin war sie die Mutter von zwei kleinen Kindern, die sie wahrscheinlich nötiger brauchten als die überspannte Schwester! Deshalb war man froh, daß Nené endlich wieder zusammen mit ihrem Mann nach Hause zurückkehrte. Am Ende wäre gar auch sie, so hatte man befürchtet, von dem seltsamen „Bazillus“ befallen worden, an dem die Kaiserin von Österreich anscheinend unheilbar erkrankt war.
Sisi hatte sich standhaft geweigert, ihre Blumeninsel mit dem kalten grauen Wien im Herbst zu vertauschen, und auch Franz Joseph, der daraufhin eigens nach Korfu gereist war, um seine Frau heimzuholen, konnte sie von diesem Entschluß nicht abbringen. Schließlich erklärte sich Sisi bereit, ihm wenigstens auf halbem Wege entgegenzukommen: Sie wollte den Winter in Venedig verbringen. Und damit es wenigstens nach außen so schien, als würde sie ihre Familie nicht ganz vergessen haben, hatte sie ihren Mann gebeten, die beiden Kinder bei ihr in Venedig sein zu lassen. Welch lange und heftige Diskussionen der Kaiser mit seiner Mutter über dieses Thema führen mußte, ist nicht bekannt. Aber sicherlich stellte sich Erzherzogin Sophie vehement gegen diesen

Plan, Gisela und Rudolf so lange in der Obhut ihrer labilen Mutter zu lassen. Diesmal aber stieß sie bei ihrem Sohn auf taube Ohren, Franz Joseph war bereit, seiner Frau jeden Wunsch zu erfüllen. Sie hätte es in Händen gehabt, noch ganz andere Dinge durchzusetzen, wenn sie nur gewollt hätte!
Am 3. November 1861 trafen die Kaiserkinder in Venedig ein. Es war nicht ganz ungefährlich, ausgerechnet die Lagunenstadt als vorübergehendes Domizil auszuwählen, zu österreichfeindlich zeigten sich bereits weite Teile der Bevölkerung. Man lehnte den Kaiser in Wien ab, denn wie die Lombardei wollte auch Venedig aus dem Habsburgerreich ausbrechen. Man suchte die Freiheit – und die versprach Garibaldi!
Die Kaiserin hatte sich wahrscheinlich zuwenig oder gar nicht mit der politischen Situation auseinandergesetzt, sie hatte sich spontan für die berühmte Lagunenstadt entschieden und merkte erst nach einigen Tagen, daß sie sich eigentlich hier nicht besonders wohlfühlen konnte, obwohl sie ihren ganzen Charme aufbot, um die Venetianer für sich einzunehmen. Aber die Damen und Herren der ersten Gesellschaft zeigten der schönen Kaiserin die kalte Schulter, und Sisi zog sich abermals in ihr Schneckenhaus zurück.
Es war nicht das vertraute romantische Venedig, das die Kaiserin in den nächsten Monaten zu Gesicht bekam. Tagelang lag dichter Nebel über der Stadt und den Kanälen und hüllte alles in einen eintönig grauen Mantel. Jetzt in den Wintermonaten herrschte kein fröhlich turbulentes Treiben auf dem Markusplatz, kein Gondoliere sang, die Gondeln lagen verlassen und abgedeckt an den Rändern der Kanäle. Eisiger Wind pfiff von Norden her und drang selbst durch die dicken Pelze, in die sich die Kaiserin hüllte.
Es war nicht nur der Sturm, der sie erschauern ließ und an ihrer Stimmung rüttelte. Sie hatte mit Schrecken festgestellt, daß ihre Beine immer dicker wurden und auch ihr Gesicht recht füllig geworden war. Und je dicker sie sich fühlte, desto weniger aß sie und bemerkte nicht, daß es wahrscheinlich Wasser war, das sich in den Geweben ansammelte – eine Folge des extremen Fastens, dem sich die Kaiserin unterzog. Sie brachte es fertig, die italienischen Köstlichkeiten kaum zu probieren und die delikaten Weine abzulehnen. Dafür begnügte sie sich mit ein oder zwei Orangen

am Tag und einigen Gläsern Milch. Sisi war schon in jungen Jahren beinahe unfähig, das Leben in seiner ganzen Vielfalt zu genießen. Sie gefiel sich darin, die Märtyrerin zu spielen und mit Leichenbittermiene auch den anderen Menschen in ihrer Umgebung das Leben verdrießlich erscheinen zu lassen.

In Venedig verfiel die Kaiserin trotz der Anwesenheit der Kinder in ihre altgewohnte Lethargie. Nur durch ein neues, merkwürdiges Hobby fand sie etwas Ablenkung: Sie begann Bilder schöner Frauen zu sammeln und beauftragte alle möglichen Leute, ihr selbst von Haremsdamen Konterfeis zu schicken, was natürlich nicht nur auf Erstaunen, sondern auch auf erhebliche Schwierigkeiten stieß. Überrascht erfuhr der Kaiser, mit welchen Sinnlosigkeiten seine Frau sich die Zeit vertrieb!

ENDLICH EIN ERBE FÜR THURN UND TAXIS!

Während Sisi in Venedig nicht so recht wußte, womit sie eigentlich die Zeit totschlagen sollte, begann für Nené der Alltag in Regensburg. Sie empfing wie gewohnt die Jagdgäste ihres Mannes, prüfte Bittgesuche, die man vertrauensvoll an sie gerichtet hatte und kümmerte sich um die Armen der Stadt. Am 4. Dezember 1861 erregte eine besondere Zeitungsmeldung die Aufmerksamkeit der Regensburger: Die Erbprinzessin erwartete wieder ein Kind. Hatte man schon von einer Entfremdung der beiden Ehegatten gemunkelt, da Helene sich so lange von der Familie entfernt hatte, so war man über diese Neuigkeit hocherfreut. Alle Gerüchte schienen wirklich nur eine unbegründete Vermutung gewesen zu sein! Hoffentlich stellte sich diesmal der heißersehnte männliche Erbe ein!

Kaum hatte Ludovika von der neuerlichen Schwangerschaft ihrer Tochter erfahren, als sie unverzüglich nach Regensburg aufbrach. Ihre Töchter hielten sie wirklich in Atem. Kaum hatte sie die eine besucht und beruhigt, wurde sie schon von der anderen gebraucht. Man hatte in der Stadt an der Donau gerade alle Sonnwendfeuer angezündet, als die freudige Nachricht aus dem Schloß kam: Erbprinzessin Helene hatte den ersehnten Sohn geboren! Welch ein Geschenk für das Haus Thurn und Taxis, welch ein Glück für Regensburg! Dem Kind wurde in einer feierlichen Taufe der Name Maximilian Maria Lamoral gegeben, und alle guten Wünsche begleiteten den kleinen Erdenbürger. Alle Voraussetzungen für eine glückliche Entwicklung waren geschaffen, und niemand konnte damals ahnen, daß alles einmal ganz anders als erhofft kommen sollte.

Für Nené waren die ersten Wochen nach der Geburt des Erbprinzen keineswegs leicht gewesen. Sie war von der Entbindung geschwächt und brauchte geraume Zeit, um wieder zu Kräften zu kommen. Als man sich in Passau am 8. September 1862 traf, war sie allerdings so weit wiederhergestellt, um mit ihren Schwestern Marie Sophie und Mathilde sowie der Mutter die Ankunft Kaise-

rin Elisabeths zu erwarten, die sich auf der Durchreise befand. Man wußte, daß Sisi vorhatte, nur für wenige Stunden in Passau zu weilen, wollte es aber nicht versäumen, die Schwester auf bayerischem Boden herzlichst zu begrüßen.
Es war immer wieder bemerkenswert, wie eng die Schwestern zusammenhielten, obwohl sie das Schicksal in alle Winde zerstreut hatte. Possenhofen war und blieb die Schaltstelle im Leben der Geschwister. Wenn man nicht aus noch ein wußte, wenn man von Kummer bedrückt war, aber auch, wenn es etwas zu feiern gab, alles spielte sich in dem romantischen Schloß am Starnberger See ab. Und selbst die Kinder fanden gerne den Weg zu Ludovika, der Großmutter, der sie stets herzlich zugetan waren.
Auch Nené liebte weiterhin ihr „Possi" über alles und versäumte keine Gelegenheit, nach Hause zu fahren, vor allem, wenn ihr Mann eine Einladung vom Kaiser zur Jagd erhalten hatte. Franz Joseph – ein begeisterter Briefeschreiber – scheute weder Zeit noch Mühe, dem Schwager alle Einzelheiten über Hirsche und Gemsen, aber auch über Jagderfolge oder Mißerfolge mitzuteilen. So schrieb er an Maximilian Anton im August folgende Zeilen:
„Lieber Max, ich zeige Dir an, daß ich, wenn nicht politische Ereignisse störend dazwischen treten, innerhalb dem 28. d. M. und dem 4. September durch 4–5 Tage in Eisenerz jagen will. Ich wäre sehr erfreut, wenn Du kommen könntest, um diese Zeit mit mir zuzubringen. Es werden einige größere Gemsjagden und einige Hochwild Triebe mit Hunden abgehalten werden. Ich bitte Dich, mich bald in Kenntnis zu setzen, ob Du kommst; ich würde Dir dann den genauen Tag meiner Abreise, sobald ich ihn festgesetzt habe, telegraphisch bekannt geben, damit Du, was das bequemste wäre, hierher kommst, um mit mir nach Eisenerz zu fahren, oder direkt dahin über Stadt Steyer reisest. Für die Ischler Jagden, die ich in den letzten Tagen September zu beginnen gedenke, rechne ich auch mit Gewißheit auf Deine Gegenwart. Mit der Bitte, Helene herzlichst von mir zu grüßen, bleibe ich Dein treuer Schwager Franz Joseph"
Für den Kaiser bedeuteten die Jagden die einzigen Abwechslungen in seinem großen Arbeitsprogramm. Sie brachten ihm nicht nur Entspannung, sondern auch Geselligkeit. Maximilian Anton

war stets ein gerngesehener Gast, dies geht aus den verschiedenen Einladungen hervor, die immer wieder in Regensburg eintrafen. Mußte der Erbprinz wegen anderweitiger Verpflichtungen seine Teilnahme absagen, schrieb ihm der Kaiser höchstpersönlich lange Briefe – meist im Morgengrauen, bevor er sein Tagwerk begann. Er berichtete, wieviele Hirsche er gesichtet hatte, warum er den einen oder anderen nicht erlegen konnte, wohin sich seiner Meinung nach ein angeschossenes Reh geflüchtet hatte, wie die Schneeverhältnisse in den Bergen rund um Ischl waren und welche Kapriolen das Wetter gerade schlug. Es schien, als wäre Franz Joseph von Beruf Jäger, keinesfalls jedoch ein Herrscher über so viele und so verschiedene Völker in Europa.

Kein Wort stand in den Briefen über seine Frau oder über seine Kinder, ob es Sisi gut ging oder ob sie wieder die Absicht hatte, auf Reisen zu gehen. Vielleicht hätte Franz Joseph gut daran getan, weniger oft in den Bergen um Ischl den Gemsen nachzusteigen, sondern diese Zeit als „Privatmann" mit seiner Frau zu verbringen. Auf den ausgedehnten Spaziergängen zu zweit hätte es viel zu besprechen gegeben, man hätte über Dinge ausführlich reden können, hätte die Probleme, die zwischen ihnen standen, beim Namen nennen können, so daß sich die beiden Menschen im Laufe der Zeit wirklich nähergekommen wären.

Aber beide fanden keinen Weg zueinander.

Und während sich Sisi nach der langen Zeit ihrer Abwesenheit allmählich wieder an ein regelmäßiges Leben in der Hofburg in Wien gewöhnte, konnten ihre Schwester Nené und der Erbprinz in Regensburg ein eigenes Palais beziehen – die Belohnung für den lange ersehnten Stammhalter. Unmittelbar nach dessen Geburt hatte der Fürst von Thurn und Taxis am Oberen Jakobsplatz den ehemaligen Prüfeninger Hof, ein mächtiges vierflügeliges Barockgebäude, erworben und kostbar ausstatten lassen. Dieses repräsentative Bauwerk, das sich zwischen der klassizistischen Residenz des Regierungspräsidenten und dem Stadttheater befand, wurde als sogenanntes „Erbprinzenpalais" eingerichtet.
Der Erbprinz hatte ohnehin schon lange den Plan gehabt, seinen Wohnsitz ganz in die alte Donaustadt zu verlegen, würde doch irgendwann die Zeit kommen, da er sich ernsthaft Gedanken um die Zukunft machen mußte. Freilich war sein Vater noch unglaublich rüstig und führte die Geschicke des Hauses mit sicherer Hand, aber in nicht mehr allzu ferner Zukunft würde er, Maximilian Anton, der regierende Fürst von Thurn und Taxis sein und sich mit den immer drückender werdenden politischen Problemen beschäftigen müssen. Viele Posten waren ohnedies schon verlorengegangen, und es war nicht zu übersehen, daß der preußische Kanzler Otto von Bismarck lüstern über die Grenzen nach Bayern spähte. Die Taxissche Post war ihm seit langem ein Dorn im Auge, den es zu entfernen galt. Frühzeitig mußte Maximilian Anton lernen, mit diesem gewieften Politiker umzugehen! Am besten schien es ihm daher, in direkter täglicher Verbindung zu seinem Vater zu stehen, der ihm auch alle Hintertüren zeigen sollte, die Bismarck zu öffnen gedachte.
Daß es nicht leicht war, Menschen zu durchschauen, erkannte das Erbprinzenpaar bei einer ganz anderen Gelegenheit. Man hatte erfahren, daß der berühmte Magier Masse, der sich Professor der Magie nannte, gerade in der Gegend war und durch seine Kunst die Menschen faszinierte. Maximilian Anton schickte eine Einla-

dung an ihn, und der „Professor“ war auch bereit, vor dem Erbprinzenpaar aufzutreten. Und es hatte sich wahrlich gelohnt, diesen Mann zu sich zu bitten: Seine Kunststücke übertrafen alles, was man bisher gesehen und sich vorgestellt hatte. Er übermittelte die perfekte Illusion, und keiner konnte sich vorstellen, daß ein Mensch derlei Zaubertricks überhaupt erfinden und durchführen konnte. Ohne Requisiten, ohne Tricks und doppelten Boden begeisterte er die illustren Gäste, die Maximilian und Nené zu dieser Vorstellung ins Schloß geladen hatten.

Es war ein gelungener Einstieg in Regensburg, und beide, Nené und Maximilian, waren, als sie am 24. Januar 1863 endgültig ihren Wohnsitz in der Stadt an der Donau nahmen, froh und glücklich, in dem wunderschönen Erbprinzenpalais endlich ein richtiges Zuhause zu haben.

Tausende waren gekommen, um die junge Familie in ihrer neuen Heimat mit einer „Serenade“ zu begrüßen, und die Honoratioren der Bürgerschaft hatten es sich nicht nehmen lassen, eine Abordnung zu entsenden, die Lobpreisungen zum besten gab und Festgrüße der Stadtväter übermittelte. Verschiedene Gesangsvereine der Stadt hatten schon Wochen vorher begonnen, Begrüßungslieder einzustudieren, um sie dann an Ort und Stelle vielstimmig vortragen zu können. Die Krönung des Willkommensfestes allerdings war das feenhafte bengalische Feuer, das die zweitausendjährige Stadt in ein Wintermärchen verwandelte. Vom Balkon ihrer Residenz aus beobachteten Nené und Maximilian die dargebotenen Huldigungen und waren glücklich, im „eigenen Hause“ so freudig begrüßt zu werden.

Hier konnte sich Nené mit den Kindern auch wirklich wohlfühlen, denn das Palais war prachtvoll möbliert worden. Nené war mit ihrem sicheren Geschmack und ihrem Sinn für Stil auf offene Ohren gestoßen, und man hatte die schönsten Möbel und Teppiche, die man auftreiben konnte, hierher gebracht, um ein wahrhaft komfortables Zuhause für die junge Erbprinzenfamilie zu schaffen. Sie wollte der Schwester nicht nachstehen, im Gegenteil: Der Reichtum der Thurn und Taxis ermöglichte Helene einen größeren Luxus, als ihn Sisi am Kaiserhof in Wien kennengelernt hatte. Denn die kaiserlichen Schlösser waren keineswegs mit modernem Komfort ausgestattet, sie besaßen normalerweise weder ein Badezimmer noch Toiletten. Die Leibstühle der Mächtigen wurden wie vor hundert Jahren tagaus tagein an den Besuchern vorbeigetragen, obwohl es zu dieser Zeit schon die sogenannten englischen Wasserclosets gab. Aber Kaiser Franz Joseph war uninteressiert an diesen Neuerungen, er hatte sich schließlich um wichtigere Dinge zu kümmern als um privateste Hygiene. Nur Sisi setzte für sich da und dort, wo sie auf ihren Reisen Station machte, eine Gummibadewanne durch, die allerdings auch nur ganz selten in einem eigenen Raum stand. Dabei hätte der Kaiser alle Möglichkeiten gehabt, alles modernisieren zu lassen, denn wer sollte sich schon teure Dinge leisten können, wenn nicht er? Aber Franz Joseph war ein Leben lang ein bescheidener Mann geblieben, der nicht nur in einem eisernen Bett schlief, sondern selbst zerrissene Unterhemden trug. Dies schrieb jedenfalls seine langjährige Geliebte Anna Nahowsky in ihren Memoiren nieder, in denen sie ihr Verhältnis mit dem Kaiser von Österreich und König von Ungarn schilderte.

Nené hingegen wünschte in einem möglichst komfortablen Palais zu wohnen, und alles, was gut und teuer war, wurde zu diesem Zweck für das Erbprinzenpaar angeschafft. Es war ein repräsentatives Domizil, voller Geschmack und Harmonie, hier konnte man sich wirklich wohlfühlen, das empfand jeder Gast, der sich hier einfand.

Die Kaiserin von Österreich allerdings betrat nur selten diese Räume, obwohl sie des öfteren auf der Durchreise durch Regensburg mit Nené zusammentraf. Aber Sisi hatte es ein Leben lang eilig, wenn sie auch wochenlang vor Langeweile kaum etwas anzufangen wußte. Schon in dieser Zeit erschien sie Nené wie eine Getriebene, die es nirgends lang hielt, die immer weitermußte, obwohl sie nicht wußte, wohin.

Wenn Sisi in Regensburg eintraf, verließ sie kaum das Abteil des kaiserlichen Salonwagens, und Nené begrüßte sie entweder vom Bahnsteig aus oder, wenn ein etwas längerer Aufenthalt notwendig war, etwa weil die Lok gewechselt werden mußte, dann stieg Nené in den Zug. Es blieben den beiden Schwestern meist nur wenige Minuten, um einander zu begrüßen, in aller Kürze irgendwelche belanglosen Dinge zu sprechen, die das Wohlbefinden betrafen, dann nahm man wieder Abschied voneinander, der Zug mit den kaiserlichen Salonwagen setzte sich langsam in Bewegung, und Nené winkte der Schwester nach, bis auch der letzte Waggon in der Ferne entschwunden war.

Nené hatte sich mit ihrer kleinen Familie in Regensburg schnell eingelebt, und man entschloß sich im Herbst 1864 – für alle überraschend –, auch den Winter in der Stadt an der Donau zu verbringen. Dies war umso erstaunlicher, weil Nené vor allem die dicken Donaunebel im Herbst für ihre Kinder fürchtete. Denn schon bald hatte es sich gezeigt, daß die kleine Elisabeth und auch der künftige Erbe Maximilian Maria keine besonders stabile Gesundheit besaßen. Sie wurden manchmal beinahe aus heiterem Himmel von irgendeiner Krankheit geradezu angefallen, husteten und niesten wochenlang, und es dauerte lange, bis sie sich ganz erholten. Vielleicht hätte ihnen ein längerer Aufenthalt im Süden, mit gleichmäßig trockenem Wetter und viel Sonne gutgetan, vielleicht wären die späteren Katastrophen für Nené in diesen Jahren noch zu vermeiden gewesen – hätte man in die Zukunft schauen können! Wahrscheinlich hätte dann Nené vieles ganz anders gemacht!

Der Winter zeigte sich für Nené und Maximilian trotz seiner eisigen Kälte auch von einer angenehmen Seite: Ein Fest folgte auf das andere, die Stadt schien voller Fröhlichkeit und guter Laune, so daß man es nicht bereute, in Regensburg geblieben zu sein. Außerdem kündigte sich bereits im Januar 1865 ein besonders freudiges Familienereignis an: Karl Theodor, der Bruder Sisis und Nenés, der sich nicht für die Militärlaufbahn entschieden, sondern in München Medizin studiert hatte, wollte im Februar 1865 die Tochter des Königs von Sachsen, Marie, ehelichen. Und alle Geschwister waren zu dem großen Fest nach Dresden eingeladen. Selbst Sisi hatte ihre Teilnahme an den Hochzeitsfeierlichkeiten zugesagt. Sie würde von Wien aus über Prag reisen, war auf eine Anfrage Nenés nach Regensburg gemeldet worden. Nené und ihr Gemahl zögerten nicht lange, sie hatten die Absicht, ebenfalls vorher nach Prag zu reisen, um dort Sisi zu treffen. Es würde sicherlich nett sein, mit der Schwester einmal ein paar ungestörte

Stunden verbringen zu können. Denn eines sah Nené klar vor Augen, bei der Riesenhochzeit, die in Dresden geplant war, würden beide Schwestern wenig Gelegenheit haben, persönliche Kontakte zu pflegen.

So wie es sich Nené und wohl auch Sisi gewünscht hatten, geschah es dann auch wirklich. Die beiden Schwestern trafen einander beinahe inkognito, streiften unerkannt durch die Goldene Stadt und genossen es, einmal nur Menschen sein zu können, ohne großen Hofstaat und ohne eine lange Kette von Bediensteten.

Ganz offiziell allerdings fuhr man dann weiter nach Dresden und war bei den Hochzeitsfeierlichkeiten wieder ganz in Amt und Würden. Außer Sisi und Nené war noch eine jüngere Schwester des Bräutigams, die unvermählte Sophie, eingetroffen, für die Ludovika eben erst begonnen hatte nach einem passenden Mann Ausschau zu halten. Eine Hochzeit war immer eine gute Gelegenheit, den europäischen Heiratsmarkt zu sondieren, denn die jungen heiratsfähigen Prinzen und Prinzessinnen gaben sich hier gerne ein Stelldichein. So war auch der habsburgische Erzherzog Ludwig Viktor in Dresden ein gerngesehener Gast, der jetzt von Ludovika genau unter die Lupe genommen wurde. Er wirkte zwar etwas kindisch und schien für eine ernsthafte Sache kaum zu begeistern zu sein, so fand es zumindest die Herzogin in Bayern, aber immerhin war er der Bruder des Kaisers, warum sollte er also nicht als Mann für ihre Sophie in Betracht kommen?

Ludwig Viktor zeigte aber, und das stellte Ludovika einigermaßen besorgt fest, wenig Interesse an ihrer schönen Tochter. Warum dies so war, konnte sie sich eigentlich nicht erklären, denn Sophie fand bei der Männerwelt durchaus Anklang und hatte eine Schar von Verehrern, die allerdings in den Augen der ehrgeizigen Mutter nicht die richtigen waren. Der Kaiserbruder wäre da schon etwas anderes gewesen!

Sosehr sich Ludovika auch bemühte, die beiden jungen Leute einander näher zu bringen, so wenig gelang ihr dies. Im Gegenteil, je mehr „zufällige Gelegenheiten“ des Beisammenseins sie arrangierte, umso weniger Notiz nahm der Erzherzog von ihrer Tochter, ja, er begann sogar, bissige Bemerkungen und höhnische Kommentare über Mutter und Tochter abzugeben. Als Sisi die ganze Angelegenheit bemerkte, warnte sie die Mutter vor dem „Tratschmaul“ Ludwig Viktor. Der Erzherzog war nicht nur für seine spitze Zunge im Familienkreis bekannt, man munkelte auch von einer homoerotischen Neigung des jungen Mannes. Dieser Hinweis erklärte Ludovika natürlich vieles. Und noch ehe er so richtig begonnen hatte, war Ludwig Viktor als Heiratskandidat für sie ein für allemal erledigt. Sie würde nach einem anderen für Sophie Ausschau halten müssen. Daß sie dabei wieder an einen Mann geraten sollte, der an Frauen kein Interesse zeigte, war ein seltsames Schicksal!

Die Kaiserin von Österreich führte die Braut ihres Bruders in Dresden persönlich zum Altar. Sie tat dies, um nicht nur ihrer zukünftigen Schwägerin zu zeigen, daß sie in der Familie höchst willkommen war, sondern sie setzte dieses Zeichen auch für ihren Bruder, den sie schätzte und liebte. Sollte er wirklich glücklich werden, das wünschte sie ihm aus ganzem Herzen!

Die gemeinsamen Tage in Dresden, beinahe im Kreis der Familie, vergingen wie im Flug, dann hieß es Abschied nehmen und wieder in den Alltag zurückkehren. Man reiste in die verschiedenen Himmelsrichtungen ab, aber nicht, ohne vorher einander das feste Versprechen abzugeben, sich bald wieder – möglichst im geliebten „Possi“ am Starnberger See – zu treffen.

Alle, die sich in Dresden die Hand gereicht hatten, wußten nicht, daß diese Zusammenkunft schon sehr bald stattfinden sollte, denn bereits im März 1865 erkrankte Ludovika schwer. Voll Sorge eilten die Töchter an das Krankenbett der Mutter. Es war etwas ausgesprochen Ungewöhnliches, daß diesmal die Mutter, die immer alle tröstete, die dann zur Stelle war, wenn irgendeine Tochter von körperlichem und seelischem Ungemach geplagt worden war, jetzt selbst krank und schwach in den Kissen lag. Man wußte nicht, wie sich alles weiter entwickeln würde, denn die herbeigerufenen Ärzte machten sorgenvolle Gesichter und hüllten sich weitgehend in Schweigen. Der Ehemann Herzog Max, der im Laufe der Jahre immer wunderlicher geworden war, nahm die ganze Angelegenheit nicht weiter tragisch, sie würde sich schon wieder aufrappeln, dessen war er sich sicher. So schnell stirbt niemand, so meinte er, zumindest nicht innerhalb der Familie!
Dabei hatte erst ein Jahr zuvor – im März 1864 – König Maximilian II. ganz plötzlich die Augen für immer geschlossen. Was niemand für möglich gehalten hatte, war eingetreten: Der König war von einer kleinen Übelkeit befallen worden, die er nicht allzu ernst nahm. Dann stellte sich ganz plötzlich Fieber und große Mattigkeit ein, die ihn zwang, das Bett zu hüten. Und nach einer Woche war er tot, ohne seinen achtzehnjährigen Sohn, den künftigen König Ludwig II., nur einigermaßen auf die Staatsgeschäfte vorbereitet zu haben.
In Possenhofen war man mehr als bestürzt über den Tod des Vetters gewesen. Wenn der König auch bisweilen der Verwandtschaft gegenüber eine gewisse Strenge gezeigt hatte, so hatte man doch immer ein gutes Einvernehmen mit ihm gehabt, obwohl er ein nicht recht zugänglicher Mensch gewesen war. Seine Frau hingegen, die preußische Marie, entsprach viel eher der bayerischen Mentalität. Marie hatte an der Seite ihres königlichen Gemahls eine äußerst glückliche Ehe geführt. Mit ihrem ausgeglichenen Wesen hatte sie es stets meisterlich verstanden, dem überaktiven

Mann etwas Ruhe zu geben und ihn für die schönen Dinge des Lebens, vor allem für die Natur, zu begeistern. Sie selbst war eine passionierte Bergsteigerin, die in kurzem Lodenrock so manchen Gipfel in den bayerischen Alpen bestieg. Die Familie besaß ein kleines Schloß auf der Roseninsel im Starnberger See, wo man sich mit den Possenhofenern gerne und oft traf. Vor allem die Kinder liebten den Kontakt, und der junge Ludwig warf dort schwärmerische Blicke auf seine etwas ältere Cousine Sisi. Die Kinder schwammen gemeinsam im See, oder man traf sich per Boot auf dem Wasser, um dann ein gemeinsames Ziel anzusteuern.
Der Tod von König Maximilian II. war für alle völlig überraschend gekommen, und man ahnte, daß sich innerhalb kürzester Zeit so manches ändern würde. Deshalb war man auch um Ludovika beinahe übertrieben besorgt, obwohl die „Familienmutter“ bis jetzt eine ungewöhnlich stabile Gesundheit bewiesen hatte. Zur Freude und Beruhigung aller erholte sie sich auch jetzt überraschend schnell, so daß vor allem Sisi keinen Grund mehr hatte, länger in Possenhofen und München zu bleiben. Sie hatte sich die Zeit in der bayerischen Heimat mit langen Ausritten vertrieben, war zum Entsetzen ihrer Hofdamen manchmal, ohne ein Wort zu sagen, in Possenhofen aufgebrochen, um zu Fuß nach München zu marschieren, keineswegs langsam, sondern mit ungewöhnlich zügigem Schritt, ganz, wie sie es gewohnt war, ihre meist ohnehin langen Spaziergänge zu unternehmen. Dabei erweckte sie nicht den Eindruck einer schwächlichen, kranken Frau, im Gegenteil: Die Hofdamen, die – wie es der Mode der Zeit entsprach – eng ins Korsett geschnürt waren, machten auf derlei Eilmärschen nach einigen Kilometern schlapp, und nicht nur einmal passierte es, daß die eine oder andere ohnmächtig zusammenbrach. Es war wahrlich kein leichtes Leben, als Hofdame an der Seite der sportlichen Kaiserin die Tage verbringen zu müssen!
Die Wiener Lakaien und Bediensteten, die an ein reglementiertes, auf die Minute genaues Tagesprogramm gewöhnt waren, vermißten das steife Zeremoniell und konnten sich an die lockere Atmosphäre, in der jeder mit jedem sprach, einfach nicht gewöhnen. Sie fanden: Hier herrschte keine Achtung, hier war alles beinahe proletarisch!

Während Sisi am See entlanggaloppierte, meist allein, aber manchmal von ihrem Schwager Maximilian Anton begleitet, entdeckte Nené für sich eine andere Vorliebe: Sie begann sich plötzlich für Pferderennen zu interessieren. Vielleicht war sie auch durch ihren Mann beeinflußt worden, der von heute auf morgen beschloß, den Pferderennsport in Regensburg zu fördern. Nené verhielt sich zwar anfangs etwas zurückhaltend, wenn es darum ging, den Rennsportverein mit verschiedenen Geldern zu unterstützen, denn in erster Linie hatte sie immer noch andere Vereine vor Augen, die ihrer Hilfe bedurften. Vor allem die von ihr selbst ins Leben gerufenen Institutionen benötigten ihre tatkräftige Unterstützung, wie zum Beispiel das 1865 gegründete Lehrer- und Waiseninstitut.

Das Leben in Regensburg hätte für die Familie ohne Sorgen sein können, hätte sich nicht über der politischen Bühne ein Gewitter zusammengebraut, das nichts Gutes verhieß. Lange schon hatte es zwischen dem preußischen König und dem österreichischen Kaiser Konflikte gegeben, die aber zunächst nur auf dem diplomatischen Parkett ausgetragen wurden. Man verstand einander nicht so recht, allerdings nicht nur die Art der Sprache war es, die völlig kontrovers war.

Nachdem König Friedrich Wilhelm IV. in Berlin gestorben war, hatte sich sein Bruder und Nachfolger Wilhelm I. große und ehrgeizige Ziele gesetzt. Warum, so fragte er seine Minister, war es immer noch nötig, daß Österreich den Vorsitz im Deutschen Bund – wenn auch nur noch formell – innehatte? Schließlich waren Deutschland und die Donaumonarchie zwei Staaten, die man endlich und endgültig trennen sollte. Nicht nur Wilhelm I. war von diesem Gedanken beseelt, vor allem sein engster Berater und Kanzler Fürst Otto von Bismarck. Dieser forderte nicht nur vehement einen Machtwechsel, sondern vor allem den Zusammenschluß aller deutschen Staaten unter der Führung Preußens. Nur ein einiges Deutschland konnte seiner Meinung nach Ansehen und Stimme in der Welt haben.

Nach einem ersten – wie es zunächst schien – harmlosen Konflikt um die beiden winzigen Länder Schleswig und Holstein bahnte sich der sogenannte „deutsche Bruderkrieg“ von 1866 an, in dem

schließlich Kaiser Franz Joseph nach der verlorenen Schlacht bei Königgrätz in eine beinahe verzweifelte Situation kam: Bismarck und König Wilhelm I. hatten ihr Quartier nur wenige Kilometer vor Wien in Nikolsburg aufgeschlagen. In ein paar Stunden hätte das preußische Heer vor den Toren Wiens stehen können. Vergeblich hoffte Franz Joseph auf die Unterstützung der bayerischen Truppen. Aber der Märchenkönig Ludwig II. träumte lieber in seinem Schloß Berg auf der Roseninsel von Lohengrin und Elsa, und seine Armee wurde von den Preußen an allen Fronten zurückgedrängt.
Auch in Regensburg war man über den Vormarsch der Preußen entsetzt, konnte sich aber trotzdem nicht entschließen, für die Österreicher Partei zu ergreifen. Vielleicht war Maximilian Karl erleichtert, daß sich Ludwig II. so zögerlich verhielt. Wer wußte schon, was die Zukunft bringen würde? Es konnte doch leicht sein, daß Wilhelm I. seinen Siegeszug fortsetzte, und dann war es doch wesentlich diplomatischer, sich nicht gegen ihn gestellt zu haben! Allerdings kam der Erbprinz der Bitte des bayerischen Königs nach, die Verwundeten zu besuchen.
Franz Joseph hatte in dieser für ihn so schrecklichen Situation nur einen Menschen, der ihm mit Rat und auch Tat zur Seite stand. Seine Frau Elisabeth! Was niemand für möglich gehalten hatte, war eingetreten! Die Kaiserin versuchte alles, um ihren Mann aufzubauen, ihm Trost zuzusprechen und Auswege aus der verzweifelten Lage zu finden. Sisi hatte eine wahrlich seltsame Natur: Wenn alles seinen Weg ging, wenn die Welt in Ordnung schien, dann zeigte sie sich allem und jedem gegenüber desinteressiert und lethargisch. Aber kaum hatte sich etwas geändert, kaum war Not am Mann oder an der Frau, da schien es, als würde sie plötzlich aufwachen, als würden ihr die Schuppen von den Augen fallen, und sie war hellwach. Ohne aufgefordert zu werden, handelte sie spontan und meistens richtig.
So auch 1866! Sie hatte seit einiger Zeit begonnen, während ihres langen täglichen Frisierzeremoniells Ungarisch zu lernen. Durch Zufall – wie sie glaubte – war ihr eine junge Ungarin zugeführt worden, Ida von Ferenczy, die Sisi spontan als Hofdame engagierte. Endlich hatte sie sich bei ihrem Mann durchgesetzt, ihre

eigenen Leute selbst aussuchen zu können. Und diese kleine Ungarin war ihr von der ersten Minute an ungewöhnlich sympathisch gewesen. Daß hinter dieser Begegnung die beiden ungarischen Vollblutpolitiker Deak und Andrassy gestanden hatten, die Ida auswählten, um die Kaiserin für die ungarische Sache zu gewinnen, das erfuhr die Kaiserin, wenn überhaupt, erst sehr viel später.

Elisabeth hörte sich in langen Gesprächen an, was die Ungarn in den letzten Jahren für ein Schicksal hatten erleiden müssen, das vielfach auf den Einfluß der Mutter des Kaisers, auf Erzherzogin Sophie, zurückzuführen gewesen war. Und das war natürlich Wasser auf die Mühlen Sisis. Sie verfiel geradezu in eine Euphorie, den Ungarn, diesem tapferen Volk, helfen zu wollen. Und als die Ungarn der schönen Kaiserin noch voll Begeisterung huldigten und die Eljen-Rufe noch lange in ihren Ohren klangen, da gab es für Sisi nur eine Überlegung: Franz Joseph mußte sich jetzt, in dieser aussichtslos scheinenden Lage nach der Schlacht bei Königgrätz, an die Ungarn um Hilfe wenden, sie würden gewiß dem Kaiser keine Abfuhr erteilen. Natürlich würde ihre Hilfe den Kaiser gewaltige Konzessionen kosten, aber warum sollte man die Ungarn nicht durch die Gewährung bestimmter Sonderrechte versöhnlich stimmen?

Elisabeth stellte ihre Argumente dem Kaiser sehr drastisch vor Augen und führte als Hauptbeweggrund an, daß die Zukunft nicht nur für Franz Joseph und sie auf dem Spiele stünde, sondern auch die Zukunft des Kronprinzen, ihres Sohnes Rudolf. Vielleicht war dies das entscheidende Argument, das den Kaiser überzeugte. Allerdings entspannte sich die Lage in Wien zusehends, da Bismarck dem preußischen König geraten hatte, den Krieg nicht bis zum äußersten zu treiben und sich mit der Niederlage der Österreicher auf dem Schlachtfeld zufriedenzugeben, eine Schlappe, die vor allem durch die veralteten Waffen der Österreicher hervorgerufen worden war. König Wilhelm I. fiel die Entscheidung, nicht als Sieger in Wien einzuziehen und seine Macht zu demonstrieren, sichtlich schwer, aber die Argumente seines Kanzlers waren einleuchtend: Wie leicht konnte aus einem solchen Triumphzug eine Revolution in Österreich entstehen, die dann grenzüberschreitend auch seine Gebiete erfassen konnte! Das Schreckgespenst der Französischen Revolution zeigte sich immer noch dann und wann am Horizont. Junge Hitzköpfe gab es auch jetzt noch, die überall in Europa eine andere Staatsform lieber gesehen hätten als die Monarchie! Aber selbst, als der Friede mit den Preußen endlich unter Dach und Fach war, blieb die ungarische Angelegenheit nicht mehr in der Schublade liegen. Jetzt galt es für den Kaiser zu handeln, wollte er nicht überall seinen Kredit verspielen.

Für Kaiser Franz Joseph und seine Gemahlin wurde das Jahr 1867 zu einem Jahr der Harmonie und des persönlichen Triumphes, denn der Ausgleich mit den Magyaren wurde in Budapest viel besungen und bejubelt. Als Graf Gyula Andrassy, der seinerzeit von Franz Joseph zum Tode verurteilt worden war, dem Kaiser von Österreich die alte ungarische Königskrone aufs Haupt setzte, hatte das Fest seinen eigentlichen Höhepunkt noch nicht erreicht. Erst als der schöne Graf und ungarische Ministerpräsident die Kaiserin krönte, da kannte der Jubel des Volkes keine Grenzen mehr. „Eljen Erszebet!“, das war der Jubelruf, der durch alle Straßen und Gassen der Stadt an der Donau aus Tausenden von Kehlen erscholl, denn sie war es gewesen, die „schöne Vorsehung“, wie Andrassy die Kaiserin bezeichnete, die alles zum Guten geführt hatte! Nur ein einziges Mal hatte sich Sisi für die politischen Probleme interessiert und hatte alles darangesetzt, daß der Kaiser ihre Ideen zum Wohle Ungarns in die Tat umsetzte. Sie hatte Schicksal gespielt, und es war ihr gelungen, daß das ungarische Volk unter allen Völkern der Monarchie eine besondere Stellung erlangte. Sisi war eine begeisterte Königin von Ungarn!

Aber während der zauberhaften jungen Kaiserin das Volk von Budapest zujubelte, läuteten in Regensburg die Totenglocken. Schon seit geraumer Zeit hatte sich Erbprinz Maximilian Anton nicht wohlgefühlt, hatte einen Arzt nach dem anderen konsultiert, ohne aber genauen Bescheid zu bekommen. Dazu kam, daß er von Zeit zu Zeit von einer rätselhaften Atemnot befallen wurde, die sich niemand so recht erklären konnte. Nené sah mit großer Besorgnis auf ihren Mann, besonders, weil sie in den nächsten Wochen ihr viertes Kind erwartete. Ihr Zustand verhinderte

auch, daß sie ihren Mann zu den bekannten Kapazitäten in München begleiten konnte, die aber auch keine eindeutige Diagnose zu stellen vermochten.
Auffallend war auch die äußerliche Veränderung des Erbprinzen. Aus dem einst feschen schlanken Jüngling war ein aufgedunsener und für seine Jahre wesentlich älter aussehender Mann geworden. Alle, die ihn noch von früher kannten, waren geradezu entsetzt, wenn sie Maximilian Anton in diesem Zustand erblickten.
Und trotz der Sorge um den Erbprinzen war die Freude groß, als Nené am 9. Mai 1867 einem zweiten Sohn das Leben schenkte, der auf den Namen Albert getauft wurde. Mutter und Kind waren wohlauf, und alles hoffte, daß auch der Vater in Kürze wieder gesund werden würde.
Doch gegen den Tod ist kein Kraut gewachsen. Nur mehr wenige Wochen waren Maximilian Anton im Kreise seiner Familie vergönnt. Am 13. Juni konsultierte der Erbprinz den weithin bekannten Spezialisten Obermedizinalrat von Pfeufer, der nach einer eingehenden, langwierigen und äußerst schmerzhaften Untersuchung ein schweres Nierenleiden feststellte. Der Erbprinz von Thurn und Taxis hatte fast keine Chancen mehr, die nächsten Monate zu überleben, es sei denn, eine Badekur in Karlsbad, die ihm Dr. Pfeufer empfahl, mit den intensiven Trinkkuren würde seinen Zustand bessern. Aber das ersehnte Wunder blieb aus, Maximilian Anton fühlte sich von Tag zu Tag schlechter, und am 20. Juni beschlossen seine Begleiter, den Erbprinzen nach Hause zu bringen. Seine Stunden schienen gezählt. Man wählte aber nicht den direkten Weg, sondern machte noch einen Abstecher nach Kreuth, um von dort aus nach Regensburg heimzukehren.
Als Nené ihren abgezehrten, todkranken Mann in den Armen hielt und fühlte, daß es für ihn keine Rettung mehr gab, fiel sie in abgrundtiefe Verzweiflung. Maximilian Anton war erst sechsunddreißig Jahre, warum mußte er sie in diesen jungen Jahren allein mit vier kleinen Kindern zurücklassen?
Als der Sterbenskranke in Regensburg aus dem Wagen getragen wurde, hatte sich eine riesige Menschenmenge vor dem Erbprinzenpalais versammelt, man wollte noch einen letzten Blick auf den Mann werfen, der einmal der nächste Fürst von Thurn und

Taxis hätte werden sollen. Was man aber jetzt sah, war ein Mann, der dem Tode nahe war. Völlig apathisch lag er in den Kissen. Das Fieber stieg von Stunde zu Stunde. Die besten Ärzte im weiten Umkreis wurden herbeigerufen, auch ein Münchner Professor wurde telegraphisch konsultiert. Seine Prognose war niederschmetternd: Der Kranke würde höchstens noch vierundzwanzig Stunden zu leben haben. Nachmittags um drei Uhr betrat ein Priester das Erbprinzenpalais, um Maximilian Anton Lamoral die Sterbesakramente zu verabreichen. Wenige Stunden später erklang die Totenglocke und verkündete den tief betroffenen Regensburger Männern und Frauen die Tragödie im Hause des Fürsten von Thurn und Taxis …

Als Sisi in Wien diese schreckliche Nachricht von der Schwester erhielt, war sie tief betroffen, und sie und Franz Joseph beschlossen spontan, nach Regensburg zu fahren, um den Schwager und Jagdgefährten auf seinem letzten Weg zu begleiten. Außerdem fühlte Sisi instinktiv, daß Nené über jedes Wort des Trostes, über jede hilfreiche Geste in ihrem Kummer froh sein würde.

Es war richtig, daß man sich in Wien schnell entschieden hatte, denn die feierliche Aussegnung fand bereits zwei Tage nach dem Ableben des Erbprinzen statt. Man hatte den Verstorbenen noch obduziert, um die wahre Todesursache feststellen zu können, wobei die Mediziner zu dem Schluß gekommen waren, daß der Erbprinz an einer Lungenlähmung gestorben sei, vielleicht eine Folge seines überaus schlechten Allgemeinzustandes.

Nachdem die Pathologen ihre Pflicht absolviert hatten, wurden Spezialisten gerufen, die den Leichnam einbalsamieren sollten, so wie dies im Hause Thurn und Taxis üblich war. Dann erst trug man den Erbprinzen vorbei an seiner weinenden Witwe und den kleinen Kindern hinaus zu dem schwarz verhangenen Leichenwagen, dessen Pferde in der Morgendämmerung – es war gegen vier Uhr früh – schon unruhig scharrten. Vorbei an hunderten Regensburgern fuhr die Kutsche, beinahe im Schritt, denn die Menschen bildeten so ein dichtes Spalier, daß an schnelleres Fahren nicht zu denken war. Die Regensburger Bevölkerung trauerte mit der Familie Thurn und Taxis, vor allem aber mit der jungen Witwe, mit Erbprinzessin Helene, die längst die Herzen aller erobert hatte. Maximilian Anton war sehr beliebt gewesen, denn ohne seine Großzügigkeit hätte seine Frau nicht die Möglichkeit besessen, ihre sozialen Anliegen zu verwirklichen. Man hätte Nené wahrlich ein besseres Schicksal vergönnt.

Als der Leichenwagen bei der Familiengruft ankam, wurde der Tote auf ein Paradebett gelegt, das erhöht mitten im Raume stand. Hunderte von Kerzen brannten in dem mit schwarzem Samt verhangenen Raum, das flackernde Feuer wirkte gespenstisch und unheimlich. Über allem lag der stille ernste Hauch des Todes, trotz der vielen Blumen und Grünpflanzen, die überall in der Kapelle verteilt waren.

Weinend begrüßte Nené am nächsten Tag die Kaiserin von Österreich und ihren Schwager und fuhr mit ihnen hinaus in das Schloß Donaustauf, um mit ihnen allein sein zu können. Aber was nützten ihr alle tröstenden Worte, alle noch so gut gemeinten aufmunternden Sätze. Für sie gab es keinen Trost, sie versank vollkommen in Trauer.

Der bayerische König Ludwig II., der wie so oft unabkömmlich war, schickte als Vertreter seinen Oberstallmeister Graf Maximilian von Holnstein. Dieser überreichte dem tief bedrückten Vater des Toten, dem Fürsten von Thurn und Taxis, ein persönliches Kondolenzschreiben des Königs, das folgende Worte enthielt: „Ich fühle mit Euer Liebden den tiefen und gerechten Schmerz, welche dieselben und die gesamte Taxis'sche Familien empfindet und ermesse sehr wohl, welch eine Fülle von Hoffnungen mit dem theuern Leben des Dahingeschiedenen erloschen ist."

Als die Turmuhr zehn schlug, öffneten sich die Pforten der Gruftkapelle, und man konnte, wenn man am Fuß der breiten Treppe stand, hoch oben in der Mitte auf einem Gerüst den Sarg sehen, auf dem Helm, Schwert und Orden lagen. Maximilian Anton, Träger des Hubertusordens, der höchsten bayerischen Auszeichnung, war in Militäruniform aufgebahrt, auf der Brust die schwere Kette des Goldenen Vlieses. Man hatte ihm die Hände, die ein kleines Kruzifix hielten, über der Brust gefaltet. Unter den Misereregesängen des Chores wurde der Tote langsam in die Familiengruft hinabgelassen. Zurück blieben eine tief betrübte Witwe, vier kleine Kinder und das untröstliche Fürstenpaar. Auch der Kaiser von Österreich war erschüttert über den frühen Tod des Schwagers. Das Regensburger Volk hatte einen leutseligen Erbprinzen verloren, der sicherlich ein guter Fürst von Thurn und Taxis gewesen wäre!

Nené blieb, nachdem die Beisetzungsfeierlichkeiten beendet waren, allein zurück. Sisi und Franz Joseph hatten es eilig, nach Salzburg zu kommen, denn dort erwartete sie das französische Kaiserpaar Napoleon III. und seine schöne Gattin Eugènie, eine Frau, bei der Sisi immer, wenn sie sich irgendwo trafen, das Gefühl hatte, mit ihr konkurrieren zu müssen. So war bekannt geworden, daß sich die beiden hohen Damen in Salzburg ein Zentimetermaß hatten bringen lassen, um ihren Wadenumfang zu messen und so feststellen zu können, wer die schlankeren Beine hatte. Bei der überaus zierlichen Figur der Kaiserin könnte man sich vorstellen, daß Sisi den Sieg davontrug, obwohl die französische Kaiserin wegen ihrer reizvollen Erscheinung in ganz Europa gepriesen wurde. So gertenschlank Sisi in dieser Zeit, in jungen Jahren noch war, so dürr wurde sie später. Selbst der gutmütige Franz Joseph konnte sich ab und zu die Bemerkung nicht verkneifen, daß seine Frau nur aus Haut und Knochen bestehe. In diesen Tagen in Salzburg allerdings war Sisi eine blühende junge Frau, deren Stimmung nur dadurch getrübt wurde, daß sie immerzu an ihre unglückliche Schwester in Regensburg denken mußte.

Nené war in den nächsten Wochen unansprechbar, und ihre Trauer konnte auch nicht durch die kindliche Fröhlichkeit ihrer kleinen Töchter und Söhne, die den Schmerz der Mutter selbstverständlich nicht nachzufühlen vermochten, aufgehellt werden. Wie sollte jetzt alles weitergehen? Viele bange Fragen tauchten auf, auf die auch die Schwiegereltern, die sich sehr um die junge Witwe kümmerten, keine Antwort geben konnten. Sie war noch so jung, sie hatte noch ein ganzes Leben vor sich. Wie würden die Jahre ohne Maximilian Anton öd und leer sein! Noch Monate später, am 14. Februar 1868, schrieb Nené in einem Brief an eine Freundin berührende Worte, aus dem ihre ganze Trauer um den so früh verstorbenen Mann hervorging:

„Seit einer Ewigkeit bin ich Dir Antwort auf Deinen Brief schuldig, worüber Du mit Recht ungehalten sein wirst; wenn Du aber

weißt wie sehr meine Zeit und meine Gedanken in Anspruch genommen sind, würdest Du wohl nachsichtiger urteilen.
Nach Empfang Deines letzten Briefes war ich noch lange in Possi, ging dann zu Allerheiligen hierher und begab mich wieder nach Possi zurück. Seit dem 16. Dez. bin ich aber ganz hier, u. befinde mich besser, als ich fürchtete.
Ich führe ein stilles eintöniges Leben, habe aber so viel zu thun, daß, trotz meiner Herzens-Einsamkeit und Trübseligkeit, die Zeit schnell verfliegt. Es kommt freilich viel Sorge und Verdruß über mich, was allein schwer zu tragen ist; das sind noch die Zugaben, Folgen des Verlaßenseins; aber es geht jetzt alles in dem großen Herzweh auf, mit dem ich ja auf der Welt doch nie mehr froh werden könnte. Wenn ich nur für die Kinder da sein kann, was ich soll; daß ihnen alles Widerwärtige erspart bleibe. – Die Kinder sind jetzt meine einzige Zerstreuung, der einzige Zweck meines Lebens, u. diese Pflicht hat mich wohl allein erhalten, denn sonst wäre ich gewiß Ihm gewiß [sic] bald nachgegangen. So darf ich mich nur auf diesen Moment freuen, wenn meine Aufgabe vollendet ist.
Die Kinder sind wohl u. die beiden Mädchen jetzt mit ihren Studien ziemlich beschäftigt ... Ich habe mir ein paar Zimmer im 2. Stock, mitten in der Kinderwohnung, eingerichtet, da ich es im 1. Stock, wo ich immer mit ihm war, nicht aushalten kann. Es ist alles genau so geblieben, wie zur guten Zeit, u. ich gehe auch täglich durch, aber in die Länge wäre es, vor Seligkeit u. immerwährender Erwartung seines Kommen, nicht zu ertragen. Ich wollte es anfangs erzwingen, fühlte aber, daß ich darüber wahnsinnig werden könnte. – Hier oben bin ich immer gezwungen mit den Menschen zu sein, oder sie wenigstens immer zu hören, so daß ich keine Zeit habe meinen Gedanken nachzuhängen. Der Kleine ist jetzt eine ganz große Freude, da er so nett u. verständig wird u. die Großen sind vernünftige Leute. Bist Du noch immer mit dem Institut für Deine Ella zufrieden? Deinen Buben wirst Du wohl auch bald in ein Institut geben müssen? Ich denke oft mit Schrecken, daß es für die Meinigen, d. h. die Buben, gut sein würde, wenigstens auf einige Jahre. Zum Glück sind sie noch zu klein. Schon der Hofmeister, an den bald gedacht werden muß, ist

mir ein schrecklicher Gedanke! Wirst Du diesen Winter nach München gehen?
Wie Du wohl weißt, bleibt meine Mutter ganz in Possi mit den beiden Geschwistern. Hier ist es übrigens nicht viel anders als auf dem Lande, die reine Luft abgerechnet; dafür sind einige wenige Vortheile. Ich bin aber am liebsten in Regensburg; schon wegen der Gruft, wo ich jeden Morgen die Messe höre und eine Stunde bei ihm kniee, denn es ist dort so hell und heimlich, dann um neun Uhr früh, beginnt eigentlich erst mein Tag."
Im Regensburger Anzeiger erschien nach dem Tode des Erbprinzen folgender Nachruf in Gedichtform:

„Die Ceder, ach! die hehre ist gefallen
So tönt die Klage durch den weiten Wald,
An Pracht und Fülle war sie reich vor allen,
Weh! ihr Geschick erfüllte sich zu bald!
Voll Schmerz drängt sich das Volk zur Bahre,
Es liegt auf ihr ein edler Fürstensohn,
Welch Hoffen fiel auf ihn für künft'ge Jahre –
Ein schöner Bau zerbrach im Werden schon!
Zu früh, zu früh war Tod dein Ruf, so klaget
Der tiefgetroff'nen Seinen Trauerwort;
Nur allzuoft, was hoch und herrlich raget,
Das knicken Stürme, raffen Blitze fort!
Doch was an edlem Gute man besessen,
Sein Segen neu selbst aus dem Grab erblüht,
Was hoher Geist schuf, es bleibt unvergessen,
Es gleicht dem Stern, der unvergänglich glüht!"

Während Nené als trauernde Witwe in Regensburg saß und sich Gedanken über die Zukunft machte, überlegte Ludovika, wie sie es bewerkstelligen sollte, den jungen bayerischen König, der der begehrteste Junggeselle Europas war, als Schwiegersohn in die Possenhofener Familie zu ziehen. Sie hatte noch eine Tochter zu verheiraten, nämlich Sophie, und da schien ihr Ludwig II. genau der richtige zu sein. Er hatte allerdings von jeher nur Augen für Sisi gehabt, die einige Jahre älter war als er. Aber das störte den romantischen Jüngling keineswegs, er betete sie an, und sie war für ihn stets eine Art Traumbild.
Er war ein echter Märchenkönig, der Cousin, das fand nicht nur Ludovika. Ganz Bayern war von seiner schönen schlanken Gestalt, dem edlen Gesicht, dem lockigen, dichten schwarzen Haar, zu dem die strahlend blauen, leicht verträumten Augen einen pikanten Kontrast bildeten, geradezu hingerissen. Was für ein schöner Mann, dieser junge König!
Als er in München mit achtzehn Jahren nach dem überraschenden Tod seines Vaters Maximilian II. die Regierungsgeschäfte übernahm und sich dem Volke präsentierte, da hatten alle den Eindruck, daß ein König aus dem Märchenbuch plötzlich zu Fleisch und Blut geworden war. Die Münchner jubelten ihm auf Schritt und Tritt begeistert zu. Dabei war er alles andere als leutselig, haßte öffentliche Auftritte geradezu und zog sich am liebsten in seine selbstgeschaffene Traumwelt zurück. Eine schwärmerische Freundschaft verband ihn mit Richard Wagner, den er auch des Nachts um sich haben wollte, wenn er traumwandlerisch, als Schwanenritter verkleidet, durch die gespenstisch erleuchteten Gänge der Münchner Residenz, später dann durch seine Schlösser wandelte. Er wollte kein Leben führen wie ein normaler Sterblicher, er suchte nach Mitteln, um die Erdenschwere abzuschütteln, um wie Lohengrin mit dem Schwan zu erscheinen und dann wieder das Weite zu suchen, wenn eine Frau es wagte, die entscheidende Frage an ihn zu stellen.

Ludovika kannte den Cousin von klein auf, denn die bayerische Königsfamilie wohnte so manchen Sommer ganz in der Nähe in Schloß Berg am Starnberger See. Hier stattete man sich des öfteren kurze Besuche ab, und die Kinder, Ludwig hatte noch einen jüngeren Bruder Otto, verabredeten sich zu gemeinsamen Kutschenfahrten oder trafen sich beim Schwimmen im See. Vor allem Sisi verstand sich mit dem träumerischen Ludwig besonders gut. Manchmal saßen sie gemeinsam am Ufer und beobachteten die kleinen Wellen im Wind. Meistens schwiegen sie, und beide fühlten, daß sie einander auch ohne Worte verstanden.
Der schöne junge Märchenkönig ließ aber nicht nur die Herzen der Münchnerinnen höher schlagen, auch Ludovika hatte sich so ihre Gedanken über den unverheirateten Cousin gemacht. Zwar hatte man nichts von irgendeiner Beziehung Ludwigs zu einem weiblichen Wesen gehört, aber dies schreckte die Herzogin in Bayern keineswegs ab. Er war nun einmal kein Frauenheld! Was für eine glückliche Eigenschaft, dachte sie, wenn sie ihn mit ihrem ewig untreuen Mann verglich! Er würde sicherlich einen guten Ehemann für ihre jüngste Tochter abgeben, davon war sie überzeugt, denn Sophie war ein schönes, obgleich leicht verträumtes Mädchen. Die ideale Frau für den bayerischen König! Selbst Herzog Max, der sich um das Heiratskarussel, das seine Frau bei jeder Gelegenheit zu drehen begann, wenig kümmerte, war von der Idee, daß seine Tochter Sophie einmal an der Seite König Ludwigs leben sollte, sehr angetan. Damals kannten weder er noch so mancher andere die wahren Vorlieben des Märchenkönigs, zu dieser Zeit glaubte man noch, daß er Frauen gegenüber einfach nur zu schüchtern war und es daher nicht wagte, sich dem schönen Geschlecht zu nähern. Wie hätte man auch von den Neigungen des Königs etwas ahnen können, da er sich mit einer Aura des Geheimnisvollen umgab!
Für den König kam der Heiratsplan, den man ihm vorsichtig andeutete, höchst überraschend, obwohl er natürlich wußte, daß er als Herrscher in Bayern eigentlich die Verpflichtung hatte, zu heiraten und Kinder zu zeugen. Dies aber war ihm, der für Frauen nichts übrighatte, ein eher schrecklicher Gedanke.
Aber Sophie war die Schwester der von ihm angebeteten Sisi, und vielleicht – so dachte sich Ludovika – konnte er sich doch mit

dem Gedanken anfreunden, sie einmal zur Frau zu nehmen. Außerdem schien sie seine Vorliebe für Richard Wagner und dessen göttliche Musik zu teilen, denn jedesmal, wenn man in irgendeinem Schloß zusammentraf, mußte er sie nicht lange bitten, ihm eine der von ihm so geliebten Arien vorzusingen. Sophie hatte eine ganz nette Gesangsstimme und studierte eigens für Ludwig, mit dem sie sich schließlich verlobte, seine Lieblingsarien ein. Er nannte sich selbst Lohengrin und Sophie „seine Elsa". Anfangs fühlte sich die junge Braut geschmeichelt von dem Vergleich, aber je mehr Monate ins Land zogen und Ludwig nicht ein einziges Mal den Versuch unternahm, sie in seine Arme zu ziehen und zu küssen, da stiegen in ihr doch Zweifel über die Gefühle ihres zukünftigen Gatten auf.
Außerdem wurde Ludwig zunehmend ungehalten, wenn die Sprache auf den Hochzeitstermin kam. Dieses Thema schien ihn absolut nicht zu interessieren, ja, er versuchte, wo er nur konnte, einer konkreten Zeitplanung auszuweichen. So konnte es nicht weitergehen, das fanden nach einiger Zeit auch Ludovika und Herzog Max. Irgendetwas war mit dem jungen König nicht in Ordnung. Max beschloß, dem zukünftigen Schwiegersohn einen Hochzeitstermin wie ein Ultimatum vorzuschlagen und ansonsten das Eheversprechen für null und nichtig zu erklären.
König Ludwig II. kam dieses Ultimatum sehr gelegen, denn jetzt hatte er die günstige Gelegenheit, den Kopf aus der Heiratsschlinge zu ziehen. Erleichtert schrieb er im November 1867 die ominösen Zeilen in sein Tagebuch, die alles über den Gemütszustand des Bayernkönigs aussagten: „Sophie abgeschrieben. Das düstere Bild verweht; nach Freiheit dürstet mich, nach Aufleben nach qualvollem Alb." Herzog Max teilte er eilends mit, daß er es zwar außerordentlich bedauere, daß er den vorgegebenen Zeitpunkt nicht einhalten könne und daher das Verlöbnis als aufgelöst betrachte.
Die Familie empfand das Verhalten des bayerischen Königs empörend. Arme Sophie! Auch sie war nun eine sitzengelassene Braut, genau wie seinerzeit Nené. Diese war vielleicht die einzige, die die seelische Situation der Schwester besonders nachempfinden konnte, aber sie ahnte auch, daß Sophie vielleicht einem trau-

rigen Schicksal entgangen war. Denn letztlich mußte man es geradezu als Glücksfall bezeichnen, daß sich Ludwig doch noch rechtzeitig zurückgezogen hatte und nicht eine Scheinehe eingegangen war, um seine andersartige Natur zu verschleiern.
Sisi schrieb aus Wien einen erbosten Brief an ihre Mutter, in dem sie ihre Meinung über den „Cousin“, der sie immer wie eine schöne Statue angebetet hatte, deutlich aussprach: „Wie sehr ich über den König empört bin und der Kaiser auch, kannst Du Dir vorstellen. Es gibt keinen Ausdruck für ein solches Benehmen. Ich begreife nur nicht, wie er sich wieder sehen lassen kann in München, nach allem, was vorgefallen ist. Ich bin nur froh, daß Sophie es so nimmt, glücklich hätte sie weiß Gott mit so einem Mann nicht werden können.“
Doch schon wenige Monate später sollte ein richtiger Bräutigam an die Tore von Possenhofen klopfen: der Herzog von Alencon, Ferdinand von Bourbon-Orléans, ein Mann wie aus dem Bilderbuch, der Sophie am 9. Juni 1868 als seine Braut zum Altar führen sollte. Für Ludovika war damit eine wichtige Aufgabe ihres Lebens erfüllt, alle Töchter waren unter der Haube. Eine war Kaiserin geworden, die andere war die Fürstin von Thurn und Taxis, und die jüngste hatte in eine Seitenlinie des ehemaligen französischen Königshauses eingeheiratet. Ludovika hätte sich jetzt zurückziehen und in Zukunft ein geruhsames Leben führen können. Aber die vielen Probleme, die weiterhin auf Schritt und Tritt an sie herangetragen wurden, hielten sie nach wie vor in Atem. Sie wurde überall gebraucht und war, wenn man auf ihre Hilfe hoffte, sofort zur Stelle.
Ihr Mann, Herzog Maximilian in Bayern, war inzwischen etwas ruhiger geworden, er zog sich zurück, und manchmal wußten nicht einmal seine Diener, wo er zu finden war. Je älter er wurde, umso bärbeißiger und unzugänglicher zeigte er sich, und seine Enkelkinder sahen in ihm eigentlich nur den geheimnisvollen Großvater.
Auch die Kinder Nenés hatten wenig Kontakt zu dem Possenhofener Großvater, vielleicht auch dadurch, daß ihnen ihr Großvater väterlicherseits in Regensburg stets nahe war. Obwohl Nené alles versuchte, um den Kindern den Vater zu ersetzen, so mußte

sie doch immer wieder schmerzlich erkennen, wie sehr vor allem die beiden Mädchen Maximilian Anton vermißten. In ihrer tiefen Frömmigkeit erklärte sie den Kindern, daß der Vater im Himmel sei und von dort aus alles miterlebte, was sie auf Erden taten. Das Gebet und der tiefe Glauben halfen ihr selbst etwas über den schmerzlichen Verlust hinweg. Vielleicht auch die Arbeit, in die sie sich jetzt mit großer Energie stürzte. Der Fürst, ihr Schwiegervater, ließ sie gewähren und unterstützte vor allem ihre soziale Tätigkeit.

Noch zu Lebzeiten ihres Mannes waren die Thurn und Taxis auf der Suche nach einem eigenen Heim am Starnberger See gewesen. Nené gab diesen Plan nach dem Tod von Maximilian Anton nicht auf, denn in ihrem Kummer suchte sie die Nähe der Mutter und der Geschwister. Schloß Tutzing, ein kleines, behagliches Landschloß direkt am Ufer des Sees, stand zum Verkauf – für Nené genau das Richtige. Hier wollte sie in Zukunft den Sommer verbringen, wenn ihr wieder einmal die Decke auf den Kopf zu fallen drohte. Wie sollte es für sie weitergehen, als junge Witwe mit vier kleinen Kindern? Solange die beiden Töchter und Söhne noch klein waren, fand sie in ihnen Trost, und sie hatte eine Aufgabe. Aber in einigen Jahren sollten die Erbprinzenkinder eine gediegene Ausbildung erhalten und würden aus ihrem Einflußbereich weichen. Zunehmend fühlte sie, wie sehr sie ihren Mann geliebt hatte, obwohl sie früher so oft an ihren Gefühlen für ihn gezweifelt hatte.

Nach dem Tod des Erbprinzen hatte sich die Frage der Vormundschaft für die unmündigen Kinder aufgetan, und Kaiser Franz Joseph hatte als oberster Schirmherr aller Witwen und Waisen verfügt, daß Nené der Vormund für ihre Kinder sein sollte. Eine sehr fortschrittliche Entscheidung, die man dem sonst so konservativ denkenden Kaiser kaum zugetraut hätte. Aber vielleicht hatte ihn Sisi zu dieser Regelung überredet, die wußte, wie sehr Nené ihren Kindern verbunden war und wie sehr sie deren Schicksal selbst bestimmen wollte.

In der kaiserlichen Familie hatte sich in dieser Zeit Aufregung breitgemacht, denn Sisi erwartete nach etlichen Jahren ihr viertes Kind. Nach dem politischen „Ausgleich“ mit Ungarn war es zur

Überraschung aller auch zu einer privaten Annäherung gekommen. Mit großer Verwunderung hatten die Hofdamen der Kaiserin beobachten können, daß Sisi ihre Zurückhaltung gegenüber Franz Joseph zunehmend aufgegeben hatte. Sie zog sich nicht, wenn es Abend wurde, in aller Eile in ihre Gemächer zurück, sondern war bereit, das Bett wieder mit ihrem Ehemann zu teilen. Die Folge der gemeinsamen Nächte blieb nicht aus, und zur großen Freude aller hatten die Hofärzte festgestellt, daß die Kaiserin wieder in gesegneten Umständen war.

Sisi war überzeugt, daß es ein Sohn werden würde, und dieser sollte unbedingt in Ungarn, in Budapest, zur Welt kommen. Sie wollte den Ungarn ihren eigenen König schenken. Sisi übersiedelte deshalb schon am 5. Februar 1867 nach Budapest, was ihr natürlich von der Wiener Bevölkerung äußerst übelgenommen wurde. Man hatte sich an so manche Marotte der Kaiserin gewöhnt, aber so etwas hatte man nicht für möglich gehalten! Es war eine Brüskierung Wiens und seiner Bevölkerung! Wie hatte man die junge Kaiserin geliebt, und wie sehr hatte sie sich diese Liebe im Laufe der Jahre verscherzt! Armer Kaiser, er saß nach wie vor allein in der Hofburg, und seine Frau brachte sein Kind in Budapest zur Welt!

Aber man wußte schon lange, daß sich die Kaiserin kaum mehr um das kümmerte, was man über sie dachte und sprach. Sie nahm jede Kritik, jeden Tadel an ihrem Tun und Handeln in Kauf und tat in jeder Hinsicht nur das, was sie selber für richtig hielt. Auch jetzt, in dieser Situation!

Sisi wollte, daß dieser Sohn als Ungar aufwachsen, Ungarisch als Muttersprache lernen und später die Regentschaft in Budapest übernehmen sollte! Sie konnte freilich noch nicht ahnen, daß ihr Kind nicht der erhoffte Sohn sondern „nur" eine Tochter sein würde. Es sollte trotzdem „ihr" Kind werden, das „ungarische" Kind, ihre „Einzige". Und da es also eine Tochter war, fand auch die Mutter des Kaisers jetzt nichts mehr dabei, daß Sisi dieses Kind ganz für sich in Beschlag nahm und ihre Erziehung allein bestimmte.

Schon lange hatte sich das Verhältnis der beiden Frauen zu einem „Unverhältnis" entwickelt, man ging einander aus dem Wege, nachdem Sisi ihrem Mann wegen der Erziehung ihres einzigen Sohnes ein Ultimatum gesetzt hatte. Der Kaiser merkte, wie ernst es seiner Frau war, und was er sonst niemals gewagt hätte, geschah wie durch ein Wunder: Er stellte sich endlich gegen seine Mutter und erfüllte den Wunsch seiner Frau.

Auch die Geburt des vierten Kindes konnte die Kaiserin nicht von ihren Plänen für die Zukunft abbringen. Die Weichen waren für sie längst gestellt, sie wußte, daß kein Weg mehr zurück in die Hofburg führen würde, daß sie die Zukunft auf Reisen verbringen würde. Ihre kleine Tochter Marie Valerie würde sie ganz einfach mitnehmen.

Es dauerte geraume Zeit, bis Nené in der Lage war, wieder klare Entscheidungen zu treffen und sich darüber bewußt zu werden, daß das Leben trotz allem weiterging und daß sie ihren Kindern gegenüber Verpflichtungen hatte. Ihre fürstlichen Schwiegereltern standen ihr hilfreich zur Seite, und auch ihre Mutter übernahm jedesmal die Aufsicht über die Kinder, wenn Nené das Bedürfnis hatte, zu verreisen und ihre Geschwister zu besuchen. Auf diese Weise kam sie des öfteren nach München, wo sie sich, so wie es ihrem Wesen entsprach, äußerst großzügig zeigte. Sie gab hier eine Spende und unterstützte dort eine Institution, von der sie den Eindruck hatte, daß Geld dringend vonnöten war. Besonders erfreut war man in der Kunstschule für Mädchen in München, als die Erbprinzenwitwe von Thurn und Taxis ihren Besuch im Juli 1869 ankündigte. Ahnte und hoffte man doch, daß Nené in ihrer generösen Art einige Dukaten der Anstalt vermachen würde. Und man hatte sich nicht getäuscht, mit 25 Dukaten wurde die Tätigkeit der Lehrer, die hier unterrichteten, unterstützt. Mit dem frommen Wunsche, sie möge so bald wie möglich wiederkehren, nahm man von der Gönnerin aus Regensburg Abschied.
Für Überraschungen sorgten die Thurn und Taxis allenthalben, dafür waren sie von jeher bekannt. Sie ließen sich immer etwas ganz Besonderes einfallen. Was aber die biederen Männer der Feuerwehr von Stadtamhof für Augen machten, als sie in Donaustauf, wohin sie einen Ausflug unternommen hatten, im Thurn und Taxisschen Schloß mit echtem Champagner bewirtet wurden, kann man sich vorstellen. Wohl keiner von ihnen hatte es sich träumen lassen, jemals im Leben einen Tropfen dieses edlen Getränkes der Kaiser und Könige nur zu kosten!
Sosehr man sich auch um die Belange der Bevölkerung von Regensburg und der Umgebung kümmerte, so blickte man doch von seiten des Fürstenhauses besorgt nach Norden, wo König Wilhelm I. und vor allem sein Kanzler Fürst Otto von Bismarck abermals mit den Säbeln rasselten, diesmal aber galt es nicht dem

österreichischen Kaiser, sondern Napoleon III., dem Kaiser von Frankreich. Man wollte in Europa klare Verhältnisse schaffen. Das Verhältnis zwischen Preußen und Frankreich war schon längst getrübt. Napoleon III. hatte durch seinen intriganten Charakter vielfach sehr ungute Situationen hervorgerufen, die gütlich wohl kaum noch zu bereinigen waren. Er zündelte, wo er konnte, hetzte den einen gegen den anderen auf und setzte so manchem einen Floh ins Ohr, wie zum Beispiel dem jüngeren Bruder Franz Josephs, Maximilian Ferdinand, dem er den Kaiserthron im fernen Mexiko versprach. Daß diese Idee, die Maximilian in seiner Verblendung gierig aufgriff, zu seinem Verhängnis führen sollte, das konnte der gutgläubige und in der internationalen Politik wenig erfahrene Erzherzog erst erkennen, als es längst viel zu spät war. Die Kugeln für ihn waren schon gegossen!
Die Lage zwischen Preußen und Frankreich spitzte sich weiterhin bedenklich zu, und der Fürst von Thurn und Taxis erkannte auf seine alten Tage die Gefahr, die auch seinem Haus drohte. Bismarck war ein erklärter Feind der Thurn und Taxis, er war der Totengräber der jahrhundertealten Post. 1867 hatte er nicht davor zurückgeschreckt, den Taxis die letzten Postgebiete in Mitteldeutschland wegzunehmen, um sie anschließend in die Verwaltung Preußens einzugliedern. Damit hatte Bismarck endgültig einen Schlußstrich unter das Postmonopol der Thurn und Taxis gezogen, es war niemand mehr da, der es wagen konnte, sich ihm und seinen Interessen in den Weg zu stellen. Der einzige, der vielleicht dem Einfluß Bismarcks noch etwas hätte entgegensetzen können, war der bayerische König Ludwig II. Aber dieser träumte fern jeglicher Realität tagaus, tagein seinen unendlichen Traum in irgendeinem seiner Schlösser, führte Gespräche mit den Sagengestalten Amfortas oder Parzival und vergaß ganz, daß er seine Aufgaben als bayerischer Herrscher zunehmend vernachlässigte. Für Preußen und Bismarck konnte die Situation nicht günstiger sein, der Kanzler schickte dem König – natürlich mit berechenbaren Hintergedanken – immer wieder Geld, um Ludwig von seinen eigentlichen Aufgaben abzulenken ...
Daß man daher dem eisernen Kanzler im Hause Thurn und Taxis nicht gerade freundlich gegenüberstand, mußte Nené ihrer

kaiserlichen Schwester nicht besonders erklären. Aber Sisi stand Bismarck zwiespältig gegenüber und widmete ihm sogar eines ihrer Gedichte:

„An Bismark [sic]
Prädestiniert und sieggeweiht
Ziehst du, der grösste Geist der Zeit,
Geharnischt über uns're Welt,
Völker mähend, wie dir's gefällt.
Du Eisenstern auf blut'ger Bahn,
Unüberwindlich stets voran! –
Wo endet wohl dein Siegeslauf?
Führt er hinab, führt er hinauf?"

Fürst Maximilian Karl und seine Schwiegertochter Nené, die er allmählich mit den Angelegenheiten des Hauses vertraut machte, sahen jetzt für das Haus Thurn und Taxis schlechte Zeiten heraufkommen. Man war der preußischen Politik wehrlos ausgeliefert, noch dazu jetzt, wo der alte Fürst fühlte, daß auch seine Tage gezählt waren. Und bis zur Volljährigkeit seines ältesten Enkels würde noch geraume Zeit vergehen. Wer sollte das Haus leiten? Und der Fürst fand, daß Nené in dieser schwierigen Zeit die Richtige war, die Regentschaft vorübergehend zu führen. Natürlich würden ihr Männer seines Vertrauens, die sich sowohl in der Verwaltung als auch in politischen Belangen auskannten, mit Rat und Tat zur Seite stehen.

Der jungen Witwe gab dieser Vertrauensbeweis des Schwiegervaters viel Auftrieb. Sie sah in den nächsten Jahren wieder eine Aufgabe vor sich, der sie sich mit voller Kraft widmen wollte. Sie war keine Frau wie Sisi, die wichtige Dinge des Lebens, der Familie und der Politik an sich achtlos vorüberziehen ließ, Nené stand mit beiden Beinen auf der Erde, auch wenn ihre religiösen Andachtsübungen manchmal zur Manie zu werden schienen.

Die Schwestern waren, was den Glauben anbelangte, grundverschieden. Es war ein Thema, das beide bei ihren Zusammenkünften auch sorgfältig mieden, denn sie hätten niemals einen Konsens finden können. Sisi war nur auf dem Taufschein katholisch. Sie zimmerte sich eine eigene Religion zurecht, glaubte an den großen Jehova, den Gott der Juden aus dem Altertum, und betete ihn an. Viel zu ihrer Glaubensauffassung hatte ihre intensive Beschäftigung mit dem Werk des deutschen Dichters Heinrich Heine beigetragen, in dem sie ihr Vorbild und ihren poetischen Lehrmeister sah. In spiritistischen Sitzungen versuchte sie, mit dem Geist Heines in Kontakt zu treten, so wie später mit dem von König Ludwig II. und mit dem ihres Sohnes Rudolf. Im Jahr 1887 brachte die Kaiserin folgendes Gedicht zu Papier:

„An meinen Meister. [Heinrich Heine]
Ich eil' ins Reich der Träume
Mein Meister, da bist Du,
Es jubelt meine Seele
Begeistert schon Dir zu.
Dein Geist hat mich geleitet,
Beherrscht den ganzen Tag;
Ich fühlt', wie er gebreitet
Auf meiner Seele lag.
Er drang mit goldnen Worten
Bis in mein tiefstes Sein,
Und in mein Hirn da bohrten
Sich seine Lehren ein ..."

Mit so seltsamen Gedanken konnte Nené genausowenig anfangen wie Sisis Mann Franz Joseph. Der Kaiser stand viel zu sehr auf dem Boden der Realität, als daß er Zugang zu den „Wolkenkraxeleien" seiner immer überspannter werdenden Frau finden konnte. Auch Marie Valerie, die Lieblingstochter Sisis, betrachtete die Mutter manchmal ganz erschreckt, wenn sie sich, wie etwa nach dem rätselhaften Tod König Ludwigs II., plötzlich auf den Boden warf und ausgestreckt zum großen Jehova, dem Gott der Gnade und der Rache, wie sie ihn nannte, flehte.
Sisi war im Laufe der Jahre ungewöhnlich exzentrisch geworden. Sie ertrug nur noch ganz wenige Menschen in ihrer Nähe. Nené gehörte zu diesem kleinen Kreis, auch wenn sie in vielen Dingen völlig anderer Meinung war. Sie war zeit ihres Lebens eine strenggläubige Katholikin, und je älter sie wurde, umso ausgeprägter wurde ihre Religiosität. Das zeigte sich auch darin, daß sie sich ihr

Schlafgemach im fürstlichen Schloß direkt neben der Hauskapelle einrichten ließ.
So gesehen waren die Gerüchte, die in Regensburg längere Zeit nach dem Tod ihres Mannes zu kursieren begannen, kaum ernsthaft zu glauben. Böse Zungen behaupteten nämlich, sie hätte mit einem katholischen Geistlichen aus Sachsen namens Löffler nicht nur in aller Freundschaft verkehrt, sondern auch ein sehr intimes Verhältnis angefangen, das ihr den Beinamen „Löffler-Leni“ eingetragen haben soll. Wie auch die Geschichte lief, bei ihren streng religiösen Vorstellungen erschien die Sache zudem sehr kurios und unglaubwürdig, denn sie hätte ja bei einem solchen Techtelmechtel die Strafe des Himmels fürchten müssen.
Warum allerdings ihr Sohn Albert Maria Lamoral, nachdem er Fürst von Thurn und Taxis geworden war, die gesamte Privatkorrespondenz seiner Mutter mit der Kaiserin von Österreich verbrennen ließ, diese Frage wirft einige Rätsel auf. Vielleicht hatte er doch triftige Gründe. Eventuell enthielten diese Briefe sehr private und unter Umständen auch sehr intime Hinweise und Aussagen Nenés gegenüber ihrer Schwester Sisi …
Das Jahr 1871 stand für das Haus Thurn und Taxis unter keinem guten Stern. Im Januar starb die Schwester des Fürsten, Herzogin Sophie Dorothea Carolina von Württemberg. Es war dies der Anfang von vielen Trauerfeierlichkeiten im Hause, denn im selben Jahr waren auch die Gefallenen des deutsch-französischen Krieges zu beklagen. Für diese jungen Krieger, die auf dem Schlachtfeld die Entstehung des deutschen Kaiserreiches ermöglicht hatten, las der Bischof von Regensburg eine Totenmesse im Dom, bei der auch Nené und das Fürstenpaar anwesend waren. Es wäre aber Nené zuwenig gewesen, nur in der Kirche den Hinterbliebenen voll Anteilnahme die Hand zu schütteln. Sie bewirkte bei ihrem Schwiegervater, daß Gelder zur Verfügung gestellt wurden, durch die man die Witwen und Waisen der Reservisten und Landwehrmänner, die in Frankreich ihr Leben gelassen hatten, tatkräftig unterstützte.
Nené hatte in dieser Zeit alle Hände voll zu tun, denn Maximilian Karl hatte sich entschlossen, der modernen Entwicklung in Wissenschaft und Wirtschaft Rechnung zu tragen und in seinem Hof sowie den Forst- und Landwirtschaftsbetrieben das Dezimal-

system einzuführen. Überall mußten Maße und Gewichte umgestellt und die skeptische Bevölkerung beruhigt werden, daß alles nur halb so schlimm war. Schon bald würde man den Vorteil erkennen, wenn die Grundzahl für alles, was gemessen und gewogen wurde, die Zahl zehn war. Viele Irrtümer, die durch uneinheitliche Systeme zustande gekommen waren, würden sich in der Zukunft leicht vermeiden lassen.
Es sollte die letzte entscheidende Tat des Fürsten sein. Schon in den ersten Monaten des Jahres 1871 hatten seine Kräfte merklich nachgelassen, vor allem der Sommer machte ihm sehr zu schaffen. Er hatte ein Leben lang viel zu leisten gehabt, und stets war der Tod sein Begleiter gewesen, hatte in frühen Jahren seine Frau hinweggerafft und ihm etliche seiner Kinder genommen, vor allem seinen ältesten Sohn Maximilian Anton.
Im November war er so schwach geworden, daß er das Bett nicht mehr verlassen konnte. Am 10. November 1871 erlag er einer Herzlähmung. Nené ließ die offiziellen Bulletins über den Tod des Fürsten veröffentlichen und Ort und Zeit der Beisetzung bekanntgeben. Sie erfüllte ihre Aufgabe als neues Familienoberhaupt – in Stellvertretung ihres minderjährigen Sohnes – mit großem Pflichteifer und Geschick.
Fürst Maximilian Karl wurde – wie noch vor etlichen Jahren sein Sohn und wie alle seine Vorgänger – einbalsamiert und in einen Zinksarg gelegt. Dies entsprach ganz der Sitte des spanischen Hofzeremoniells, das bei den Fürsten von Thurn und Taxis nach wie vor strengstens eingehalten wurde. Der Sarg wurde verschweißt und in einen Holzsarg gestellt, den dann ein kunstvoll geschmiedeter Bronzesarkophag umhüllte.
Nené schritt dem Trauerzug voran. Es waren überraschend wenig Trauergäste von Rang und Namen gekommen, nur Nenés jüngerer Bruder Max Emanuel war persönlich nach Regensburg gereist, König von Bayern Ludwig II. hatte wie immer einen Vertreter geschickt, auch der Kaiser von Österreich, der sonst viel Familiensinn bewies, zeigte sich unabkömmlich. Dafür aber erwies die Bevölkerung Regensburgs dem überaus beliebten Fürsten die letzte Ehre, sie wußte, was sie mit ihm verloren hatte!

Auch Kaiser Franz Joseph hatte in diesem Jahr einen schmerzlichen Verlust erlitten: Die geliebte Mama hatte im Mai nach einer schweren Erkältung, die sie sich nach einem Theaterbesuch zugezogen hatte, die Augen für immer geschlossen. Der gewaltsame Tod ihres Sohnes Maximilian in Mexiko am 19. Juni 1867 hatte ihr das Herz gebrochen. Erzherzogin Sophie war dem mexikanischen Abenteuer von Anfang an skeptisch gegenübergestanden, aber ihr Sohn hatte – falsch beraten und ehrgeizig, wie er war – nicht auf ihre Warnungen gehört und hatte sich mit seiner Frau Charlotte in eine fremde ferne Welt begeben, wo er, da er mit der Mentalität der Bevölkerung und den örtlichen Gegebenheiten keineswegs vertraut war, ins Verderben ging. Daß man ihn – einen Kaiser – von einem Exekutionskommando erschießen lassen würde, das hatten auch die ärgsten Feinde Maximilians kaum für möglich gehalten. Der zutiefst bestürzten Mutter hatte man den von den Kugeln des Hinrichtungskommandos durchlöcherten Mantel übergeben und die Decke, in die man den Leichnam des Sohnes gehüllt hatte.
Auch das Kaiserpaar trauerte um den stets liebenswürdigen Maximilian, obwohl Franz Joseph ein Leben lang in tiefster Seele auf den Bruder, den Liebling aller, eifersüchtig gewesen war. Diesen schweren Schicksalsschlag hatte die Mutter des Kaisers nicht mehr verkraftet. Sie hatte ohnehin längst resigniert und sich gänzlich aus der Öffentlichkeit zurückgezogen. Und obwohl sich das Verhältnis zu ihrer Schwiegertochter kaum gebessert hatte, brach Sisi ihren Aufenthalt in Meran abrupt ab, wo sie mit ihrer kleinen Tochter Marie Valerie geweilt hatte, und kehrte auf dem schnellsten Wege nach Wien zurück, nachdem sie von der Erkrankung der Schwiegermutter erfahren hatte. Was sie zu diesem überraschenden Schritt bewegt hatte, wußte sie wohl selbst nicht. Gefühle der Trauer waren es sicher nicht, die sie ans Krankenbett der ihr verhaßten Frau eilen ließen. Vielleicht hatte sie gespürt, daß ihr Mann Trost brauchte und deshalb ihren Kuraufenthalt plötzlich abgebrochen.
Mit Erzherzogin Sophie war der Mittelpunkt der Familie zu Grabe getragen worden. Jetzt gab es keine Familienfeste mehr, nur die Tradition der tödlich langweiligen Diners wurde noch aufrechter-

halten. Es war mehr eine lästige Pflicht als eine angenehme Abwechslung. Der Kaiser saß meistens an einer Seite der langen Tafel, ihm vis-à-vis, durch etliche Meter getrennt, nahm die Kaiserin Platz, sofern sie überhaupt im Lande war und zu speisen geruhte. Dazwischen die Kinder, später die Schwiegerkinder sowie diverse Erzherzöge, die zur kaiserlichen Tafel geladen waren. Dem Kaiser wurde immer zuerst serviert, und er begann gleich mit dem Essen, selbst wenn die anderen noch leere Teller vor sich hatten. Und weil es das Zeremoniell so verlangte, mußte jeder noch so hungrige Gast sofort das Besteck beiseitelegen, wenn der Kaiser zu essen aufhörte. Franz Joseph war ein schneller und bescheidener Esser, so daß die meisten mit knurrendem Magen aufstanden, wenn die Tafel aufgehoben wurde und sich der Kaiser in den Nebenraum mit den Erzherzögen zu einer Virginia zurückzog.

Für die meisten war dieser Abend in seiner Steifheit und Langweiligkeit ein wahrer Alptraum. Natürlich auch für Sisi, die sich aus traditionellen Zusammenkünften ohnedies nicht das geringste machte. Sie saß ihrem Mann gelangweilt gegenüber und sprach – wenn überhaupt – so leise, daß sie von niemandem, am wenigsten von dem allmählich schwerhörig werdenden Franz Joseph, verstanden wurde.

Dagegen waren die Teestunden in den Räumen der Erzherzogin Sophie meist anregend und gemütlich gewesen, wenn sie nicht gerade an ihrem Gemahl, der nun einmal in keiner Weise ihrem Wesen und ihrem Verstand entsprach, herumnörgelte. Im Grunde seines Herzens war Erzherzog Franz Carl ein gutmütiger, einfacher Mann, der seine tatkräftige Gemahlin um einige Jahre überlebte. Er starb im Jahr 1878 beinahe so unauffällig, wie er gelebt hatte.

Sowohl für Sisi als auch für Nené brach in den nächsten Jahren eine Wanderzeit an, denn Nené hielt es nicht lange in der Stadt, in der sie glückliche Zeiten erlebt hatte, obwohl sie natürlich als Vormund ihrer Kinder und eigentliche Regentin in Regensburg alle Hände voll zu tun hatte. Sie erfüllte die Aufgaben, die ihr vom Schicksal gestellt worden waren, zur Zufriedenheit aller, wahrscheinlich auch dadurch, daß sie die richtigen Männer an ihrer Seite hatte. Ohne diese wäre es für sie auch völlig unmöglich gewesen, sowohl die wirtschaftlichen Belange als auch die internationalen Beziehungen des Hauses zu überblicken. Durch ihre geschickten Berater war es Nené möglich, die Besitzungen der Thurn und Taxis im Südosten zu erweitern. Dabei ergriff sie jede Gelegenheit, die sich ihr bot, und war jedem Vorschlag aufgeschlossen, der ihr gewinnbringend erschien. Preußen hatte dem Hause Thurn und Taxis drei Millionen Taler als Entschädigung für den Verlust der letzten Posten gezahlt. Freiherr von Gruben, dem die fürstliche Gesamtverwaltung unterstand und der in allen wirtschaftlichen Dingen den größten Überblick hatte, riet Nené zum Kauf von Ländereien des Fürsten Gustav Batthyany in Ungarn. Die Batthyanys brauchten Geld, nicht nur, um ihren aufwendigen Lebensstil zu finanzieren, sondern auch, um sich von den Wunden zu erholen, die sie in den Revolutionsjahren 1848/49 erlitten hatten. Die Batthyanys, die zu den bedeutendsten ungarischen Adelsgeschlechtern zählten, hatten zwar in den Aufständen gegen Österreich keine führende Rolle gespielt, aber trotzdem war es nach der Niederwerfung der ungarischen Opposition zur Verhaftung des Fürsten gekommen. Seiner Hinrichtung war er durch den Freitod zuvorgekommen, zu dem ihm seine Frau im letzten Moment in der Zelle verholfen hatte. Die Verhandlungen mit den Batthyanys führten dazu, daß man bereits im Jahre 1872 die Herrschaften Brod, Grobnik im Komitat Fiume, dem heutigen Rijeka, und Ozalj samt dem Schloß im Komitat Agram erwerben konnte.

Freiherr von Gruben war einer der wenigen, die über den riesigen Grundbesitz des Hauses Thurn und Taxis genauestens informiert waren. Er wußte, daß die großen Ländereien auf Grund einer modernen Verwaltung enorme Erträge abwarfen. Die Thurn und Taxis zählten damals zu den reichsten Fürstenhäusern in Mitteleuropa. Und Nené trachtete in ihrer Rolle als Vormund für ihren erstgeborenen Sohn, diesen Besitz zu vermehren. Dabei spielte es für sie keine Rolle, daß die neuerworbenen Gebiete im Südosten Europas lagen. Auf ihre Veranlassung hin wurde schließlich auch die kroatische Herrschaft Zelin-Cice ihrem Eigentümer Graf Stephan Erdödy für über eine Million Gulden abgekauft.
Obwohl Nené zu Freiherr von Gruben ein recht gutes Verhältnis hatte, prallten doch manchmal die Meinungen hart aufeinander, zum Beispiel dann, wenn Gruben zur Vorsicht riet und Nené durchaus neue Projekte entwickelt haben wollte. Nicht nur einmal stellte Gruben der Erbprinzenwitwe vor Augen, daß die Geldmittel der Thurn und Taxis nicht ins Unermeßliche gingen und daß man durchaus genau kalkulieren müsse, was man sich wo leisten könne. Es war nur allzu natürlich, daß Nené in finanziellen Dingen über keine große Erfahrung verfügte und daß sie manchmal dabei war, voreilig irgendwo zuzugreifen, wenn sich eine scheinbar günstige Gelegenheit bot. Warnende Hinweise schlug sie aber keineswegs leichtfertig in den Wind, und sie hörte sich daher verschiedene Meinungen anderer Experten an.
Sosehr sich Nené auch um das Haus Thurn und Taxis bemüht zeigte, so galt ihr Hauptaugenmerk ein Leben lang doch in erster Linie den Notleidenden und Bedürftigen. Hier setzte sie die Familientradition fort, denn schon ihre Schwiegermutter war wie ein guter Engel durch Regensburg gegangen und hatte geholfen, wo sie nur konnte. Vielleicht vergaß Nené ihre eigenen Probleme, wenn sie sich mit den Sorgen anderer beschäftigte. Denn viele dieser Notleidenden drückte nicht nur seelischer Kummer, sondern sie wußten manchmal wirklich nicht, woher sie am nächsten Tag das Stück Brot nehmen sollten, das sie zum Leben brauchten.
Nené stellte sich mit großzügigen Geldspenden bei den wohlbekannten Institutionen ein, sie unterstützte neben dem Mathilden-Kinderspital, das von ihrer Schwiegermutter gegründet worden

war, auch noch den St.-Vinzenzius-Verein und das „Kleine Haus bei den Krankenschwestern“. Daneben gab es beinahe jeden Monat noch plötzlich eingetretene Unglücksfälle, wo dringend Hilfe nötig war. Man mußte nicht lange Bittgesuche an die Erbprinzenwitwe abschicken. Nené verstand es, unformell und direkt zu helfen und die ärgste Not zu lindern.

Dabei bot das Leben doch auch für sie freudige Abwechslungen, die sie aus vollem Herzen genoß. Im Jahre 1877 hatte ihre jüngere Tochter Elisabeth den Herzog von Braganza, Miguel von Portugal, geheiratet und war mit ihm, nachdem er auf die Krone Portugals verzichtet hatte und im Exil lebte, nach Reichenau an der Rax in Niederösterreich gezogen.

Diese Gegend war für so manchen ehemaligen Herrscher, der hier in ländlicher Umgebung auf den Tag seiner Wiedereinsetzung vergeblich wartete, zur zweiten Heimat geworden. Hier führte man in kleinen Schlössern oder größeren Landsitzen, die einen bescheidenen Luxus boten, ein zurückgezogenes, aber durchaus standesgemäßes Leben.

Nenés Tochter Elisabeth war an der Seite des jungen Herzogs eine glückliche Frau geworden. Reichenau empfand sie als Idylle, die nicht am Ende der Welt lag, denn die kaiserliche Familie verbrachte des öfteren einige Wochen hier am Lande. Wenn Elisabeth und ihrem Ehemann der Sinn nach Abwechslung und den Annehmlichkeiten der Gesellschaft stand, so stiegen sie in den Zug und fuhren nach Wien, wo das junge Paar in der Hofburg stets gern gesehen war. Der Kaiser hatte freilich wenig Zeit, doch wenn Sisi anwesend war, empfing sie gern die Nichte und verbrachte angeregte Stunden mit ihr. Außerdem kehrte sie selbst gern in Reichenau ein, vor allem in der Zeit, in der ihre Nichte ihr erstes Kind erwartete. Am 22. September 1878 war es schließlich soweit: Nenés erstes Enkelkind lag in der Wiege.

Leider hatte die Geburt des Kindes die nicht allzu stabile Gesundheit der jungen Mutter schwer angegriffen. Elisabeth war schon seit ihren Kindestagen etwas kränklich gewesen, genauso wie ihr Bruder Maximilian Maria. Die Ärzte hatten all ihre Kunst versucht und ihr Kräftigungsmittel verabreicht. Die besorgte Nené hatte

nicht nur die berühmtesten Mediziner konsultiert, auch Wunderdoktoren und eine stigmatisierte Bäuerin gaben ihre Ratschläge. Glaube und Aberglaube vermischten sich immer wieder bei ihr, besonders jetzt, als sie mit großer Angst zusehen mußte, wie ihre junge Tochter immer schlechter aussah. Allzu sichtbar wurde der Keim des Todes, selbst wenn man in der fürstlichen Familie auch in den nächsten Jahren die Hoffnung nicht aufgeben wollten.
Ein eigenartiger Fluch schien über dem Hause Thurn und Taxis zu liegen. Beinahe jedes Jahr raffte der Tod Familienangehörige im besten Alter dahin. Bei jeder Todesnachricht verfiel Nené in schwere Depressionen, denn sie fürchtete, daß auch ihren Kindern kein allzu langes Leben beschieden sein könnte.
In solchen Situationen suchte Nené immer wieder Trost in der Religion. Nur Gott im Himmel – so glaubte sie – könne das größte Unheil von ihrer Familie abwenden. Stundenlang versank sie dann im Gebet, von dem sie meistens gestärkt wieder aufstand. Sehr oft berührte sie während ihrer Gebete den mit Diamanten besetzten Partikel des Kreuzes Christi, den ihr der verstorbene Papst Pius IX. geschenkt hatte. Er hatte die Frömmigkeit und Demut der jungen Frau bei einer Audienz in Rom kennengelernt und war tief von ihr beeindruckt gewesen.
Ihr Leben in dieser Zeit glich einer immerwährenden Flucht. Sie war überall und nirgends zu Hause und schaute nur dann nach Regensburg, wenn sie dringende Angelegenheiten zu erledigen hatte. Und da alle ihre Geschwister um ihre private Situation Bescheid wußten, schickte man ununterbrochen Einladungen an sie, denen sie gerne Folge leistete. So reiste sie in der Welt herum, hielt sich einige Wochen in Paris auf, dann verbrachte sie einige Zeit an der Côte d'Azur, um nach einem Abstecher über Garatshausen am Starnberger See vorübergehend wieder in das Regensburger Erbprinzenpalais zurückzukehren.
War sie dann wieder einmal zu Hause, dann gab es natürlich viel zu erledigen und zu regeln. Sie mußte Entscheidungen für die Verwaltung der Thurn und Taxisschen Güter treffen, Personalangelegenheiten schlichten und sich um die vielen Wohltätigkeitsorganisationen, die sie ins Leben gerufen hatte und die sie regelmäßig unterstützte, kümmern. Nené setzte ihren ganzen Ehrgeiz

daran, ihrem ältesten Sohn später einmal ein florierendes und gut bestelltes Haus übergeben zu können.

Beide Söhne machten ihr viel Freude. Nené wußte Maximilian Maria und Albert in den besten Händen. Beide wurden von ihren Hofkavalieren und ausgewählten Erziehern sorgfältig betreut, und beide studierten fleißig an den Schulen und Universitäten. Nur ihre Tochter Luisa lebte zu dieser Zeit noch in Regensburg, aber sie würde auch eines nicht allzu fernen Tages von hier weggehen, wenn sie den richtigen Mann gefunden hatte – beziehungsweise die Mutter für sie die beste Partie gewählt haben würde.

Bei der Suche nach dem entsprechenden Bräutigam ging Nené nicht so systematisch und konservativ vor wie einst ihre eigene Mutter. Sie hatte schon seit längerer Zeit einen jungen Prinzen im Auge, der ihr als der ideale Schwiegersohn erschien. Seit Jahren pflegte man engen freundschaftlichen Kontakt mit den katholischen Fürsten von Hohenzollern-Sigmaringen, und es war nicht auszuschließen, daß sich eine verwandtschaftliche Beziehung herstellen ließ.

Prinz Friedrich und Luisa kannten sich schon von Kindesbeinen an, und daher konnte Nené den jungen Mann und seine fürstlichen Eltern ganz unverfänglich öfter nach Regensburg zu verschiedenen Festen einladen. Die jungen Leute kamen gerne zusammen, man plauderte und lachte, machte ausgedehnte Spaziergänge, und eines Tages fanden beide, daß sie mehr für einander empfanden als nur bloße Freundschaft. Und so wie es sich Nené erhofft hatte, geschah es: Der Prinz ließ sich hochoffiziell bei ihr anmelden und hielt in aller Form um die Hand ihrer Tochter Luisa an. Gern gab sie die Einwilligung, allerdings mußte Luisa erst vom bayerischen König für großjährig erklärt werden. Am 12. Mai 1879, wenige Tage, nachdem Nené zu einer Reise nach Paris aufgebrochen war, traf die von König Ludwig II. unterzeichnete Volljährigkeitserklärung in Regensburg ein.

Höchste Zeit für Nené, aus Paris zurückzukehren. Die Hochzeit der jungen Leute war auf den 21. Juni festgesetzt worden. Es sollte ein rauschendes Fest werden, denn wenn man in Regensburg schon einmal wirklich etwas Fröhliches zu feiern hatte, dann wollte man dies auch nach Herzenslust tun!

Am 19. Juni traf ganz unerwartet ein Abgesandter aus Rumänien ein, der exotisch anmutende Hochzeitsgeschenke der Königin Silva von Rumänien überbrachte. Silva war wiederum eine enge Freundin der Kaiserin Sisi. Diese Königin war eine nicht unbedeutende Frau. Tapfer meisterte sie ihr Schicksal an der Seite eines ungeliebten Mannes dadurch, indem sie dichtete und sich in die Welt der Musen zurückzog. Sie und Sisi verstanden sich bei ihren wenigen Begegnungen wie echte Seelenfreundinnen, und die Kaiserin schätzte ihre dichtende Kollegin über alles.
Zum Bedauern Nenés hatte sich der Kaiser von Österreich, aber auch Sisi bei den bevorstehenden Hochzeitsfeierlichkeiten entschuldigen lassen. Sie hatten schon anderweitige Verpflichtungen und konnten der Einladung nicht Folge leisten. Franz Joseph schickte einen Vertreter, der die Geschenke und guten Wünsche des Kaiserpaares überbringen sollte. Dafür reiste immerhin das Königspaar von Sachsen persönlich an.
Die Hochzeit ihrer Tochter wurde ein wunderschönes Fest bei herrlich mildem Frühsommerwetter – ganz, wie es sich Nené vorgestellt hatte. Die Regensburger jubelten den jungen Leuten, die in einer weißen Kutsche durch die Stadt fuhren, begeistert zu und wünschten ihnen Glück auf dem weiteren gemeinsamen Lebensweg. Schon am Vorabend der Hochzeit hatte man Tausende Lämpchen und Lampions im Schloßpark angezündet, um die Gartenanlagen in ein beinah unwirkliches Licht zu tauchen. Militärmusik spielte auf, und die Leute begannen, wo immer sie auch waren, ob auf den Plätzen, in den Straßen oder den engen Gassen, laut zu singen und zu tanzen.
Die ganze Stadt war in das Fest einbezogen worden, überall, wo man hinsah, lagen kostbare Teppiche ausgebreitet, die spitzgiebeligen Häuser und altehrwürdigen Türme waren mit den dunkelrot-violetten Fahnen der Thurn und Taxis und der Fürsten von Hohenzollern und Sigmaringen beflaggt, dazwischen flatterten lustig die weißblauen bayerischen Fahnen im Wind.
Als das junge Brautpaar vor dem Altar stand, um sich das Jawort fürs Leben zu geben, da wiederholten beide dreimal das Gelöbnis, so, als wollten sie damit dreifach versichern, daß nichts als der Tod sie scheiden könne.

Nach dieser Zeremonie zog die Hochzeitsgesellschaft ins fürstliche Schloß, wo im prachtvollen Silbersaal die Frischvermählten die Glückwünsche der hohen Gäste in Empfang nahmen.
Der stolze Vater des Bräutigams hatte noch eine besondere Überraschung parat: Dreimal verlieh er den Hohenzollerschen Hausorden, dreimal die goldene Ehrenmedaille und zur stolzen Freude der Geehrten dreimal noch die silberne Verdienstmedaille an verschiedene Thurn und Taxissche Beamte, sogar an Kammerdiener, Lakaien und Leibkutscher.
Um fünf Uhr abends schritt man zur Festtafel im fürstlichen Schloß. Nené als Brautmutter hatte angeordnet, alle nur vorstellbaren Köstlichkeiten für die Gäste zuzubereiten. Wochen vorher hatte sie schon das Festmenü zusammenstellen und sich immer wieder neue Vorschläge unterbreiten lassen. Und das, was hier in diesem exquisiten Rahmen aufgetragen wurde, rief das Entzücken aller hervor, und die verwöhnten Gäste waren sich allseits einig, so tafelte man nur bei den Thurn und Taxis!
Das junge Paar blieb natürlich nach den anstrengenden Hochzeitsfeierlichkeiten nicht mehr in Regensburg, es hatte aber nicht die Absicht, eine größere Hochzeitsreise zu unternehmen. Prinz Friedrich zog sich mit seiner jungen Frau Luisa in die Stille von Schloß Haus bei Alteglofsheim in der näheren Umgebung Regensburgs zurück.
Aber kaum waren die Kerzen des fröhlichen Festes verlöscht und kaum waren die letzten Gäste abgereist, da erklangen die Glocken zum alljährlichen Trauergottesdienst für Erbprinz Maximilian Anton, und Nené wurde wieder ihr trauriges Schicksal vor Augen geführt, das sie im Trubel der letzten Tage etwas vergessen konnte. Den Sommer verbrachte sie größtenteils auf Reisen. Dann aber eilte sie besorgt nach Regensburg zurück, nachdem sie erfahren hatte, welche Not nach dem strengen Winter in der Stadt an der Donau herrschte. Nicht wenige waren der ungewöhnlichen Kälte zum Opfer gefallen. Vielfach gab es nichts zu essen, und so mancher wußte nicht, wie er sich am Leben halten sollte. Aber ein Unglück folgte auf das andere: Das Schloß in Donaustauf hatte Feuer gefangen, und mit dem Gebäude war der halbe Ort abgebrannt. Die 5000 Mark, die auf Veranlassung der Erbprinzessin-

witwe der Bevölkerung zur Verfügung gestellt wurden, sollten die ärgste Not lindern.

Nené war eben in vielem anders als ihre Schwester Sisi, in einem Punkt aber ganz besonders: Sie sah sich mit offenen Augen um in der Welt und handelte stets direkt und spontan, wenn sie Armut und Not erkannte. Die Kaiserin von Österreich aber schien auf beiden Augen blind zu sein, denn niemals fiel ihr ein, wirkliche Not zu lindern. Wenn sie überraschenderweise ein Irrenhaus besuchte, was sie dann und wann auch tat, dann nicht, um Gutes zu tun und dem Haus finanzielle Unterstützung zum Wohl der Geisteskranken zu gewähren, sondern, um einen seltsamen Trieb, der in ihr schlummerte, zu befriedigen. Mit einer eigenartigen Vorliebe wollte sie Menschen erleben, die ihren Verstand verloren hatten und in geistiger Umnachtung vor sich hindämmerten. Sisi betrachtete diese Kranken dann lange und beinahe ungerührt. Dabei stellte sie sich vor, daß auch sie einmal im Irrsinn enden würde.

Der Gedanke an eine schwere Geisteskrankheit verfolgte die Kaiserin schon über Jahrzehnte. Als Franz Joseph seine Sisi einmal vor einem ihrer Geburtstage fragte, was sie von ihm gerne als Geschenk hätte, zählte sie folgende Wünsche auf: einen Leoparden, eine Brosche oder ein Irrenhaus! Man kann sich vielleicht vorstellen, womit der Kaiser seine exaltierte Frau überraschte!

Nené spendete hingegen mit vollen Händen, ohne dabei das Vermögen der Thurn und Taxis zu verschleudern. Die Stadt Lauingen hatte zum Beispiel die Absicht, dem berühmten Sohn der Stadt, Albertus Magnus, ein Denkmal zu errichten. Man hatte alles vorbereitet, auch der Bildhauer war schon ausgewählt worden, nur das Geld fehlte. Aber die Stadtväter wußten, wohin man sich wenden mußte, und Nené griff großzügig in ihre Geldtruhen und überwies eine ansehnliche Summe.

In erster Linie aber galt ihre Hauptsorge der Stadt Regensburg, wo sie Waisenhäuser, Heime für alleinstehende und in Not geratenen Frauen, Krankenhäuser und Frauenvereine unterstützte. Deutlich hatte sie erkannt, daß in dieser Zeit alleingelassene Frauen ohne fremde Hilfe kaum die Möglichkeit hatten, ein menschenwürdiges Dasein zu führen.

Dabei brauchte sie selber immer wieder Kraft und Mut, um die vielen schweren Schicksalsschläge, die das Leben für sie bereithielt, ertragen zu können. Denn im Gegensatz zu ihrer Schwester Sisi, die sich, je länger sie verheiratet war, immer unverstandener fühlte und sich dadurch das Leben zusätzlich schwer machte, versuchte Nené dem Schicksal die Stirn zu bieten. Hätte sie den gleichen Charakter wie ihre Schwester Sisi gehabt, so wäre sie nach dem frühen Tod ihrer Tochter Elisabeth Marie Maximiliane, die nach nur vierjähriger Ehe mit Miguel von Braganza mit einundzwanzig Jahren in Ödenburg gestorben war, am Leben verzweifelt, mit Sicherheit aber dann, als man ihren ersten Sohn, den jungen und vielversprechenden Erbprinzen Maximilian, in die Familiengruft trug.

Wäre Sisi mit offenen Augen durch die Welt gegangen, so hätte sie am Schicksal ihrer Schwester Nené vielleicht erkennen müssen, daß alles, was ihr das Leben scheinbar schwer zu machen schien, Lappalien waren gegen das, was Nené zu ertragen hatte. Aber Nené hatte einen festen Anker, an den sie sich klammern konnte – ihren unerschütterlichen Glauben. Außerdem waren ihre Geschwister stets für sie da. Ohne die trostreiche Hilfe der Brüder und Schwestern, die sie regelmäßig in Possenhofen traf, wäre alles noch viel schwerer für sie gewesen. In Possenhofen kam sie auf andere Gedanken, hier erinnerte sie die vertraute Umgebung an glückliche Zeiten, so daß sie ihren Kummer zumindest vorübergehend vergessen konnte.

So oft es nur irgendwie möglich war, suchte Nené Regensburg zu verlassen. Nicht, daß sie die Pflichten, die sie sich teilweise selbst aufgebürdet hatte, scheute, im Gegenteil: Sie ließ sich auch auf Schloß Garatshausen bis ins Detail von den Thurn und Taxisschen Angestellten berichten, was in nächster Zeit zu geschehen hatte und unterzeichnete hier so manches Dekret. Aber sie konnte am Starnberger See Luft schöpfen und zu neuen Kräften kommen. Die Regensburger Zeitungen berichteten ausführlich über die Reisen Nenés, auch wenn man die Erbprinzessinwitwe lieber öfter in der Stadt gesehen hätte.

Auch ihre Schwestern reisten gerne in der Welt herum, und Nené traf sie dann in Paris oder Rom, in München oder in Berlin. Mit

besonderer Vorliebe nahm sie jeden Anlaß wahr, um Sophie in Paris zu besuchen, die an der Seite des Herzogs von Alencon ein großes Haus führte.
Im Gegensatz zu Sisi spielte Nené die Rolle, die ihr das Schicksal zugedacht hatte, ganz hervorragend – als Erbprinzessinwitwe und als Vormund für ihren ältesten Sohn. Sie war stets bestens informiert, und wenn eine Entscheidung gefällt werden mußte, griff sie tatkräftig ein. Dabei übernahm sie auch Patronanzen für verschiedenste soziale Organisationen und Initiativen, und so mancher Bürger war dann eher bereit, großzügig zu spenden, wenn er wußte, daß die Erbprinzessin dahinterstand. Im Regensburger Anzeiger erschien folgende Annonce:

„Herzliche Bitte! Unter dem Protektorate Ihrer Kgl. Hoheit der Frau Erbprinzessin und Ihrer Durchlaucht der Frau Fürstin von Thurn und Taxis hat sich in hiesiger Stadt ein Frauen-Comite gebildet, welches auf Grund der hohen Regierungs-Entschließung vom 16. Januar l. J. ertheilten Genehmigung eine Lotterie veranstaltet, deren Ertrag als Peterspfennig verwendet zu werden bestimmt ist, und die Zeugniß sein soll, wie auch Frauenherzen sich gedrängt fühlen, dem von zahlreichen Feinden umgebenen und des größten Theils seines weltlichen Besitzes beraubten heiligen Vater ihre treu katholische Gesinnung zu betäthigen ...“
Und während Sisi riesige Summen Geldes für ihre Vergnügungen ausgab, sammelte man auf diese Weise im Auftrag Nenés für den Heiligen Vater, der mit der 1870/71 erfolgten italienischen Einigung seines Kirchenstaates verlustig gegangen war. Nené konnte sicher sein, daß ihr der Papst für diesen Einsatz eine persönliche Audienz gewähren würde.
Nach dem Tod ihres Schwiegervaters war Nené bis zur Volljährigkeitserklärung ihres ältesten Sohnes Maximilian Maria das Oberhaupt der Familie, als solches sie viele Verpflichtungen und Aufgaben zu erfüllen hatte. Ihr Hauptziel war und blieb die Ausbildung ihrer beiden Söhne sowie der beiden Töchter. Sie erkannte schon bald und wurde in ihrer Meinung von den jeweiligen Lehrern bestärkt, daß die Kinder ungewöhnlich kunstsinnig veranlagt waren und sich besonders für Architektur und Malerei

interessierten. Sie waren wißbegierige junge Leute, die zu großen Hoffnungen Anlaß gaben. Manchmal aber wurde Nené, wenn sie vor allem den ältesten Sohn betrachtete, von einer unerklärlichen Angst befallen. Sah er nicht irgendwie kränklich aus mit seinem stets blassen schönen Gesicht, in dem die Augen beinahe übergroß wirkten? Konnte es nicht sein, daß auch er wie sein Vater den Keim des Todes schon in sich trug? Immer wieder kränkelte er, und kein Arzt wußte so richtig, woran der Erbprinz eigentlich litt. Auch ihre ältere Tochter erfreute sich keiner stabilen Gesundheit. Sie wurde schon beim leisesten Lufthauch von leichtem Fieber befallen, jeder heftige Windstoß beinahe schien bei ihr eine bösartige Erkältung auszulösen. Panische Angst um die Kinder ergriff die Mutter in den vielen Stunden des Alleinseins, und nicht selten empfand sie ihr Leben als eng und bedrückend, trotz der vielen Säle, Zimmer und Salons, die ihr zur Verfügung standen. In solchen Momenten ließ sie auf der Stelle ihre Sachen packen und flüchtete gleichsam aus Regensburg. Nur die Familie zu Hause in Possenhofen, vor allem die Mutter konnte ihr die innere Ruhe wieder zurückgeben. Den Kontakt zu ihren Vater hatte sie beinahe abgebrochen, denn Herzog Max wurde, je älter er wurde, immer einschichtiger, beinahe menschenscheu. Nur noch ganz selten verließ er sein Palais in München, wo ihn nicht einmal alle seine Angestellten kannten.
So passierte es schließlich, daß Herzog Max nach einem Spaziergang durch München bei seiner Rückkehr ins Max-Palais von seinem Pförtner der Eintritt in sein eigenes Haus verwehrt wurde. Der Portier hatte diesen Mann noch nie gesehen. Diese kuriose Begebenheit machte natürlich in der Familie die Runde und wurde vor allem bei der Goldenen Hochzeit des Herzogspaares, die in großem Stil 1878 gefeiert wurde, zum Gaudium aller vorgetragen. Je mehr sich aber der alternde Herzog Max von der Welt zurückzog, umso besser wurde sein Verhältnis zu seiner Frau Ludovika. Man war sich jahrzehntelang aus dem Weg gegangen, wo man nur konnte. Aber als sich im Jahr 1878 der Tag ihrer Hochzeit zum fünfzigsten Mal jährte, da beging man dieses Fest in großem Stil. Die ganze Familie gab sich am Tegernsee ein Stelldichein, und Ludovika und Max wurden wie ein glückliches Ehepaar gefeiert.

Es wäre kein richtiges Jubiläum für den Herzog in Bayern gewesen, wenn sich nicht auch die Schützenvereine eingefunden und den besonderen Tag durch Böllerkrachen eingeleitet hätten. Auch Maximilian Schmidt, ein bayerischer Mundartdichter, hatte es sich nicht nehmen lassen und einige Reime zu Ehren des hohen Paares geschmiedet:

> „Habt's an uns denkt in Freud und Klag'n,
> In G'sangeln und beim Zitherschlag'n,
> Habt's jedes Werk mit Gott ang'fanga
> Und so san fuffzig Jahr verganga."

Daß die Ehe der beiden in den letzten fünfzig Jahren mehr einem Rosenkrieg geähnelt hatte als mit Gott angefangen worden zu sein, darüber machte man sich in der Familie sicherlich so seine Gedanken. Aber die Erinnerung verklärt im allgemeinen alles, und die Worte eines Dichterlings tun ein übriges dazu!

So wie ihm seine Frau meistens gleichgültig war, so hatte sich Herzog Max auch um seine Kinder jahrelang kaum gekümmert, nur manchmal hatte er kopfschüttelnd einen bissigen Kommentar abgegeben, wenn er von irgendwelchen Eskapaden seiner Tochter Sisi erfahren hatte. Obwohl doch gerade die Kaiserin von Österreich in vielen Dingen ihm so ähnlich war, konnte er ihr gegenüber wenig Verständnis aufbringen. Warum nahm sie das Leben eigentlich so schwer? Sie hatte doch alle Möglichkeiten gehabt, das Beste aus ihrer Situation zu machen!

Herzog Max betrachtete die jeweilige Lage, in der sich seine Töchter befanden, realistisch mit nüchternem Blick. Und da fand er, gab es wesentlich Schlimmeres, als Kaiserin von Österreich sein zu müssen. Nené hingegen bedauerte er ehrlich, denn ihr Schicksal schien ihm wirklich nicht beneidenswert. Viel zu jung hatte sie ihren Mann verloren und die schwere Verantwortung für die Familie und das Haus Thurn und Taxis auf ihre zarten Schultern genommen. Aber die Würde, mit der seine älteste Tochter alles ertrug, hätte Sisi zu denken geben sollen. Nené, die wahrlich allen Grund zum Trübsalblasen gehabt hätte, hatte ihre Zukunft und die ihrer Kinder energisch in die Hand genommen, und ihr Vater bewunderte insgeheim, wie sie das Haus Thurn und Taxis sicher durch die bewegte Zeit führte.

Ihr ältester Sohn, der einmal der nächste Fürst von Thurn und Taxis werden sollte, Maximilian Maria, entwickelte sich nicht nur zu einem außerordentlich gutaussehenden jungen Mann, er schien auch alles mitzubringen, was man sich von einem Regenten erwartete. Schon als Kind war er der Regensburger Bevölkerung durch sein gewinnendes Wesen aufgefallen, er suchte Kontakt mit den Leuten und bezauberte alle, da er auch auf die einfachen Menschen leutselig zuging. Dabei entwickelte er eine Natürlichkeit, die es ihm leicht machte, Kontakte zu knüpfen. Freilich bemerkte man bei dem heranwachsenden Knaben manchmal eine leichte Müdigkeit, wie sie in diesem Alter eigentlich nicht üblich war. Er war auch immer auffallend blaß, was so manchen, der ihn beobachtete, beunruhigte. Wenn nur Max nicht auch eine geheimnisvolle Krankheit wie sein Vater in sich trug!
Der junge schöne Neffe war der Liebling der Kaiserin von Österreich! Sie, die eigentlich zu Kindern wenig Beziehung entwickeln konnte, liebte diesen Buben von Anfang an, und immer, wenn Sisi auf der Durchreise in Regensburg kurz Station machte, bat sie die Schwester, auch Max mitzubringen. Auch Marie Valerie spielte gerne mit dem ruhigen, friedfertigen Cousin in Possenhofen, wo Sisi und Nené manchmal wochenlang verweilten.
Die Reiselust und das Fernweh schienen den Wittelsbacherschwestern im Blut zu liegen, denn anders läßt es sich nicht erklären, daß man sich weiterhin ständig irgendwo in der Welt traf, in München, Paris oder Rom, hie und da auch ein Abstecher nach Berlin oder Wien. Das Reisen war zwar im allgemeinen in dieser Zeit etwas beschwerlich, nicht aber für Damen aus hochadeligem Geblüt. Denn für sie wurde selbstverständlich ein Salonwagen an die regulären Züge angehängt. So mußte man auf keinen Komfort verzichten und hatte während der langen Fahrt alle Annehmlichkeiten wie zu Hause. Auch wenn Sisi inkognito als Gräfin von Hohenems durch die Lande zog, reiste sie mit einem umfangreichen Hofstaat, der in den meisten Fällen nicht dem einer einfachen Gräfin entsprach. So mußte, als sie nach Sassetot in der Normandie fuhr, per Bahn eine eigene Bäckerei mitgenommen werden, da die Kaiserin nicht auf frische Wiener Semmeln verzichten wollte. Wenn sie aber dann auf den Tisch kamen, pflegte

sie höchstens ab und zu ein paar Bissen zu essen. Und da ihr von den Ärzten auf Grund ihrer Unterernährtheit eindringlich empfohlen worden war, täglich wenigstens ein bis zwei Gläser Milch zu trinken, mußten auf jede Reise – auch auf Schiffsreisen – zwei Kühe und eine Ziege mitgeschleppt werden, damit die Kaiserin, wenn ihr der Sinn danach stand, zu jeder Tages- und Nachtzeit stets frische Milch zu sich nehmen konnte!

Das Essen war wahrscheinlich ein Hauptdiskussionspunkt zwischen den beiden Schwestern. Im Gegensatz zu Sisi war Nené keineswegs eine Asketin, sie liebte es, in aller Gemütlichkeit ausgiebig zu tafeln, und verschmähte auch nicht so manchen guten Tropfen. Und je dünner Sisi durch ihre Fastenexzesse wurde, umso molliger und runder präsentierte sich Nené, was sie aber keineswegs zu stören schien. Sie hatte einfach eine grundsätzlich andere Lebensauffassung als ihre Schwester, wahrscheinlich blieb ihr nicht soviel Zeit, über sich und ihren „geheiligten" Körper nachzudenken. Sie mußte andere Aufgaben erfüllen und andere Probleme lösen als beinahe hysterisch jeden Tag die Waage zu befragen, ob die 50-Kilo-Grenze um ein paar Gramm überschritten war.

Es war seltsam, daß Sisi, die nur schlanke Menschen schön fand und alle übrigen mit Spott und Hohn verfolgte, die Körperfülle ihrer Schwester nicht zum Anlaß eines ihrer gefürchteten Spottgedichte nahm, so wie sie dies bei Katharina Schratt zu tun pflegte, der „Gnädigen Frau", wie jene Schauspielerin am Wiener Hof genannt wurde und der es erlaubt war, in den kaiserlichen Gemächern ganz nach Belieben aus- und einzugehen.

Lange hatte man am Kaiserhof in Wien über das eigentümliche Verhältnis gerätselt, das Franz Joseph, Sisi und Katharina Schratt verband, und das die Kaiserin offenbar selbst in die Wege geleitet hatte. Bei einem Souper in Olmütz, das dem russischen Zaren zu Ehren gegeben wurde und zu dem man, um diesen zu erfreuen, auch Schauspielerinnen eingeladen hatte, bemerkte die Kaiserin, daß Franz Joseph seine Augen kaum von der jungen, reizenden Katharina Schratt wenden konnte. Als der Geburtstag des Kaisers vor der Tür stand, bat Sisi Katharina zu sich und bat sie, dem bekannten Maler Angeli Modell zu sitzen, der sie für den Kaiser

porträtieren sollte. Dieses gelungene Bild einer fremden Frau schenkte Sisi ihrem Ehemann!
Der Kaiser war von dem Portrait der schönen Schauspielerin hingerissen und brachte seine Freude in folgendem Brief zum Ausdruck:
„Meine gnädige Frau,
Ich bitte Sie, beifolgendes Andenken als Zeichen meines innigen Dankes dafür anzunehmen, daß sie sich der Mühe unterzogen haben, zu dem Angelischen Bilde zu sitzen. Nochmals muß ich wiederholen, daß ich mir nicht erlaubt hätte dieses Opfer von Ihnen zu erbitten, und daß daher meine Freude über das theuere Geschenk nur umso größer ist.
Ihr ergebener Bewunderer."
Dem Schreiben legte er einen prachtvollen Smaragdring bei. Dieses Schmuckstück sollte nicht das letzte sein, das der Kaiser in den nun folgenden dreißig Jahren ihrer Beziehung der „Gnädigen Frau" verehrte. Katharina Schratt besaß nach dem Tod des Kaisers im Jahr 1916 eine so wertvolle Schmucksammlung, daß sie trotz Inflation und Kriegswirren bis zu ihrem Tod im Jahre 1940 ein sorgenfreies und gutbürgerliches Leben führen konnte.
Schon bald nach der Entstehung des Angelischen Portraits hatte sich zwischen dem Kaiser und Katharina Schratt eine sehr innige Freundschaft entwickelt, und man weiß bis heute nicht genau, wie weit sie letztlich gediehen war. Sisi selbst protegierte Katharina, wo sie nur konnte, vielleicht hatte sie auch nur ein schlechtes Gewissen, weil sie ihren Mann so oft allein ließ.
Über dieses seltsame „Dreierverhältnis" ist natürlich viel gemunkelt und geklatscht worden. Verstanden haben die Geschichte nur wenige, denn in der Habsburgerfamilie stieß die „Gnädige Frau" auf krasse Ablehnung. Vor allem Marie Valerie, die ihren Eltern wirklich zugetan war, haßte Katharina aus tiefstem Herzen. Bis zum überraschenden Tod ihrer Mutter hatte die jüngste Tochter des Kaiserpaares immer noch gehofft, daß die Eltern wenigstens im Alter wieder zueinanderfinden würden. Einem solchen gemeinsamen Lebensabend stand natürlich eine Katharina Schratt im Wege. Die „Gnädige Frau" war so ganz anders als Sisi, nicht nur äußerlich, sondern auch in ihrem fröhlich heiteren Wesen. In ihrer dral-

len Üppigkeit entsprach sie ideal dem Frauenbild des ausgehenden 19. Jahrhunderts. Trotzdem hatte sie jahrelang das Bedürfnis, abzunehmen und der überschlanken Kaiserin nachzueifern, obwohl sie merken mußte, daß der Kaiser ihre Rundungen und vollen Formen sehr wohl schätzte. Die immer wiederkehrenden Fastenkuren, denen sie sich unterzog, erwiesen sich jedoch als ein sinnloses Unterfangen, da Katharina trotz aller Mühe kaum ein paar Pfund in etlichen Wochen verlor, was dazu führte, daß Sisi nicht nur ihre spitze Zunge wetzte, sondern auch bissige Zeilen über die „Gnädige Frau“ in ihr Tagebuch kritzelte:

„Sie schnürt den Bauch sich ins Korsett,
daß alle Fugen krachen,
hält sich gerade wie ein Brett
und äfft noch andere Sachen
Im Häuschen der Geranien
wo alles fein und glatt,
dünkt sie sich gleich Titanien,
die arme dicke Schratt.“

Je älter sie wurde, umso bissiger konnte die Kaiserin anderen gegenüber sein. Nur im engsten Familienkreise hielt sie sich etwas zurück. Hier kannte man Sisi eben in- und auswendig, hier konnte sie niemandem etwas vormachen, hier war und blieb sie nicht die gefeierte, geheimnisvolle, achtunggebietende Kaiserin von Österreich, hier war sie das Mädel aus Possenhofen. Aber vielleicht war gerade das der Grund, daß sie sich ein Leben lang im Kreise der Geschwister letztlich am wohlsten fühlte und sich stets gerne von der Mutter trösten ließ, wenn sie das Gefühl hatte, daß die Welt sie nicht verstand. Natürlich war auch Nené mit Rat und Tat zur Stelle, wenn sie von Sisi gebraucht wurde, obwohl sie selber wahrscheinlich mehr Trost und Zuspruch nötig gehabt hätte. Denn je älter Nenés Sohn, der Erbprinz Maximilian Maria wurde, umso mehr zeichnete sich seine Krankheit ab, die er von frühester Kindheit in sich gehabt hatte. Die Ärzte machten äußerst bedenkliche Gesichter, wenn sie den jungen Mann wieder und wieder untersuchten und feststellen mußten, daß sich in seinem Befinden gar nichts gebessert hatte.

Obwohl der Gesundheitszustand ihres Sohnes Maximilian äußerst labil blieb, sehnte Nené den Tag herbei, an dem der junge Thurn und Taxis volljährig wurde. Der Regierungsantritt des gutaussehenden jungen Mannes sollte in Regensburg ein großes Fest werden, zu dem schon Monate vorher wichtige Persönlichkeiten eingeladen worden waren. Vor allem mit einigen deutschen Fürsten fühlte sich Maximilian freundschaftlich verbunden, er war selber Gast des deutschen Kaiserpaares in Berlin gewesen und hatte dort durch sein liebenswürdiges Wesen seine Gastgeber entzückt. Es trafen von überallher Zusagen zum Fest am 23. und 24. Juni bei Nené ein, die zusammen mit den Vertretern der Stadt alles arrangierte und plante. Sie hatte in diesem Frühjahr ihre sämtlichen Reisen abgesagt, denn es gab Hunderte von Anfragen an sie, Dutzende von Vorschlägen für den Festzug wurden an sie herangetragen, Festredner meldeten sich bei ihr, die zum Lobe ihres Sohnes sprechen wollten, und sie sollte alles koordinieren.

Schon am 21. Juni begannen die Festveranstaltungen. Maximilian Maria war um halb acht Uhr am Bahnhof in Regensburg eingetroffen, wo er von einer Deputation der städtischen Kollegien erwartet wurde. Von einer Eskorte berittener Bürger wurde er zum Schloß St. Emmeram geleitet. Am nächsten Tag gab die Mutter des jungen Fürsten ein Diner mit zweiundzwanzig Gedecken, zu dem vor allem die Ehrengäste geladen waren.

Die Regierungsübernahme durch den jungen Fürsten Maximilian Maria wurde zu einem wahrhaften Festtag in Regensburg. Man liebte den schönen jungen Mann und freute sich mit ihm und vor allem mit seiner Mutter. Alle Vereine hatten Abordnungen aufgeboten, um der fürstlichen Familie ihre Reverenz zu erweisen, die Feuerwehr, die Turnvereine, das Sanitätscorps und zwei Kriegervereine rückten mit fünfhundert Fackeln aus, um sich dem Festzug anzuschließen, der vom Thon-Dittmer-Palais am Regensburger Haidplatz seinen Anfang nahm. Die Musikkapellen spielten Ständchen in allen Variationen, Abgeordnete der städtischen Kollegien trugen Gruß- und Huldigungsadressen vor, und als es allmählich dunkel wurde, flammten Tausende von Lichtern auf und verwandelten die Stadt in ein romantisches mittelalterliches Märchenbild. Unter den Ehrengästen sah man den Bürgermeister der Stadt, Oskar von Stobäus, und neben anderen hochrangigen Persönlichkeiten natürlich auch die Familienangehörigen wie zum Beispiel den Herzog von Braganza und den Prinzen und die Prinzessin von Hohenzollern.

Um acht Uhr abends begab sich die erlauchte Gesellschaft ins Theater, wo Mitglieder der Münchner Hofbühne die Komödie „Durch's Ohr" aufführten. Es war der ausdrückliche Wunsch des jungen Fürsten von Thurn und Taxis gewesen, an diesem Tag eine Theatervorstellung zu besuchen, denn als literaturbegeisterter junger Mann hatte er schon so manchen schönen Abend im Theater verbracht. Deshalb hatte er auch stets ein offenes Ohr für die finanziellen Sorgen, von denen der Regensburger Musentempel bedrückt wurde. Wo er nur konnte, unterstützte er die Schauspieler und den Theaterbetrieb mit großzügigen Subventionen bis zu einer jährlichen Summe von 10 000 Mark.

Maximilian hatte überall in Deutschland, wo er während seiner Studienzeit weilte, Zugang zu Künstlern und ihren Werken gehabt. Daher hatte er die Absicht, auch nach Regensburg Meister ihres Faches zu holen. So jung er war, so vielfältig waren seine Interessen. Dabei erwies er sich nicht als verträumter Stubengelehrter, sondern er ging mit wachen Augen durch die Welt. So, als hätte er damals schon geahnt, daß ihm nicht viel Zeit beschieden sein würde, wandte er sich mit unwahrscheinlichem Elan vielen wissenschaftlichen Dingen zu, wurde Mitglied des Historischen Vereins in Neuburg an der Donau sowie Mitglied des Historischen Vereins für die Oberpfalz und Regensburg. Auch die Bayerische Numismatische Gesellschaft zählte ihn zu seinen Mitgliedern und Förderern. Ein besonderes Anliegen Maximilians war, die Geschichte des Hauses Thurn und Taxis aufzuarbeiten und wissenschaftlich zu dokumentieren.

Es waren umfangreiche Aufgaben, die auf den jungen Fürsten zukamen, der jetzt in diesen Tagen im Mittelpunkt der ausgedehnten Feierlichkeiten stand. Trotz der Freude, die ihm die Ehrungen bereiteten, wirkte er beinahe bescheiden an der Seite seiner Mutter, der er so viel zu verdanken hatte. Sie war es gewesen, die in kluger Umsicht den Besitz der Familie für ihn verwaltet hatte, so daß er jetzt, am 24. Juni, ein geordnetes Hauswesen übernehmen konnte. Natürlich wollte er auch die Berater seiner Mutter weiter beschäftigen, denn er mußte erst allmählich in die schwierigen Aufgaben hineinwachsen, die ihm an diesem Tag übertragen wurden.

Die Ehrungen zu seinem Regierungsantritt erreichten den Höhepunkt, als der Generaladjutant des bayerischen Königs dem jungen Fürsten nach verschiedenen Ständchen und Chorälen, die ihn schon um fünf Uhr früh aus dem Bett gerissen hatten, in feierlicher Zeremonie den Hausorden vom hl. Hubertus überreichte, die höchste Auszeichnung, die der König von Bayern nur an ganz wenige besondere Persönlichkeiten übergab. König Ludwig II. hatte sich wie immer entschuldigen lassen. Der Märchenkönig trat höchst selten in die Öffentlichkeit, er schickte immer und überall Vertreter, die seine Interessen wahrnehmen sollten. Ludwig II. war in den letzten Jahren seltsam geworden und einsiedlerisch, genauso wie seine ferne „Cousine" Sisi hatte er sich immer mehr von den Menschen zurückgezogen und sich mit einer Aura des Geheimnisvollen umgeben. Niemand ahnte, daß er sich von Tag zu Tag mehr seinen Träumereien hingab, die ihn schließlich in den Abgrund reißen sollten. Dazu kam seine ausgeprägte Neigung, nur mit Männern Umgang zu pflegen, wodurch er zunehmend in eine starke persönliche Abhängigkeit geriet. Es dauerte lange, bis sich seine Minister entschlossen, ihm ihr Vertrauen zu entziehen und ihn aufgrund eines ärztlichen Gutachtens für abgesetzt zu erklären. Damit begnügte man sich allerdings nicht, man wollte auf Nummer sicher gehen. Ludwig II., der einst als Märchenkönig begonnen hatte, wurde wie ein gefährlicher Gefangener bewacht und Tag und Nacht beobachtet. Warum er allerdings am 13. Juni 1886 als guter Schwimmer im knietiefen Wasser des Starnberger Sees letztlich sein Leben ließ, bleibt bis heute ein Rätsel.

In Regensburg wollten die Ehrungen für den jungen Fürsten von Thurn und Taxis kein Ende nehmen. Die Stadt hatte das fürstliche Wappen in Email herstellen lassen und Maximilian Maria feierlich überreicht, dazu kamen eine Gedächtnismedaille in Gold und die

Schlüssel der Stadt in Silber. Bei all den Huldigungen spürte der junge Fürst die Sympathie und Liebe, die ihm aus allen Schichten der Bevölkerung entgegengebracht wurden. Er hätte beruhigt in die Zukunft schauen können. Aber er merkte selbst bei jedem Schritt, mit jedem Tag, der ins Land zog, wie sehr ihn alles strapazierte, wie jede kleinste Anstrengung ihn in Atemnot versetzte, wie wenig widerstandsfähig er war.
Dabei war er von Jugend auf wie alle Thurn und Taxis ein begeisterter Jäger und exzellenter Schütze gewesen, der auch jetzt bei diesen Feierlichkeiten seine Zielsicherheit unter dem Jubel aller unter Beweis stellte, denn am frühen Nachmittag des 24. Juni hatte sich die Gesellschaft zur Schießstätte begeben, um anschließend ausgiebig in den Räumlichkeiten Nenés zu tafeln. Zur Freude des jungen Fürsten war auch sein Onkel Ludwig in Bayern anwesend, auch seine Cousine, die ältere Tochter des österreichischen Kaiserpaares Gisela, die in München verheiratet war, hatte ihm mit ihrem Gemahl Prinz Leopold die Ehre ihres Besuches erwiesen.
Aber nicht nur in Regensburg herrschte ausgelassene Stimmung, überall rundherum wurden die großen Bierfässer angezapft, damit man ausgiebig auf das Wohl des jungen Fürsten trinken konnte, Raketen stiegen in den Nachthimmel, und die Tanzböden dröhnten unter den schweren Stiefeln des ausgelassenen Volkes.
Kaum waren die Festlichkeiten in Regensburg beendet, traf eine Einladung nach der anderen im Schloß St. Emmeram ein. Überall wollte man den sympathischen Fürsten persönlich kennenlernen, und so manche hochadelige Familie sah in ihm schon den geeigneten Schwiegersohn. Aber Maximilian Maria stürzte sich voller Elan in seine neue Aufgabe, er hatte Berge von Akten durchzustudieren, um Einblick in die vielfältigen Angelegenheiten des Hauses zu bekommen. Seine Mutter stand ihm, wo sie nur konnte, zur Seite. Allerdings hatte sich Nené vorgenommen, nur dann dem Sohn irgendwelche Ratschläge zu geben, wenn er sie ausdrücklich darum bat. Denn er mußte selber seinen Weg finden, den er einmal gehen wollte. Sie war die letzte, die ihn gängeln wollte. Außerdem genoß sie es, in den nächsten Wochen und Monaten endlich Dinge tun zu können, die sie immer wieder aufge-

schoben hatte. Trotz all ihrer Zurückhaltung übergab sie aber dem Sohn eine Liste der Institutionen, die er unterstützen sollte. Wie vorher seine Mutter, stellte sich auch der Fürst mit großzügigen Spenden überall ein: Die Armen erhielten reichliche Gaben, der Hauskirche St. Emmeram wurden 3000 Mark zu Restaurierungszwecken gestiftet, die Unterstützungskasse – eine Gründung seines Ururgroßvaters – bekam 40 000 Mark, und noch viele andere Institutionen wurden nicht vergessen. Maximilian griff großzügig in seine Geldtruhen und verteilte ein kleines Vermögen an die Bedürftigen.

Gerade rechtzeitig vor dem Hochsommer traf ein Handschreiben Kaiser Franz Josephs in Regensburg ein, in dem er den Neffen sehr herzlich zur Jagd nach Ischl einlud. Maximilian fühlte sich jedesmal aufs neue im Kreise der kaiserlichen Familie wohl, denn hier im Salzkammergut war Franz Joseph nicht der mit Arbeit überlastete Kaiser, mit dem man kaum ein privates Wort wechseln konnte, hier war er der ambitionierte Jäger, der dem Neffen so manchen guten Ratschlag gab, wie man sich an die Gemsen heranpirschen sollte. Schon im Morgengrauen brach man auf, damit man rechtzeitig im Jagdrevier war, wobei man da und dort geradezu unwegsames Gelände überwinden mußte. Freilich stellte auch der Kaiser, dem die Gewohnheiten seiner Jagdgäste nicht allzusehr auffielen, fest, daß der junge Thurn und Taxis überraschend schnell ermüdete und kaum Ausdauer zeigte. In Schweiß gebadet, mußte er früher als die übrigen Jagdteilnehmer eine Ruhepause einlegen. Der junge Mann konnte nicht ganz gesund sein, so schien es auch Franz Joseph. Ob er mit Nené über den Gesundheitszustand seines Neffen gesprochen hat, ist nicht bekannt. Da aber der Kaiser wußte, daß Maximilian Maria schon von klein auf eine schwächliche Natur hatte, sah er doch einigermaßen besorgt in die Zukunft. Hoffentlich würde Nené ihren Sohn Maximilian nicht ebensoschnell verlieren wie ihre Tochter Elisabeth, die vor nicht allzulanger Zeit in Ödenburg verstorben war.

Vielleicht trug auch das hektische Leben, das auf den neuen Fürsten von Thurn und Taxis wartete, dazu bei, daß er seine ohnehin nicht stabilen Kräfte über die Maßen strapazierte. Maximilian reiste in den nächsten Monaten kreuz und quer durch Deutschland,

um den befreundeten Fürsten seine Aufwartung zu machen. Manchmal begleitete ihn seine Mutter, aber nur, wenn sie zufällig auch denselben Weg eingeschlagen hatte. In München wurde der Fürst feierlich in die Kammer der Reichsräte aufgenommen, eine Ehre, die selten einem so jungen Mann zuteil wurde. Der Kontakt zur bayerischen Regierung war für Maximilian Maria eine Selbstverständlichkeit geworden, sooft es ging, reiste der Fürst nach München, wo er auch zur königlichen Hoftafel geladen wurde.
In Berlin empfing man ihn beinahe mit überschwenglicher Herzlichkeit, die er sich zunächst nicht erklären konnte. Er ahnte natürlich nicht, daß der preußische Kronprinz ganz spezielle Absichten mit ihm hatte. Immerhin war der junge Thurn und Taxis nicht nur steinreich, er war auch ungewöhnlich gutaussehend und hatte ein liebenswürdiges Wesen, was konnte sich der preußische Kronprinz mehr wünschen als Maximilian zum Schwiegersohn!
Auch das deutsche Kaiserpaar lud Maximilian sehr freundschaftlich zu einem glanzvollen Galadiner, bei dem wiederum das Kronprinzenpaar und der russische Zar zu Gast waren. Aber Maximilian erwies sich als eher zurückhaltend und zeigte wenig Neigung, sich mit einer „Preußin“ zu vermählen. Er war ja in der glücklichen Lage, frei wählen zu können, da er von niemandem abhängig war. Und er wollte für sich eine Entscheidung treffen, die ganz in seinem Sinne war. Wen er dabei im Auge hatte, wußten wahrscheinlich nur ganz wenige, denn er schnitt dieses Thema auch im engsten Familienkreise nicht an. Er ließ jedoch eventuelle Verlobungsabsichten mit der zweitjüngsten Tochter des preußischen Kronprinzen im Mai 1884 vehement dementieren. Vielleicht aber merkte er auch, wie krank er war, und wollte sich daher in keiner Weise binden. Er hatte ganz andere Ziele und Vorstellungen, die er unbedingt verwirklichen wollte.
Schon in seiner Jugendzeit hatte ihm das väterliche Schloß wenig gefallen, alles schien ihm veraltet und nicht mehr zweckmäßig zu sein. Sicherlich überlegte er damals schon, daß er, sollte er einmal als Fürst die Möglichkeiten haben, zumindest einen Trakt des Schlosses abreißen lassen würde, um hier etwas Neues zu erbauen. Jetzt war es soweit! Am 21. September 1883 hatte er seinen Entschluß schriftlich niedergelegt: „Wir haben beschlossen, den

in schlechtem Bauzustand befindlichen, südlichen Flügel unseres Schlosses zu St. Emmeram ... dem Abbruch zu unterstellen und an dessen Stelle ... einen neuen Schloßflügel zu errichten."
Dies war keine Nacht- und Nebelentscheidung Maximilians, er hatte sich vorher gründlich informiert und sich Pläne von dem fürstlichen Baurat Max Schultze anfertigen lassen. Der Baumeister war ein fähiger Mann, der den Wünschen des Fürsten in allem Rechnung trug und ihm bis ins kleinste Detail erläuterte, wie er sich einen neuen Flügel des Schlosses vorstellte. Es sollte ein Wohnschloß werden, kunstvoll, aber modern luxuriös ausgestattet, wie es dem Stil der Zeit entsprach.
Als ihm Schultze die bestens ausgearbeiteten Pläne vorlegte, sah der junge Fürst einen prachtvollen Neorenaissance-Bau vor sich, dem er begeistert zustimmte. Die besten Handwerker im weiten Umkreis wurden engagiert, allein fünfzig Steinmetze sorgten für die Steinarbeiten. Täglich besuchte Maximilian den Bau, obwohl es ihm immer schwerer fiel, seine Privaträume zu verlassen. Die Krankheit, die er von Jugend auf in sich trug, brach sich unaufhaltsam Bahn. Aber Maximilian hatte es sich in den Kopf gesetzt, persönlich genau über den Fortgang der Bauarbeiten Bescheid zu wissen, und so nahm er alle kräfteverzehrenden Strapazen auf sich. Er verfolgte, wie die beiden herrlichen Treppenhäuser entstanden, die mit Marmor ausgekleidet wurden, wie das 165 Meter lange Gebäude allmählich in die Höhe wuchs. Daß es einmal zum bedeutendsten Neorenaissancebau in Deutschland werden sollte, das konnte Maximilian freilich nur ahnen. Die Fertigstellung des Schloßflügels und seine Ausstattung sollte er nicht mehr erleben. Die Uhr seines Lebens lief viel zu schnell und viel zu früh ab!
Mit größter Sorge hatte Nené den immer schlechter werdenden Gesundheitszustand ihres Sohnes beobachtet. Obwohl Maximilian sich an manchen Tagen nur mühevoll aus dem Bett erheben konnte, schonte er sich in keiner Weise und glaubte so seinem Kräfteverfall Einhalt gebieten zu können. Deshalb unternahm er auch jetzt, im Frühjahr 1885, noch Reisen nach München und zu den böhmischen Besitzungen. Überall, wohin er kam, wurde er mit größter Freude empfangen, und man bereitete ihm begeisterte Ovationen. Gleichzeitig erkannte man mit Schrecken an allen

Orten, daß man Fürst Maximilian Maria wohl ein letztes Mal gesehen hatte.
Als eine Einladung Kaiser Franz Josephs aus Wien zur Auerhahnjagd in Regensburg eintraf, wußte Nené nicht, wie sie den Sohn davon abhalten sollte, sich den Anstrengungen einer solchen Jagd auszusetzen. Andererseits wollte sie ihm dieses vielleicht letzte Vergnügen nicht versagen. Es kostete sie unendlich viel Kraft, ein fröhliches Gesicht bei der Abreise des Sohnes zu zeigen.
Maximilian Maria schien sich auf dieser Jagd – es sollte seine letzte sein – ausgesprochen wohl zu fühlen. Voll Stolz berichtete er seiner Mutter, daß es ihm gelungen war, zwei Auerhähne zu schießen. Kein Wunder, bei seinem guten Auge und seiner immer noch zielsicheren Hand! Als er aus Wien zurückkehrte, war er jedoch ein todkranker Mann. Ende Mai hatte sich sein Zustand so verschlechtert, daß der konsultierte Arzt, Hofarzt Dr. August Popp, folgendes Bulletin herausgab:
„Seine Durchlaucht, Herr Fürst, hat bei zwei vollkommen fieberfreien in Wien zugebrachten Tagen die Reise hieher ohne die geringste Störung des Befindens ertragen, und die darauffolgende Nacht hier sehr gut verbracht. Gestern (20. Mai) mittags zeigte sich der Beginn eines Fiebers, das gegen Abend eine beträchtliche Höhe erreichte. Heute (21. Mai) am frühen Morgen stellte sich unter Beruhigung des hohen Kranken Erscheinung einer entzündlichen Affektion der Lunge ein. Später ließ die stürmische Erscheinung an Heftigkeit nach und erquickte Seine Durchlaucht zeitweise ein ruhiger Schlaf. Regensburg 21. Mai 1885, Dr. August Popp, Dr. Ziemssen“
Noch einmal bäumte sich der erst dreiundzwanzigjährige Fürst gegen den herannahenden Tod auf. Zu Pfingsten gingen ganz plötzlich die entzündlichen Erscheinungen, die ihn am ganzen Körper plagten, wie durch ein Wunder zurück, so daß selbst die Ärzte, die ihn täglich untersuchten, neue Hoffnung schöpften. Auch Nené, die stundenlang am Bett ihres kranken Sohnes saß, um ihm Trost zuzusprechen, faßte wieder Mut, daß doch noch alles gut werden könnte. Auch die Lunge und das Herz stabilisierten sich, nachdem das Fieber allmählich zurückgegangen war.

Voller Freude nahm auch Maximilians Großvater, Herzog Max in Bayern, den Nené in ihrer Verzweiflung verständigt hatte, die Besserung im Befinden des Patienten wahr. Vielleicht würde doch nicht alles so tragisch enden, wie Nené die Situation geschildert hatte, dachte sich Herzog Max. Aber schon bald zeigte es sich, daß die Sorge der Mutter nicht übertrieben war. Mit Entsetzen mußte der Bruder Nenés, Carl Theodor, der selber ein gefragter Arzt war, feststellen, daß sein Neffe in der Nacht vom 31. Mai auf den 1. Juni einen Lungeninfarkt erlitten hatte. Der junge Fürst war rettungslos verloren.

Im Morgengrauen traf der Stadtpfarrer Vilsmeier im fürstlichen Schloß ein, um dem Sterbenden die letzten Sakramente zu verabreichen. Der so vielversprechende junge Fürst hatte sein kurzes Leben mit Gott und der Welt abgeschlossen. Am 2. Juni begannen in der ganzen Stadt eine Viertelstunde vor sechs Uhr abends die Sterbeglocken zu läuten ...

Fassungslos weinte nicht nur die Mutter an der Bahre ihres so geliebten Sohnes. Auch die Geschwister hatten sich in den letzten Stunden eingefunden, um Nené in dieser schrecklichen Stunde beizustehen. Sisi hatte ihre Reisen unterbrochen und war, als sie von der schweren Erkrankung ihres Lieblingsneffen gehört hatte, nach Regensburg geeilt, war aber, wie so oft in ihrem Leben, zu spät gekommen. Sie schickte ein Telegramm an ihre Tochter Marie Valerie, die sich in Feldafing aufhielt und teilte darin den Tod von „Bubi" mit, wie der junge Fürst im Familienkreis genannt wurde.

Nené war untröstlich, und Sisi berichtete darüber ihrer Tochter Valerie, die in ihrem Tagebuch dazu folgendes bemerkte: „Um 1/2 9 h Abends kam Mama und erzählte viel von der armen Tante, die in ihrer furchtbaren Leidenschaftlichkeit oft wie wahnsinnig sein soll und Boos (der wider ihren Willen bei Bubi war) die Ursache von allem nennt (Am Totenbett: ‚There, there's the devil – der hat ihn umgebracht') – ganz verstört."

Warum Nené ausgerechnet dem Grafen Boos, dem Chef der Taxisschen Verwaltung, die Schuld am Tod ihres Sohnes gab, ist nicht bekannt. Sie haßte Boos seit langem, und das erste, was sie nun tat, war, daß sie den Grafen beurlaubte. Er sollte aus seinen

Ämtern ausscheiden, allerdings sein Gehalt auf Lebenszeit weiter beziehen. Sie konnte diese Entscheidung treffen, da sie jetzt wieder an der Spitze des Thurn und Taxisschen Hauses stand. Kurz nach dem Ableben des Fürsten hatte sie Kaiser Franz Joseph zum Vormund ihres jüngeren Sohnes Albert eingesetzt, der noch minderjährig war.
Nicht nur die Trauer innerhalb der Familie war groß, die Bevölkerung in und um Regensburg konnte den Tod des beliebten jungen Fürsten einfach nicht fassen. Ein Gedicht in Mundart, von dem Regensburger Historiker Joseph Rudolf Schuegraf verfaßt, drückt das Empfinden des einfachen Volkes aus:

„Z'Stauf am 2. Juni 1885.
Da Bua kummt hoamg'fahr'n von der Stadt.
‚Der flennt ja, was nur der wohl hat?'
So sagt da Baua zu sein' Wei.
‚Wos hast denn Toni? Red' do Bua!'
Fast kummt vor Woan' er net dazua,
Do endli druckt er's müahsam raus:
‚Da Fürst ist g'storb'n, der guate Herr.'
‚Na, wer is g'storb'n?' sagt Muata, ‚wer?'
‚No ja, der junge Fürst, 's is wahr,
Den ma no g'segn hab'n in dem Jahr,
Wia er auf d'Wildsaujagd is na,
Wia war er no so fröhli da,
Hat Jedem grüaßt, leutseli gmoa,
Und, war's da Häufla no so kloa.'
Von alle Seiten kumma's her,
Vom ganzen Markt de Stauferer,
Und All's hot g'woant und g'schrien: ‚Is wahr?'
I glaub' wias brennt hat vor drei Jahr;
Daß da net soviel g'schrien is wor'n.
(Und damals hat Stauf viel verlor'n.)
Jetzt kimmt da Pfarra a dazua
Und bitt' de braven Leut' um Ruah,
Und mäuserlstill werd's umadum,
All's knieat se um an Pfarra rum,

Und bis in d'Nacht nei kann man hör'n,
Wia's beten für'n z'früah g'storbna Herrn,
Und eh' no d'Bäurin d'Aug'n druckt zua,
Seufzt's no: ‚Gott gib eam d'ewi Ruah.'"

Unendlich lang zermarterte sich die Mutter den Kopf darüber, wer oder was wohl die Ursache des Todes ihres so geliebten und so hoffnungsvollen Sohnes gewesen war. Aber in ihrer Verzweiflung kam sie nicht auf das Naheliegendste, daß der Sohn als Kind schwer an Scharlach erkrankt war und sich dadurch einen irreparablen Herzfehler zugezogen hatte. Aber nicht nur die Mutter rätselte über den Tod des jungen Fürsten. Die wildesten Gerüchte tauchten plötzlich auf. Maximilian Maria wäre Freimaurer gewesen und seine Logenbrüder hätten ihn zu Kasteiungen und Hungerkuren gezwungen, was zu einer vollständigen körperlichen Schwächung geführt haben sollte. Gelegentlich mußten auch die Jesuiten als heimliche Mörder herhalten. Sie hätten angeblich verhindern wollen, daß der junge Fürst in liberalem kirchlichen Sinne seine Regierung führte.

Der junge schöne Mann wurde – wie einst sein Vater – einbalsamiert, dann in der Uniform aufgebahrt, den Orden des Goldenen Vlieses und den Hubertus-Orden auf der Brust, daneben lagen der päpstliche Gregorius-Orden und der fürstlich-hohenzollerische Hausorden. In den Händen hielt er einen einfachen Sterbekranz, zu dem seine Tante Sisi noch ein Gebinde aus weißen Maiglöckchen legte, das mit einem weißen Atlasband verziert war.

Lang war die Prozession, die den so früh verstorbenen Fürsten zu seiner letzten Ruhestätte geleitete. Die Brüder Nenés waren mit ihren Gemahlinnen gekommen, genauso wie der Herzog von Braganza und der Prinz und die Prinzessin von Hohenzollern. Und wer verhindert war, schickte mitfühlende Kondolenzschreiben, denn niemand konnte den so frühen Tod des jungen Fürsten fassen.

Als alle Trauergäste sich verabschiedet hatten, blieb die in tiefster Seele verwundete Mutter allein zurück. Für sie gab es keinen Trost. Auch ihr jüngerer Sohn Albert, der nun der künftige Fürst von Thurn und Taxis werden sollte, konnte sie kaum auf andere Gedanken bringen. Die Familie kümmerte sich rührend um Nené, sie hatte versprechen müssen, sofort nach den Trauerfeierlichkeiten nach Possenhofen zu kommen, wo alle versuchten, ihr über den größten Schmerz hinwegzuhelfen. Maria Valerie schieb über den Zustand der Tante am 14. Juni in ihr Tagebuch: „... die arme Tante Nené mit Manni in Garatshausen ... Nené unglaublich ruhig und gefasst, aber unheimlich schlecht aussehend ...“ Wie hätte es auch anders sein können?

Nené, die ohnehin ein Leben lang ein ernster Mensch gewesen war, zog sich in den nächsten Jahren immer mehr von der Welt zurück. Freilich erfüllte sie ihre Aufgaben als Vormund ihres jüngeren Sohnes, aber sie suchte vermehrt Trost in der Religion, so daß sie den Außenstehenden melancholisch und bigott vorkam. Aber die Schicksalsschläge, die Nené zu ertragen gehabt hatte, hätten auch das Lachen eines fröhlicheren Menschen verstummen lassen. Als junge Frau hatte sie ihren Mann verloren, sie hatte an der Bahre ihrer blutjungen Tochter stehen müssen, und jetzt hatte sie ihren erst dreiundzwanzigjährigen, geliebten Sohn begraben!

Auch Sisi trauerte auf ihre Weise um den liebenswürdigen Neffen, sie machte ein Gedicht in Ischl und übergab es dem jungen Albert von Thurn und Taxis, der in einigen Jahren als Fürst Albert Maria Joseph Maximilian Lamoral regieren sollte. Marie Valerie vermerkte darüber in ihrem Tagebuch: „Seit einigen Tagen Manni in Ischl. Alpenrosenkranz mit einem wunderschönen Gedicht von Mama nach Regensburg. Manni dankte ihr weinend, der Arme. Ich habe zwei kleine Gedichte auf die Alpenrosen und den armen Bubi gemacht, die ich ihm zeigte. Wir weinten alle miteinander und Manni umarmte mich, wie wenn ich seine Schwester wäre. Man muß ihn lieb gewinnen, wenn man ihn näher kennen lernt, er ist so zutunlich und liebebedürftig wie ein Kind.“

Nené hatte kurz nach dem Tod ihres Sohnes den Auftrag erteilt, daß in dem neuerbauten Schloßflügel unmittelbar neben ihren Privatgemächern die Hauskapelle eingerichtet werden sollte. Ihre persönlichen Räumlichkeiten ließ sie mit dem kostbaren Mobiliar des ehemaligen Frankfurter Palais ausstatten, das nach Regensburg gebracht worden war. So entstanden herrliche Zimmer im

reinen Rokokostil, der Silberne und der Gelbe Salon. Außerdem hatte man überall die feinsten Gobelins angebracht – Maximilian Maria hätte seine Freude gehabt!
Das Schicksal hatte ihm nicht vergönnt, die Fertigstellung des neuen Schloßtraktes zu erleben.

Genauso wie sein früh verstorbener Cousin Maximilian Maria fühlte sich auch Sisis einziger Sohn, Kronprinz Rudolf, matt und krank, ausgepumpt und ausgelaugt. Aber es war keine körperliche Krankheit, an der der österreichische Thronfolger litt, es waren schwere Depressionen, die ihm das Leben zur Hölle machten. Die Ursachen für sie hätten die Psychiater in der Kinderzeit suchen können. Durch die barbarischen Methoden seines ersten Erziehers Gondrecourt war Rudolf schwer geschädigt worden, und nur sein späterer Lehrer und Freund Latour hatte durch eine behutsame Erziehung das halbwegs gutzumachen vermocht, was sein Vorgänger durch seine soldatischen Drillmethoden angerichtet hatte. Latour schien sein Ziel einigermaßen glücklich erreicht zu haben, denn mit zwanzig Jahren war Rudolf ein durchaus umgänglicher Mensch geworden. Er hatte kluge Ansichten, wobei er freilich mit den Vorstellungen seines Vaters gewaltige Probleme hatte. Er stimmte nämlich in vielem überhaupt nicht mit dem überein, was sein Vater als unumgänglich notwendig, als staatstragend und staatserhaltend ansah. Der junge Kronprinz war ein moderner Mensch, der die gottgewollte Sendung eines Monarchen, mit der sich jahrhundertelang die Habsburger auf dem Kaiserthron gehalten hatten, in Frage stellte. Seiner Meinung nach konnte keine Familie, noch dazu über Generationen, von Gott dazu ausersehen sein, über Länder und Völker zu herrschen. Das Wort eines einzigen Mannes konnte nicht oberstes Gebot in einem Staat sein, der Millionen Menschen umfaßte. Rudolf war in seinem Herzen, wie letztlich Sisi auch, ein überzeugter Republikaner, und er machte aus seinen Gedanken kein Geheimnis. Er umgab sich mit Menschen, die ähnlich dachten wie er. Einer seiner engsten Freunde war der Zeitungsredakteur Moriz von Szeps, ein Ungar, in dessen Zeitung Rudolf – zwar unter einem Pseudonym – seine Ansichten über Kaiser, Staat, Gesellschaft und Kirche kundtat. Aber schon bald ahnte man, wer sich hinter dem

Pseudonym verbarg. So blieb es wahrscheinlich auch dem kaiserlichen Vater nicht verborgen, daß sein Sohn geradezu revolutionäre Ideen entwickelt hatte. So akribisch und genau der Kaiser seine Pflichten als Herrscher erfüllte – jedenfalls sah er das so aus seinem Blickwinkel heraus, der reichlich engstirnig und einbahnig war – so wenig kümmerte er sich um das Wohl und Weh seiner Kinder. Lediglich die jüngste Tochter, Marie Valerie, bildete in gewisser Hinsicht eine Ausnahme, vielleicht auch, weil Sisi dieses „ungarische Kind", wie sie die Tochter nannte, über alles liebte. Über die Rolle Franz Josephs als Kaiser gingen und gehen die Meinungen weit auseinander, nicht aber kann man ihn als Vater von einer gewaltigen Schuld freisprechen, die er unbeabsichtigt auf sich geladen hatte. Denn auf Grund seiner Erziehung und der viel zu frühen Belastung durch seine Position hatte er keine menschliche Bindung zu seinen älteren Kindern entwickeln können, und Sisi war am wenigsten geeignet, ihn an seine Vaterpflichten zu erinnern. Die Kinder waren für den Kaiser absolut notwendig für das Fortbestehen der Habsburgermonarchie, und er empfand es als bedenklich, wenn er an seine Vorfahren mit den Scharen von Söhnen und Töchtern dachte, daß er nur einen einzigen Sohn hatte.

Als ihn seine Minister auf die Veröffentlichungen des Kronprinzen aufmerksam machten, tat er die Angelegenheit zunächst als unwichtig ab. Mit der Zeit aber konnte er die diskriminierenden Artikel nicht mehr als bloße Gedankenspiele eines untätigen jungen Mannes abtun, sondern mußte zunehmend verärgert erkennen, daß Rudolf, sein Nachfolger in fernen Zeiten, ganz anders dachte und fühlte als er. Die Politik Rudolfs würde völlig konträr zu seiner eigenen sein, ja, er sah im Geiste schon alles zerstört, was er in mühevoller jahrzehntelanger Arbeit nach den Wirren des Jahres 1848 aufgebaut hatte.

Der Kaiser suchte mit Rudolf weder das Gespräch, noch hatte er das Bedürfnis, seinen Sohn in die Staatsgeschäfte einzuführen. Franz Joseph stand an der Spitze einer riesigen Monarchie, in der alle Fäden bei ihm selbst zusammenliefen. Er brauchte keine Ratgeber, am allerwenigsten aber einen Sohn mit zukunftsweisenden Ideen!

Diese Einstellung des Vaters war Rudolf seit Jahren bekannt. Er wußte, daß er niemals eine innere Beziehung zum Kaiser entwickeln würde, viel zu fern stand er dem, was Franz Joseph hoch und heilig war. Auch bei seiner Mutter fand er kein Verständnis, denn auch Sisi sah, ebenso wie Franz Joseph, alles als negativ an, was den jungen Mann interessierte und beschäftigte. Es begann schon mit seiner Frau Stephanie, die er der Heiratspolitik seiner Eltern zu verdanken und die so wenig Gnade am Kaiserhof in Wien gefunden hatte. Er, Rudolf, hätte sich dieses Mädchen bestimmt nicht ausgewählt, hätte man ihm freie Hand gelassen. Aber unter den eventuellen Bräuten, die man ihm zur Wahl vorgestellt hatte, schien ihm Stephanie zunächst das geringste Übel zu sein.

Aber es dauerte nicht lange, da konnte Rudolf mit seiner arroganten jungen Frau, die nach der Geburt der einzigen Tochter von Tag zu Tag häßlicher und plumper wurde, wirklich nichts mehr anfangen. Er mußte aus der Rolle des treuen Ehemannes, die er vorübergehend gespielt hatte, ausbrechen und sein lustiges Leben, das er bis zu seiner Eheschließung geführt hatte, wieder aufnehmen. Nachdem Stephanie in ihrer Naivität zunächst von Rudolfs nächtlichen Eskapaden nichts geahnt hatte, fiel die biedere Belgierin wie aus allen Wolken, als sie erfuhr, daß Rudolf halbe Nächte in den Heurigenlokalen der Wiener Vorstädte und in den Armen anrüchiger Mädchen verbrachte.

Mizzi Caspar, eine Dame mit zweifelhafter Vergangenheit, war die „Coeur-Dame“ des österreichischen Thronfolgers. Sie war mehr als nur ein Abenteuer für Rudolf, sie wurde zu seiner Vertrauten, eigentlich zu seiner Liebe, so seltsam dies auch erscheinen mag, denn er machte ihr den Vorschlag, mit ihm aus dem Leben zu scheiden. Mit ihr wollte er sich in Mödling, in der Nähe von Wien, beim Husarentempel bei Sonnenuntergang erschießen. Mizzi war von dem Angebot zutiefst betroffen. Was mochte in Rudolf vorgehen, daß er einen solchen Gedanken in Erwägung ziehen konnte?

Wenige Tage später ließ sie sich beim Polizeipräsidenten von Wien melden. Doch dieser nahm den Hinweis auf Selbstmordabsichten des Kronprinzen nicht ernst. Mizzi mußte aufgrund

ihrer Aussage sogar noch fürchten, selbst belangt zu werden und hinter Gittern zu landen.
Rudolf, ein schmächtiger, eher unansehnlich wirkender Mann Ende zwanzig, hatte sich in der letzten Zeit erschreckend verändert. Er trank übermäßig viel Kognak und Champagner, und allgemein hatte man den Eindruck, daß er noch irgendetwas zusätzlich brauchte, um aktiv in jeder Hinsicht zu sein.
Später stellte sich heraus, daß der Kronprinz seit einer Grippeerkrankung in Berlin, wo man ihm Morphium gegeben hatte, drogenabhängig geworden war. Durch Morphium in Verbindung mit dem übermäßigen Alkoholkonsum ging sein körperlicher Verfall rasch vonstatten, und bereits mit dreißig Jahren wirkte der österreichische Kronprinz wie ein um viele Jahre älterer Mann. Er schien mit seinen tiefliegenden Augen und dem bleichen Gesicht ausgebrannt zu sein.
Allen fiel der miserable Gesundheitszustand Rudolfs auf, nur die Eltern waren blind, denn als seine Ehefrau Stephanie den Kaiser aufsuchte und ihn beinahe verzweifelt bat, sich um Rudolf zu kümmern, da beruhigte sie Franz Joseph zwar sehr väterlich, registrierte aber in keiner Weise das Problem, um das es ging. Er handelte die Sache mit seinem Sohn wie einen Akt ab, so wie er tagtäglich hunderte Bittgesuche erledigte. „Rudolf – abgehakt!"
Auch Sisi machte sich wenig Gedanken um ihren Sohn. Und selbst, als sich dieser kurz vor seinem Freitod in seiner ausweglosen, verzweifelten Lage beinahe flehentlich an die Mutter wandte, hatte sie Besseres zu tun, als den Sohn anzuhören, geschweige denn, ihm zu helfen. Was ging sie eigentlich Rudolf an, was wollte er von ihr? Daß es bei ihrem Sohn um Sein oder Nichtsein ging, das erkannten die Eltern nicht. Sollte er mit der Situation, in die er sich gebracht hatte, selber fertig werden. Hilfe konnten und wollten Franz Joseph und Elisabeth ihm nicht geben.
Und so beschritt Rudolf unaufhaltsam seinen Weg nach Mayerling. Da er das Alleinsein in dieser furchtbaren Stunde, die auf ihn zukommen würde, scheute, hatte er seine Geliebte, ein sechzehnjähriges Mädchen, zu sich bestellt. Sie war bereit, mit ihm den letzten Schritt zu wagen. Mary Vetsera war ein sinnliches,

ehrgeiziges Geschöpf und trotz ihres jugendlichen Alters keineswegs ein unbeschriebenes Blatt. Sie hatte es sich in den Kopf gesetzt, den österreichischen Kronprinzen zu verführen und vielleicht einmal, nach seiner geplanten Scheidung von Stephanie, an seiner Seite Kaiserin zu werden. Dazu nahm sie alles in Kauf. Die Cousine Rudolfs, Marie Larisch, die jahrelang die Vertraute Sisis gewesen war, schien bei dem Unternehmen die geeignete Kupplerin zu sein. Mit ihrer Hilfe gelang es Mary, nach Schloß Mayerling, einem Jagdsitz des Kronprinzen im Wiener Wald, zu gelangen. Für das junge Mädchen war die Selbstmordabsicht Rudolfs wahrscheinlich nur ein pikantes Spiel, sie glaubte sicherlich nicht an eine tatsächlich geladene Waffe, die ihr der österreichische Thronfolger an die Schläfe setzen würde. Am 30. Januar 1889 fand Rudolfs Diener Loschek die beiden Toten nach einer langen Nacht blutüberströmt auf dem Bett des Kronprinzen ...
Der Tod seines einzigen Sohnes erschütterte nicht nur den Kaiser, er hätte das Staatsgefüge ins Wanken bringen können. Aber der Beamtenapparat, den Franz Joseph in jahrelanger Arbeit geschaffen hatte, funktionierte perfekt.
Zunächst versuchte man den Tod Rudolfs als Unfall, dann als Giftmord darzustellen. Offizielle Bulletins wurden herausgegeben, aber mit keinem Wort wurde das Volk über die wahren Hintergründe und die wirkliche Todesursache informiert. Und bis heute bleiben immer noch Rätsel darüber, ob nicht tatsächlich, wie auch Angehörige und Nachkommen der kaiserlichen Familie vermuten, andere Hintergründe zum Tode des Kronprinzen geführt hatten ...
Sisi erfuhr vom Tod ihres einzigen Sohnes durch ihre Vertraute Ida von Ferenczy. Obwohl sie über diese schreckliche Nachricht in Verzweiflung zu fallen drohte, raffte sie sich auf, um Franz Joseph die entsetzliche Mitteilung zu machen. Als dann schließlich Marie Valerie, die sich einige Tage vorher mit Franz Salvator verlobt hatte, erfuhr, daß ihr Bruder aus dem Leben geschieden war, weinte man zu dritt. Aber jeder Schmerz und alle Tränen waren sinnlos in Anbetracht der Tatsache, daß sich alles hätte anders entwickeln können mit ein bißchen Menschlichkeit!

Sisi gebärdete sich in den nächsten Jahren ganz als Mater dolorosa, sie legte die schwarze Trauerkleidung nicht mehr ab und suchte Kontakt zu ihrem toten Sohn im Jenseits. Wie unterschiedlich verliefen doch die Schicksale der beiden Schwestern! Sisis Sohn hatte sein Leben freiwillig weggeworfen, während Nenés Sohn Maximilian Maria, ein so hoffnungsvoller junger Mann, gerne gelebt hätte!

Nach dem Tod des Sohnes brauchte Nené lange, um wieder ein geregeltes Leben führen zu können. Dabei warteten viele Aufgaben als Vormund ihres jüngeren Sohnes Albert auf sie. Er hätte ihr zwar Trost und Hilfe sein können, aber Nené beschloß, daß er seine Studien in Würzburg und später in Freiburg im Breisgau und in Leipzig fortsetzen sollte. In dieser Zeit durfte sie nicht egoistisch denken, eine gute Ausbildung Alberts war Kapital für die Zukunft des Hauses und der Familie.

Nené sollte nicht zur Ruhe kommen: Am 20. Januar erreichte sie schon wieder eine Todesnachricht. Ihre Schwiegermutter, mit der sie ein sehr gutes Einvernehmen gehabt hatte, war in Meran gestorben. Die Fürstin Mathilde war in vielem für Nené ein Vorbild gewesen, nicht nur durch ihr liebenswürdiges Wesen, sie hatte sich vor allem um kranke und verlassene Kinder in Regensburg gekümmert und für sie ein Spital errichten lassen. Nené fühlte, obwohl sie in letzter Zeit wenig Kontakt mit der Schwiegermutter gehabt hatte, daß Mathilde eine große Lücke hinterlassen würde.

Aber das Leben mußte auch für Nené weitergehen. Und da sie so viel Leid in den vergangenen Monaten in Regensburg hatte ertragen müssen, beschloß sie, wieder auf Reisen zu gehen, um in eine andere Umgebung zu kommen. Ihre Schwester Sophie hatte sie sehr herzlich nach Paris eingeladen. Die herzliche Atmosphäre im Hause Alencon tat ihr gut. Sie unternahm mit dem Herzogspaar weite Ausflüge in die Umgebung und genoß die kulturellen Veranstaltungen in Paris.

Eigentlich hatte Nené beschlossen, nach ihrem Frankreichaufenthalt wieder nach Regensburg zurückzukehren, aber Sisi hatte ihr in einem Brief mitgeteilt, daß sie die nächsten Wochen auf den britischen Inseln verbringen wollte. Aus diesem Grunde änderte Nené ihr Programm und fuhr ebenfalls nach England. Es war keine gute Idee, wie sich später herausstellen sollte. Denn die Schwester verhielt sich ihr gegenüber äußerst launisch. Vielleicht mußte

Nené es büßen, daß Franz Joseph die Kaiserin dringend gebeten hatte, die englische Queen Victoria auf der Isle of Wight zu treffen, etwas, das Sisi in tiefster Seele zuwider war. Denn ihre Einstellung zu der englischen Königin hatte sich im Laufe der Jahre keineswegs geändert. Der ganze Aufenthalt in England war Sisi durch dieses Treffen von vorneherein verdorben! Übel gelaunt traf sie in London ein, wo Nené sie erwartete. Es kam dort, aus welchen Gründen auch immer, zu einem schweren Zerwürfnis der Schwestern. Und da Sisi niemals die Schuld für irgendwelche Vorkommnisse bei sich selber suchte, konnte sie es nicht lassen, auf ihre unglückliche Schwester ein zweideutiges, böses Gedicht zu machen, in dem sie Nené gar als Hexe bezeichnete.

„An meine Schwester Helene.
London, März / April 1888
Die Stunden schleichen träg dahin,
Und mich erfasst ein wilder Spleen
In Albions Capitale;
Gebannt in's Zimmer, krank und matt,
So weltverlassen, lebenssatt,
Fern jedem Sonnenstrahle,
Verwelkt mein Leib, verdorrt mein Geist,
Natur, wie ist dein Kind verwaist
Hier zwischen dunklen Mauern!
Mein Pegasus, mein Flügelross,
Den Kohlendunst verdross,
Entfloh mit wildem Schauern.
Ich bin allein und ohne Trost,
Apathisch bald und bald erbost,
Doch hilft's etwa zu fluchen?
Der Wirbelwind treibt Flocken her,
(Aprilschnee peiniget noch mehr,
Was hat er jetzt zu suchen?)
Dass jetzo ich so elend bin,
Ich weiss, das tat mit bösem Sinn
Der Macbeth Hexen Eine.
In ihrem Kessel böses Kraut

Hat sie mir zum Maleur gebraut
Dem heilgen Neumondscheine;
Denn ihren Drohungen zum Hohn
Kam ich im März nach Albion."

Vielleicht konnte Nené die ewigen Klagen und die ständige Unzufriedenheit ihrer Schwester nicht mehr ertragen, so daß sie Sisi erklärte, ein für allemal genug zu haben. Obwohl Sisi endlich einmal ihr Leben hätte akzeptieren müssen, suchte sie ständig jeder noch so geringen Aufgabe zu entfliehen. Sie kümmerte sich außer um ihre eigene Person nur noch um das Wohl und Wehe Marie Valeries, und sie tat dies mit so einer Ausschließlichkeit, die dem jungen Mädchen oftmals viel zuviel wurde. Aber Valerie liebte die Mutter und versuchte sie zu verstehen, auch wenn sie tiefes Mitleid mit ihrem einsamen Vater hatte.
Je älter sie wurde, umso mehr trieb es die Kaiserin hinaus in die Welt. Sie war ständig unterwegs. Dabei wußte der Kaiser in Wien oftmals nicht, wo sie sich augenblicklich aufhielt. So lange ihr Traumpalast, das Achilleon auf Korfu, noch im Bau war und sie immer wieder auf die Insel kam, um die Fortschritte zu kontrollieren, war es für Franz Joseph noch ein leichtes gewesen, mit ihr briefliche Verbindung zu haben. Aber nachdem der Bau vollendet war, zog es Sisi keineswegs mehr so oft nach Korfu. Sie hatte in ihrer Überspanntheit begonnen, Griechisch zu lernen, nicht, weil sie sich mit der griechischen Bevölkerung unterhalten wollte, sondern weil sie mit dem von ihr verehrten Helden Achilles im Jenseits Kontakt aufnehmen wollte.
Ihre Reisen wurden immer extremer, sie wählte für Fahrten übers Mittelmeer Monate, in denen schwere Stürme zu erwarten waren. Geriet das kaiserliche Schiff „Miramar" dann in ein Unwetter, ließ sich die Kaiserin, wie in der Sage einst Odysseus, an den Schiffsmast binden, und während ihre Hofdamen in Todesangst verfielen, rezitierte sie mit lauter Stimme Homer …
Das Leben in Österreich war für sie sinnlos geworden, besonders nachdem sich Marie Valerie in den jungen Franz Salvator von Habsburg-Lothringen verliebt hatte. Das junge Paar wollte bald heiraten, wovon Sisi freilich überhaupt nichts hielt. In vielen Ge-

sprächen versuchte sie der Tochter klarzumachen, daß die Ehe etwas Widernatürliches sei. Aber sie konnte Valerie natürlich von ihrer Meinung nicht überzeugen und erkannte schmerzlich, daß die Tochter sie über kurz oder lang verlassen würde. Auch der Kaiser war mit dem zukünftigen Mann Valeries zunächst nicht einverstanden, und selbst Rudolf, der sich sonst kaum an die Familientraditionen hielt, fand, daß Franz Salvator nicht den strengen Vorschriften des Kaiserhauses entsprach. Als Sisi die Ablehnung der beiden Männer bemerkte, erklärte sie ihrer Tochter, sie wäre bereit, ihr zu helfen, denn Marie Valeries Glück lag ihr ganz besonders am Herzen. Wenn es nach ihr ginge, könnte die Tochter auch einen Rauchfangkehrer heiraten, wenn er für sie die große Liebe wäre.
Trotzdem dachte sie mit Schaudern an den Tag, an dem das geliebte Kind aus dem Haus gehen würde. Wehmutsvoll klagte sie in einem Gedicht:

„Die mir alles hier gewesen,
meine Sonne und mein Leben,
Ach! die hat mich längst vergessen,
Eh ein Jahr sich hingegeben!“

Sie würde in den nächsten Jahren und Jahrzehnten allein sein. Diese Tatsache erfüllte die Kaiserin mit unendlicher Traurigkeit. Sie aß noch weniger als sonst und mutete ihrem ausgemergelten Körper Strapazen zu, die ihm keineswegs guttaten. Die einstmals schönste Frau Europas war alt, melancholisch und lebensmüde geworden, von Krankheiten und Depressionen geplagt. Auf Veranlassung der Ärzte hin reiste sie von einem Heilbad ins andere, ohne allerdings grundlegende Besserung zu erfahren, denn dazu wäre eine andere psychische Einstellung notwendig gewesen. Der Kaiser versuchte in den wenigen Tagen, die er seine von ihm immer noch geliebte Frau zu Gesicht bekam, sie zu überreden, ihr Leben zu ändern, auf die weiten, anstrengenden Reisen und Gewaltmärsche, die sie auf sich nahm, zu verzichten und vernünftig zu essen. Aber so wie es ihm schon als junger Mann nicht gelungen war, seine Frau zu beeinflussen, so wenig hatte er jetzt mit seinen Worten Erfolg. Kaum hatte Sisi die Hofburg betreten, als

sie schon Anweisung gab, wieder die Koffer zu packen und ein neues Ziel anzusteuern.
In den letzten Jahren waren auch ihre Aufenthalte bei der Familie in Possenhofen seltener geworden, und nach den Zwistigkeiten mit Nené traf sie die Schwester kaum mehr in Regensburg. Nené hatte hingegen anderes zu tun, als sich um die Wehwehchen der Schwester zu kümmern. Im April 1887 stand der Bau des neuen Schloßflügels unmittelbar vor der Vollendung. Endlich war das Werk vollbracht, das seinem Initiator, dem verstorbenen Fürsten, für immer ein Denkmal setzen sollte …
Zwei Jahre nach dem Tod Maximilian Marias rüstete sich die Stadt Regensburg wieder für ein Fest: Die Volljährigkeit des künftigen Fürsten Albert Maria Lamoral und sein Regierungsantritt sollten entsprechend gefeiert werden. Seine Mutter war mit ihm schon Monate vor dem großen Ereignis nach Lourdes gepilgert, um den Segen des Himmels zu erflehen. Hoffentlich würde ihm Gott gnädiger sein als dem Bruder!
Auch Albert Maria Lamoral war zu einem umgänglichen, charmanten jungen Mann herangewachsen, der sich vor allem in der habsburgischen Familie großer Beliebtheit erfreute. Seine Cousine Marie Valerie schrieb über ihn in ihr Tagebuch: „Manni ist mein Liebling in der bayerischen Familie“ und fügte hinzu, daß sie den jungen Mann liebe wie einen eigenen Bruder.
Auch andere Damen fanden den jungen Fürsten über alle Maßen liebenswürdig. Überall, wohin er kam, flogen ihm die Herzen zu, und so war es kein Wunder, daß die schöne Margarete, die temperamentvolle Tochter des Paladins von Ungarn, Erzherzog Joseph, sich Hals über Kopf in den hübschen Albert verliebte, als sie einander im Frühjahr 1888 kennenlernten. Auch Albert ging das „ungarische Mädel“ nicht aus dem Kopf, und bald schon waren sich die beiden einig, daß sie den gemeinsamen Schritt fürs Leben wagen wollten. Nené war mit der Wahl ihres Sohnes einverstanden. Wie hätte sie sich auch anders verhalten sollen, wo man schon von weitem erkennen konnte, wie sehr Albert seine Margarete liebte?
Am 5. Mai waren Nené und Albert mit dem Orientexpress aus Paris kommend in Regensburg eingetroffen. Alberts Regie-

rungsantritt stand damals unmittelbar bevor. Obwohl man in Regensburg beschlossen hatte, diesen Tag festlich zu begehen, verzichtete man doch auf große Feuerwerke und ausgelassene Tanzveranstaltungen. Zu sehr war noch der Tod des jungen Fürsten Maximilian in Erinnerung. Dennoch präsentierte sich die Stadt bunt beflaggt und blumengeschmückt. An allen Ecken und Enden waren Musikkapellen aufmarschiert, die sowohl alte als auch neue, eigens zu diesem Anlaß geschriebene Kompositionen spielten, denn die Regensburger Komponisten Michael Haller und Ignaz Mitterer hatten es sich nicht nehmen lassen, dem jungen Fürsten durch besondere Werke zu huldigen.

Ein Festessen allein für Beamte der Forstverwaltung für zweiundsiebzig Personen fand im Hotel „Goldenes Kreuz" statt, in dem schon Kaiser Karl V. gespeist hatte. Die Räumlichkeiten waren üppig mit Palmen und exotischen Blumen geschmückt, daß so mancher Gast aus dem Staunen nicht herauskam. Aber neben dieser Augenweide wurde auch ein Gaumenschmaus geboten, der den üblichen Rahmen bei weitem sprengte. Die Menükarte konnte sich wirklich sehen lassen. Es wurden folgende Speisen gereicht:

„Caviarbrötchen
Julienne-Suppe
Rheinsalm mit holländischer Sauce
Filet de Boeuf mit Trüffel auf französische Art
Spargel, geräucherte Zunge
Westfäler Schinken, Schwarzwild-Ragout
Punsch à la Romaine
Poulardes am Spieß gebraten
Salate, Kompotte, Mandelpudding
diverses Gefrorenes, Torten, Backwaren, Obst
Käse, Kaffee
Bier Tafelwein (Rüdesheimer)
Bordeaux und Medoc
Moet, Crème d'Ayrose"

Der junge Fürst war wie alle seine Vorfahren in jeder Hinsicht großzügig. Auch im Hotel „Grüner Kranz" ließ Albert für die Angehörigen anderer Institutionen Festessen veranstalten.

Mit dem neuen Fürsten kam wieder Leben in das in den letzten Jahren so stille Schloß. Nené war ganz plötzlich am 18. November 1888 nach Feldafing gereist, nachdem sie von der schweren Erkrankung ihres Vaters erfahren hatte. Herzog Max in Bayern hatte wenige Wochen nach der Diamantenen Hochzeit, die man im September im kleinsten Kreis gefeiert hatte, einen Schlaganfall erlitten, von dem er sich nicht mehr erholen sollte. Ohne das Bewußtsein wiedererlangt zu haben, schlief er ruhig ein. Albert begleitete die Mutter an den Starnberger See, voller Sorge, daß dieser neuerliche Todesfall in der Familie Nené wieder aus dem nur mühsam gewonnenen Gleichgewicht reißen würde.
An der Aussegnung hatte nicht nur die engste Familie teilgenommen, auch Kaiser Franz Joseph war nach München gekommen, Hunderte von Münchnern aus allen Schichten der Bevölkerung erwiesen dem beliebten Herzog die letzte Ehre – nur eine fehlte: Seine Lieblingstochter Sisi. Sie war angeblich unabkömmlich, weil sie gerade zur Erholung auf der Insel Korfu weilte!
Erst im Januar des folgenden Jahres geruhte Sisi wieder nach Bayern zu reisen. In München traf sie Nené und ihren Bruder Ludwig mit Frau. Vielleicht war es die lockere Art ihrer Schwägerin, der ehemaligen Schauspielerin und geadelten Baronin Wallersee, die keine Peinlichkeiten zwischen den Schwestern aufkommen ließ, vielleicht aber war es die freundliche Art, mit der die gleichfalls anwesende Marie Valerie die Tante willkommen hieß. Valerie hatte Nené schon von klein auf ins Herz geschlossen und freute sich jedesmal ganz besonders, wenn es hieß, auch Tante Nené würde in Possenhofen sein. Als Sisi sah, wie sehr ihre Tochter Nené zugetan war und wie sie sich um sie bemühte, da konnte sie auch nicht anders, als die Schwester herzlich zu begrüßen.
Fürst Albert setzte, so jung er war, die Traditionen des Hauses Thurn und Taxis fort und veranstaltete im Winter 1889 große Jagden in den riesigen Wäldern und weiten Feldern, die im Besitz der Familie waren. Man ging vor allem auf Wildschwein- und Fasanenjagd. Diese willkommenen Abwechslungen und Unterhaltungen schätzte man nicht nur im Kreise der Freunde, auch die Familie fand sich zahlreich ein, wenn zum Halali geblasen wurde. Dabei waren die Damen mit von der Partie, vor allem die Gemah-

lin von Carl Theodor, Nenés Bruder, war eine ausdauernde Jägerin und eine vielbewunderte Schützin, die allein an einem Tag zwei Fasane und zehn Rebhühner zur Strecke brachte.
Obwohl man sich in der Gesellschaft um Nené bemühte, blieb sie doch meistens zurückgezogen in ihren Räumlichkeiten, auch wenn die Jagdgesellschaft hungrig und durstig im fürstlichen Schloß einkehrte. Ihr Sohn hatte ihren Herzenswunsch, einen eigenen Besitz am Starnberger See zu erwerben, längst erkannt. Und als Schloß Garatshausen überraschend zum Verkauf stand, da war der junge Fürst sofort zur Stelle. Im Mai 1889 ging das idyllische kleine Schloß direkt am See in den Besitz der Thurn und Taxis über. Freilich gab es einiges herzurichten, denn das Schloß entsprach nicht mehr dem gewohnten Lebensstandard. Im Auftrag von Nené wurde es restauriert und mit prächtigen Möbeln eingerichtet. Jetzt konnte man sich hier wirklich wohlfühlen. Kaum war der Kauf von Garatshausen abgeschlossen, kaum waren die wichtigsten Anweisungen erteilt, bestieg Albert voller Ungeduld den Zug in München, um endlich nach Ungarn zu seiner Margarete zu fahren. In Allsuth sollte an Margaretes neunzehntem Geburtstag die offizielle Verlobung gefeiert werden, leider ohne seine Mutter und ohne seine Schwester. Nené hatte selbstverständlich eine Einladung zu dem Fest erhalten, fühlte sich aber nicht stark genug, um die lange Reise auf sich zu nehmen. Sie würde ja spätestens bei der Hochzeit des Sohnes alles nachholen können und dann mit dem Brautpaar anstoßen.
Eigentlich hatte Albert die Absicht gehabt, wenigstens eine Woche in Ungarn zu bleiben, aber als regierender Fürst des Hauses Thurn und Taxis mußte er seine Pflichten wahrnehmen und an den Begräbnisfeierlichkeiten für die Mutter König Ludwigs II., die aus dem Haus Hohenzollern stammte und einst Königin von Bayern gewesen war, teilnehmen. Marie war in München und in Oberbayern ungewöhnlich beliebt gewesen, und daher wurde ihre Beisetzung in großem Rahmen begangen. Wie immer, wenn sie an einem Sarg stand, überfiel Nené tiefe Melancholie, sie gedachte all ihrer Lieben, die sie in die Familiengruft geleitet hatte. Vielleicht aber fühlte sie, daß auch ihre Tage gezählt waren.
Jetzt, da sie keine Verpflichtungen mehr hatte, gab sie sich ganz

dem Gebet hin. Trotz der rührenden Fürsorge ihres Sohnes fühlte sie sich einsam und leer, sie hatte im Laufe der Zeit ihren Lebensmut verloren. Auch wenn Albert sie immer und überall um Rat fragte, hatte sie keine wirklichen Aufgaben mehr. So erfuhr sie, daß er die Genehmigung zu einer Trasse der Lokalbahn zur Walhalla, die durch fürstlichen Besitz gehen sollte, was natürlich Beeinträchtigungen bedeutete, zum Wohle der Bevölkerung erteilt hatte, daß er prachtvolle Logen im Stadttheater hatte einrichten lassen, ganz mit Rokokoschnitzereien ausgestattet, die er in München erstanden hatte, und daß er voller Ideen war, wie man Neuerungen in der Stadt einführen könnte, ohne das Alte zerstören zu müssen. Nené sah beruhigt in die Zukunft. Ihr Sohn war ein fähiger Mensch geworden und würde, wenn sie einmal die Augen für immer geschlossen hatte, zum Wohle der Stadt und des Hauses regieren!

So ernsthaft Fürst Albert auf der einen Seite arbeiten konnte, so gern vergnügte er sich auch zwischendurch und besuchte – manchmal auch ohne seine Braut – die Bälle der Stadt, wo er als begeisterter Tänzer keinen Tanz ausließ. So manche schöne Regensburgerin, die er im Arm hielt, bedauerte in tiefster Seele, daß der charmante Fürst seine Hand einer anderen reichen wollte. Meist wurde er mitten in der Festesfreude dann doch von schlechtem Gewissen geplagt, so daß er Hals über Kopf schon um elf Uhr das Tanzvergnügen verließ, um wenige Tage später zu seiner Braut nach Ungarn zu reisen.

Wieder einmal stand eine Reise bevor, als Albert mit Schrecken bemerkte, daß seine Mutter von Tag zu Tag blasser geworden war. Er bat sie, die Ärzte zu konsultieren, aber Nené erklärte ihm, daß sie sich ganz wohl fühle. Dann überfiel sie eine unerklärliche Müdigkeit, die von Fieber begleitet war. Sie war die ganze Nacht in Schweiß gebadet gewesen und war daher so schwach, daß sie sich kaum auf den Füßen halten konnte. Ängstlich umstand man das Bett der Kranken und hörte auf jeden ihrer Atemzüge. Fürst Albert hatte, als sich der Zustand seiner Mutter verschlimmerte, in aller Eile ein Telegramm an Kaiserin Elisabeth geschickt. Sisi sollte wissen, wie es um die Schwester stand. Wenige Tage später schnellte das Fieber ganz plötzlich auf über 39 Grad hinauf, und ein

Schüttelfrost überfiel die Kranke, der sie neun Stunden lang plagte. Nun wechselte das Befinden Nenés von Tag zu Tag, es schien ihr einmal wesentlich besser zu gehen, während am nächsten Tag die Ärzte die schlimmsten Befürchtungen hegten. Und immer noch wußten die Ärzte nicht ganz genau, woran die Erbprinzessinwitwe wirklich erkrankt war.
Mitten im Wonnemonat Mai erreichte Sisi eine äußerst beunruhigende Nachricht. Ihrer Tochter Valerie gegenüber äußerte sie sich dahingehend, daß sie wohl traurig wäre, aber derlei nicht mehr so tief empfinden könne, wie sie es vor Rudolfs Tod getan hätte. Sie entschloß sich aber doch, nach Regensburg zu reisen. Mit dem Passauer Schnellzug traf sie in Begleitung von Baron Nopcsa, ihrer Hofdame Marie Festetic und ihrer Friseuse Faifalik in Regensburg ein, wo sie im Hotel „Goldenes Kreuz" Quartier bezog. So, wie es ihre Gewohnheit war, eilte sie zu Fuß ins Schloß, wo sie einige Stunden am Krankenbett ihrer Schwester verweilte. Sisi machte, als sie in ihr Hotel zurückkehrte, einen übernervösen Eindruck und zog sich sofort zurück. Valerie schrieb über die letzte Begegnung ihrer Mutter mit ihrer Schwester, die durch das Schicksal so eng miteinander verknüpft gewesen waren, folgende Zeilen in ihr Tagebuch:
„19. 5. morgens 8 h kam Mama an – traurig und angegriffen. Tante Nené, die gar nicht ans Sterben glaubte, freute sich Mama zu sehen und sagte ihr ‚Old Sisi' – sie und Mama sprachen fast immer englisch zusammen. – ‚We two have had hard puffs in our lives', sagte Mama. ‚Yes, but we had Hearts' antwortete Tante Nené ... Als Mama fragte, ob ihr etwas weh tue, antwortete sie: ‚no, nothing.' Sie delirierte öfters, sprach von ihrem Mann, von Bubi und Elisabeth, kam den letzten Nachmittag nicht mehr zu sich, von Louisa und Manni aufopfernd gepflegt."
Die Ärzte unternahmen alles, um das Leben der Erbprinzessinwitwe zu retten, aber ihre Kunst war vergebens. Am 16. Mai 1890 um sieben Uhr am Abend schloß Nené die Augen für immer, erst sechsundfünfzig Jahre alt.
Die Regensburger Morgenpost berichtete ausführlich über die letzten Stunden der Verstorbenen: „... An einem anfänglich nicht bösartig sich zeigenden Unterleibsleiden, zu dem sich alsdann

ausgehend von einer Ohrspeicheldrüse ein Halsleiden gesellte, erkrankt, nahm, nachdem die Herzthätigkeit in Mitleidenschaft gezogen ward, der Krankheitszustand verhältnismäßig rasch einen schlimmen Verlauf, so daß vorgestern und gestern bereits mehrere der Verwandten: die Schwester der nunmehr entseelten Fürstin, I.M. die Kaiserin von Oesterreich, dann S.k.H. Herzog Don Miguel von Braganza, Gemahl der verstorbenen Prinzessin Elisabeth von Thurn und Taxis, sowie S.k.H. Herzog Max Emanuel, Bruder der Entschlafenen, ankamen. Durch die heftige Halsgeschwulst seit einiger Zeit fast ganz außer Stand, eine Nahrung zu sich zu nehmen, wechselte bei verminderter Herzthätigkeit, Schwäche, gesteigerter Temperatur, irregulärem kleinen Puls, der Verfall der Kräfte mit anscheinend momentaner Erholung, bis endlich die Natur einen Widerstand gegen das mahnende Ende nicht mehr zu leisten vermochte und Erbfürstin Helene, deren erlauchte Mutter, Frau Herzogin Max im 82. Lebensjahr stehend, bekanntlich noch am Leben ist und in München weilt, in Anwesenheit der allerhöchsten und höchsten Verwandten ohne besonderen Todeskampf fromm und gottergeben, wie sie als getreue Tochter der katholischen Kirche gelebt, verschied. I.M. die Kaiserin von Oesterreich hatte sich gestern Vormittags wieder gegen zehn Uhr an das Krankenbett ihrer Schwester begeben und kehrte erst abends gegen halb acht Uhr vom Sterbelager derselben in das Hotel zurück. Heute Morgens 7 Uhr 36 Minuten reiste I.M. die Kaiserin Elisabeth von hier zu ihrer Tochter, der Erzherzogin Gisela, nach München ab, wo Allerhöchstdieselbe im Hotel ‚Zu den vier Jahreszeiten' Absteigequartier nehmen wird. Zur Beerdigungsfeierlichkeit der Erbprinzessin Helene werden I. Majestät wieder hier eintreffen."

Auch der Leichnam Nenés wurde, da sie in der Thurn und Taxisschen Familiengruft beigesetzt werden sollte, zuerst seziert und dann einbalsamiert. Die Regensburger Bevölkerung, der sie so viel Gutes getan hatte, war voller Trauer herbeigeeilt, Abschied von der beliebten Fürstin zu nehmen. Stundenlang zogen Männer und Frauen an der Bahre vorbei, wo Nené auf einem rotseidenen Kissen lag, angetan in einem schwarzen Samtkleid, ein goldenes Kreuz auf der Brust. Am Fußende lagen der Elisabeth-, der Sternkreuz- und der spanische Isabellen-Orden. Der Bischof von Regensburg zelebrierte die Totenmesse, und anschließend wurde Nené in einem prunkvollen Sarkophag in der Familiengruft beigesetzt. An den Trauerfeierlichkeiten hatten neben Sisi auch der König von Neapel, Fürst Leopold, ihre Brüder Karl Theodor, Ludwig und Max Emanuel teilgenommen sowie der Hofmarschall von Arnim, der Herzog von Braganza und Prinz Friedrich von Hohenzollern. Nur Franz Joseph, der Kaiser von Österreich, der Nené vor vielen Jahren eigentlich hätte heiraten sollen, hatte Graf Paar als seinen Vertreter geschickt. Obwohl Franz Joseph ein Leben lang ein gutes Verhältnis zu der Frau gehabt hatte, die er damals in Ischl verschmähte, fühlte er sich zu sehr von Arbeit in Anspruch genommen, als daß er zu Nenés Beisetzung hätte persönlich kommen können ...

Es dauerte lange, bis Sisi den Tod der Schwester verkraftete. Durch ihren unsteten Lebenswandel und durch ihr ununterbrochenes Fasten war sie physisch und psychisch über die Maßen strapaziert, so daß ihre Tochter Marie Valerie über den Zustand der Mutter ernsthaft besorgt war. Sie schrieb in ihrem Tagebuch: „Nachmittags bei einem Spaziergang sagte Mama, Tantes Tod habe sie neuerdings verbittert, sie begreife, dass man aus blosser Angst vor so einem siechen Ende, Selbstmord begehen könne. Es ist so furchtbar traurig, dass Mama so gar keinen Trost im Glauben hat."
Schon wenig später hatte Marie Valerie Gelegenheit, mit ihrer Mutter ein Gespräch über Gott und das Christentum zu führen. Beide hatten um Mitternacht eine Sternwarte besucht, und Marie Valerie berichtete über ihre tiefschürfenden Gespräche: „Begreife Mamas Auffassung, daß der einzelne Mensch nichts sei in den Augen des Herrn, der diese ungezählten Welten erschaffen hat ... aber sie ist zu trostlos und zu verschieden vom Christentum und der Herr, der groß genug ist, Milliarden von Welten und Weltsystemen zu schaffen, warum sollte sich dessen unbegrenzte Fürsorge nicht auch auf die fühlenden Seelen erstrecken, die diese Welten bevölkern?"
Das Jahr 1890 war eine traurige Zeit für die Kaiserin, denn schon vor Nené war im Februar ihr liebster Freund und enger Vertrauter Gyula Andrassy nach langem und schmerzvollem Leiden gestorben, und im Sommer wollte ihre „einzige" Tochter Marie Valerie endlich dem Mann ihres Herzens das Jawort geben. Und anstatt sich mit der Tochter auf die Hochzeit zu freuen, zog sich Elisabeth in ihrem Weltschmerz vollständig zurück. Sie konnte den Gedanken nicht ertragen, dieses Kind zu verlieren. Wo es nur ging, ließ sie sich entschuldigen. Der Grund für ihre Absagen waren alle möglichen Unpäßlichkeiten und Krankheiten. Am wohlsten fühlte sie sich noch in Gesellschaft ihrer Damen, zu denen ihre alte Vorleserin und Freundin Ida von Ferenczy gehör-

te, genauso wie die Gräfin Marie Festetic und die Gräfin Irma Sztaray. Sie begleiteten Sisi in den nächsten Jahren auf ihren oft planlosen Reisen, die sie im Mittelmeerraum unternahm, oder in die Kurbäder Bad Kissingen, Bad Nauheim oder Karlsbad. In Wien schaute die Kaiserin nur, wenn es gar nicht anders ging, kurz vorbei. Nur noch ein einziges Mal war Sisi in offizieller Mission an der Seite ihres Mannes aufgetreten: bei der Tausend-Jahr-Feier des ungarischen Königreiches am 2. Mai 1886. Und wie eh und je riefen die Ungarn begeistert ihr: „Eljen Erszebet!“ Tausende säumten die Straßen, um die beliebte schöne Königin von Ungarn persönlich in Augenschein zu nehmen. Als Sisi im Wagen vorbeifuhr, schwarz gekleidet vom Scheitel bis zur Sohle, abgemagert zum Skelett, mit übertriebenem Rouge auf den knochigen Wangen, da wichen die Leute entsetzt zurück. Das konnte kaum die einstmals so blühende, strahlend schöne Frau sein, die die Herzen aller im Sturm erobert hatte. Sisi wirkte wie ein Gespenst an der Seite ihres Mannes, und auch ihr trauriges Lächeln konnte den Eindruck nicht abmildern, den ihre Erscheinung bot.
Franz Joseph bemerkte den körperlichen Verfall seiner Frau mit großer Sorge. Sie mußte unbedingt den Leibarzt konsultieren, der der Kaiserin einen Aufenthalt an der Riviera empfahl. Sisi entschloß sich tatsächlich, dorthin zu reisen, schien aber auch hier keine Ruhe zu finden. Sie unternahm die anstrengendsten Touren, die in körperlicher Erschöpfung endeten. Auch die Besuche von Franz Joseph und Marie Valerie konnten sie kaum aufheitern. Der Kaiser und sie hatten sich, nachdem die Tochter geheiratet hatte, überhaupt nichts mehr zu sagen, und wenn Sisi mit ihrem Mann ein paar Worte wechselte, dann sprach sie so leise, daß Franz Joseph dreimal nachfragen mußte, was sie gesagt hatte, denn er war mit der Zeit schwerhörig geworden. Darauf nahm Sisi natürlich keine Rücksicht.
Am 5. Mai 1897 erreichte die Kaiserin eine schreckliche Nachricht: Ihre Schwester Sophie, die Herzogin von Alencon, hatte, nachdem bei einem Wohltätigkeitsfest in Paris ein Feuer ausgebrochen war, einen grauenhaften Tod gefunden. „Heroisch hatte sie verlangt, daß zuerst die jungen Mädchen gerettet wurden“, berichtete ein Augenzeuge. „Lächelnd, mit visionär emporgerichte-

tem Blick, war sie im lodernden Feuer gestanden.“ Sophie von Alencon verbrannte bis zur Unkenntlichkeit. Sisi stand unter einem schweren Schock, von dem sie sich nur ganz langsam erholte. Düstere Gedanken plagten sie Tag und Nacht und raubten ihr den Schlaf. Was würde ihr für ein Ende bevorstehen? Alles wünschte sie sich, nur keinen Tod im Bett! Sie wollte diese Erde anders als die meisten Menschen verlassen, man sollte ihre Asche ins Meer streuen oder auf Korfu im Achilleon beisetzen.

Sisi war in den letzten Jahren öfter und gerne in der Schweiz gewesen. Hier fühlte sie sich wohl, und am Genfer See hatte sie schon ein paar schöne Wochen verbracht. Ein Jahr nach dem furchtbaren Tod ihrer Schwester Sophie reiste sie über Brückenau nach Ischl. Franz Joseph war beruhigt, als er hörte, daß sich seine Frau anschließend in Genf erholen wollte. Hier würde sie auch weniger einsam sein, denn Sisi hatte die Absicht, die Baronin Rothschild in Pregny aufzusuchen, eine äußerst liebenswürdige Dame, was ihr eine gewisse Abwechslung bieten würde.

Die Kaiserin war im Hotel „Beau Rivage“ wie immer unter dem Namen einer Gräfin Hohenems abgestiegen. Sie, die unter allen Umständen inkognito bleiben wollte, ahnte nicht, daß durch Indiskretion die Presse informiert worden war und so die Nachricht in die Zeitung gelangt war, daß die Kaiserin von Österreich in Genf zu Besuch weilte. Diese Meldung eines voreiligen Journalisten brachte ihr den Tod!

Luigi Lucheni, ein italienischer Anarchist, hatte schon seit geraumer Zeit den Plan gefaßt, ein prominentes Mitglied eines Königs- oder Kaiserhauses zu ermorden, um damit die Welt auf die unmenschlichen sozialen Zustände der unteren Schichten der Bevölkerung aufmerksam zu machen. Ursprünglich hatte er den Herzog von Orléans ins Visier genommen. Als er aber erfuhr, daß der Herzog es vorgezogen hatte, ins Wallis zu fahren, suchte er nach einem anderen Opfer. Und da war ihm die Kaiserin von Österreich gerade recht. Ihr Tod würde riesiges Aufsehen erregen, und er als ihr Mörder konnte in die breite Öffentlichkeit treten und der Welt seine Ziele verkünden.

Am 10. September 1898 verließ die Kaiserin zusammen mit ihrer Hofdame, der Gräfin Sztaray, das Hotel, um am Kai entlang zum

Dampfer zu gehen, der sie nach Territet bringen sollte. Einige Meter vom Hotel entfernt trat plötzlich ein schmächtiger Mann auf die Damen zu und schob kurz den Sonnenschirm der Kaiserin zur Seite, um ihr ins Gesicht sehen zu können. Dann stieß er mit aller Kraft zu. Sisi wankte und fiel zu Boden, während Luigi Lucheni das Weite suchte. Die Gräfin hatte vergeblich versucht, die Kaiserin aufzufangen, es dauerte aber nur einen kurzen Moment, dann raffte sich Sisi auf, und schwankend stand sie wieder auf den Beinen. Sie griff nach ihrem Sonnenschirm und dem Fächer und nickte den Menschen, die die beiden Damen umringt hatten, freundlich zu. Dann schritt sie leichten Fußes weiter.

Der Portier des Hotels kam den Damen nachgeeilt und teilte ihnen mit, daß man den Mann, der die Kaiserin niedergestoßen hatte, schon gefaßt habe. Die Kaiserin mußte bei der Gräfin Sztaray nachfragen, was der Mann gesagt hatte, denn sie hatte ihn nicht verstanden. Sisi war noch aufs Schiff gelangt, als sie aber an der Reling stand, fühlte sie ihre Kräfte schwinden, und sie bat die Gräfin um ihren Arm. Dann ging alles sehr rasch: Sisi fiel der Gräfin in die Arme, und beide Damen stürzten zu Boden. Matrosen brachten Wasser und benetzten damit die Schläfen der Kaiserin. Dadurch kam Sisi nochmals zu sich, blickte mit umherirrendem Blick in die Runde und fragte nach einiger Zeit: „Was ist denn jetzt mit mir geschehen?"

Das waren ihre letzten Worte, dann sank sie bewußtlos zurück. Die Gräfin Sztaray öffnete jetzt Sisis Seidenjäckchen, da sie zunächst vermutete, die Kaiserin hätte infolge der Aufregungen einen Herzschlag erlitten. Dabei entdeckte sie voll Entsetzen einen Blutfleck von der Größe eines Silberguldens auf dem Batisthemd Elisabeths. Die Kaiserin war, was zunächst keiner bemerkt hatte, erstochen worden! Unverzüglich ließ der Kapitän daraufhin das Schiff wenden und ankerte nach kurzer Zeit wieder in Genf.

Man brachte Sisi auf einer Tragbahre ins Hotel Beau Rivage, wo ein herbeigerufener Arzt sich um die Kaiserin bemühte. Aber alle ärztliche Kunst war vergeblich. Sisi lag schon in Agonie. Ein Priester verabreichte ihr die Sterbesakramente, und um 14 Uhr 40 gab man den Tod der Kaiserin von Österreich bekannt.

Die Gräfin schickte zwei Telegramme an den Generaladjutanten des Kaisers nach Wien. Im ersten teilte sie mit: „Ihre Majestät die Kaiserin wurde schwer verwundet. Bitte dies Seiner Majestät dem Kaiser schonungsvoll zu melden.“ ... und im zweiten kam die schreckliche Botschaft: „Ihre Majestät die Kaiserin ist entschlummert.“

Graf Paar mußte Franz Joseph die schreckliche Mitteilung vom Tod seiner geliebten Sisi machen. Als der Kaiser die Todesnachricht vernommen hatte, blieb er minutenlang unbeweglich an seinem Schreibtisch sitzen, den Kopf in beide Hände gestützt. Er schien Graf Paar gar nicht mehr wahrzunehmen, als er wie zu sich selbst sagte: „Mir bleibt doch gar nichts erspart auf dieser Welt!“

Aus Genf fragte man offiziell beim Kaiser an, ob er die Erlaubnis zur Obduktion erteilen würde, und Franz Joseph antwortete in seiner korrekten Art, man solle verfahren, wie dies in der Schweiz üblich sei.

Das bedeutete, daß Sisi nackt und bloß auf den Seziertisch gelegt wurde, die Professoren untersuchten die Wunde und stellten fest, daß Lucheni sie mit einer unwahrscheinlichen Präzision direkt ins Herz getroffen hatte. Außerdem war man über den allgemein schlechten körperlichen Zustand der Kaiserin von Österreich erstaunt, denn man stellte an ihren Beinen Hungerödeme wie bei einem Bettelweib fest.

Dann wurde Sisi einbalsamiert und in den Sarg gelegt. Nur wenigen war es gestattet, noch einmal die tote Kaiserin von Österreich zu sehen. Ihr Vorleser, ein junger Engländer, Frederic Barker, beschrieb die tote Sisi: „Sie sieht aus wie eine Frau von dreißig Jahren. Weiß wie Marmor ist die vom Tode geglättete Haut, leichte Röthe überzieht die Wangen; ein Lächeln umspielt die Lippen, so fein, so anmuthig, wie es im Leben gewesen. Ich mußte bei diesem Anblicke an die Sappho-Statue denken, welche ihre Majestät in Lainz besaß und die sie so sehr liebte. Sie sieht der Sappho gleich.“

Der Zug mit der Leiche Sisis kam nur ganz langsam voran, denn in jeder Station hatten sich Scharen von Menschen eingefunden, die Abschied von der Kaiserin nehmen wollten. War Sisi auch zu Lebzeiten nicht allzu beliebt gewesen, da sie alles andere als eine

gute Herrscherin gewesen war, so verehrte man sie jetzt plötzlich nach ihrem Tod wie eine Heilige.
Als der Hofzug langsam in den Wiener Westbahnhof einfuhr, wartete bereits der Burgpfarrer, um den Sarg noch im Totenwagen auszusegnen. Dann wurde dieser mit der sterblichen Hülle der Kaiserin von acht ausgewählten Dienern zu dem prunkvoll düsteren Leichenwagen getragen, in dem schon Generationen von Habsburgern zur letzten Ruhestätte gefahren worden waren. Man hatte die Gaslaternen der Stadt durch schwarzes Papier abgedunkelt, und obwohl es Vormittag war, verbreiteten sie ein gespenstisches Licht.
Es war niemals der Wunsch Sisis gewesen, in der düsteren, beinahe unheimlichen Kapuzinergruft, der Begräbnisstätte der Habsburger, beigesetzt zu werden. Aber sie war nun einmal die Kaiserin von Österreich gewesen. Vieles hatte sie bestimmen können, den Platz ihres Grabes konnte sie sich nicht aussuchen.
Zur Bestattung waren nur geladene Gäste zugelassen, aber der Platz vor der Kapuzinerkirche war schwarz von Menschen, die der Kaiserin die letzte Ehre erweisen wollten. Ein Journalist berichtete den Wienern über die Vorgänge in der Kirche:
„Unheimliches Schweigen lagert über dem ernsten Raum. ... Wenige Minuten nach vier Uhr Nachmittag tritt Graf Hunyardy aus der Tür zur Rechten des Hochaltars. Das ist das Zeichen, daß die Trauergäste in die Kirche einziehen. Gleich darauf wird die schlanke Gestalt des deutschen Kaisers sichtbar. Neben ihm erscheint Kaiser Franz Joseph ... Tief verschleiert erscheinen die Kronprinzessin-Witwe Stephanie und die Töchter der hohen Toten, Prinzessin Gisela und Erzherzogin Valerie. Aufrecht schreitet der Monarch an der Seite Kaiser Wilhelms zu dem Betschemel, der an der linken Seite des Hochaltars unmittelbar vor dem Katafalk für ihn reserviert ist. Dort nimmt der Monarch in strammer Haltung Aufstellung ... Man hört draußen kurze Kommandorufe, dann dumpfe Trommelwirbel. In der weitgeöffneten Kirchentür erscheint der Zeremonialdirektor, hinter ihm 8 Edelknaben mit brennenden Lichtern. Schwer hallt der Tritt der Garden, die den Sarg zum Altar tragen. Der Pontifikant spricht den Trauersegen, die Geistlichen um ihn erwidern die heilige Rede.

Die Sänger stimmten das ‚Libera' an. Der Obersthofmeister naht mit tiefer Verbeugung dem Kaiser. Er kündigt ihm an, daß der letzte, schwerste Augenblick gekommen ist. Die Träger heben den Sarg, ihm folgt der Monarch mit den Schwiegersöhnen und den nächsten männlichen Verwandten. Eine lange, bange Pause folgt, während welcher der Sarg in der Gruft beigesetzt wird."

Marie Valerie schrieb über diesen Trauertag nur einige Zeilen in ihr Tagebuch: „14.9. Mittwoch verliess morgens der traurige Zug Genf. 15.9. Verliessen wir gegen 10 Uhr Schönbrunn und fuhren die Strassen vermeidend durch welche der Zug inmitten von Menschenmassen zur Burg ziehen sollte, in die Burg. In den Radetzkyzimmern warteten wir in verzehrender Erwartung bis der Zeremonienmeister gegen 11 h das Nahen des Zuges verkündete. Dann gingen wir hinunter, um am Fuß der Säulenstiege zu warten. Ich musste mich an Gisela anhalten, und fast zum 1. Male brach ich in lautes Schluchzen aus. Und nun kamen Wagen um Wagen, die gewesenen Hofdamen, welche an den Bahnhof entgegengefahren waren, die von Genf kommenden ... Schluchzend lag ich in Irma Sztarays Armen, die Sie zuletzt umfangen! Franz sah, wie Papa ihr entgegenging und ihre Hand küßte.

Papa ging in aufrechter Haltung dem Sarg nach in die Burgkapelle. Wir folgten. Dort konnte man doch endlich auf die Knie sinken ... Gebete kurzer Aussegnung. Dann erhob sich Papa kniete nieder am Kopfende des geschlossenen Sarges und küsste ihn. Wir folgten. O Mutter, wüsstest Du es in diesem Augenblick, dass Dein Kind Dich liebt mit einer Liebe, wie sie wohl früher nie gefühlt ..."

Sisi, die ein Leben lang gegen althergebrachte Traditionen und offizielle Vorschriften angekämpft hatte, die nichts so sehr gehaßt hatte wie das höfische Zeremoniell, wurde mit allen kaiserlichen Ehren, die das Protokoll vorschrieb, in die Kapuzinergruft geleitet. Und obwohl der Kaiser aufrecht und gefaßt hinter dem Sarg schritt, war er innerlich ein gebrochener Mann, denn er hatte diese Frau, die ihn vom ersten Augenblick an in Bann geschlagen hatte, trotz ihrer Eskapaden, mit all ihren Launen und Schwächen, mit ihrer oftmaligen Gefühlskälte ein Leben lang geliebt, auch noch, als er sie kaum mehr zu Gesicht bekommen

hatte und sie ihn monatelang alleingelassen hatte. Tag für Tag hatte er ihr die rührendsten Briefe in alle Welt geschrieben, war über ihren Gesundheitszustand besorgt gewesen und war beglückt, wenn er ein kurzes Schreiben von ihr in Händen hielt, denn er wußte, daß sie, war sie ihm auch noch so fern, lebte.
Jetzt war sie zu ihm nach Wien zurückgekehrt. Aber was hätte er darum gegeben, wäre sie immer noch auf Reisen!

ZEITTAFEL

1830	18. August	Franz Joseph in Schloß Schönbrunn geboren. Vater: Erzherzog Franz Carl aus dem Hause Habsburg (Sohn von Kaiser Franz I.). Mutter: Prinzessin Sophie (Tochter des bayerischen Königs Maximilian I. Joseph).
1831	28. September	Erbprinz Maximilian Anton von Thurn und Taxis geboren. Vater: Fürst Maximilian Karl, Mutter: Wilhelmine (Mimi) von Doernberg.
1834	4. April	Nené in München geboren. Vater: Herzog Max in Bayern, Mutter: Prinzessin Ludovika (Tochter des bayerischen Königs Maximilian I. Joseph).
1837	24. Dezember	Sisi in München geboren.
1848		Abdankung von Kaiser Ferdinand I. Franz Joseph I. wird Kaiser von Österreich.
1853	18. August	Verlobung von Sisi mit Franz Joseph in Ischl.
1854	24. April	Vermählung von Sisi und Franz Joseph in Wien.
1858		Verlobung von Nené mit Erbprinz Maximilian Anton von Thurn und Taxis.
	24. August	Hochzeit von Nené und Maximilian Anton von Thurn und Taxis.
1861		Sisi und Nené in Korfu.
1862		Maximilian Anton und Nené beziehen in Regensburg das Erbprinzenpalais.
1871	10. November	Fürst Maximilian Karl von Thurn und Taxis gestorben. Nené Regentin.
1889	30. Januar	Selbstmord von Kronprinz Rudolf in Mayerling.
1890	16. Mai	Nené in Regensburg gestorben.
1897	4. Mai	Sophie, Herzogin von Alencon, bei einem Brand ums Leben gekommen.
1898	10. September	Sisi in Genf ermordet.

LITERATURVERZEICHNIS

Andics, Hellmut: Die Frauen der Habsburger, Wien/München/Zürich 1969
Ausstellungskatalog: König Ludwig II., Rosenheim 1996
Ausstellungskatalog: Bayerische Könige, Bad Reichenhall 1997
Baltazzi-Scharschmid, H. / Swistun, Hermann: Die Familien Baltazzi-Vetsera im kaiserlichen Wien, Wien/Köln/Graz 1980
Bankl, Hans: Woran sie wirklich starben, Wien/München/Bern 1989
Bankl, Hans: Die kranken Habsburger, Wien 1998
Bismarck, Otto von: Gedanken und Erinnerungen, München o. J.
Böhm, Gottfried: Ludwig II., König von Bayern, Berlin 1924
Baumstark, Reinhold, (Hg.): Wittelsbach. Kurfürsten im Reich – Könige von Bayern, München 1993
Bosl, Karl (Hg.): Bayerische Biographien, Regensburg 1983
Bosl, Karl: Bayerische Geschichte, München 1980
Bräutigam, Walter / Christian, Paul: Psychosomatische Medizin, o. O., o. J.
Christosomanos, Constantin: Tagebuchblätter, Wien 1899
Christosomanos, Constantin: Elisabeth von Österreich, München 1983
Conte Corti, E. C.: Elisabeth – Die seltsame Frau, Salzburg 1934
Crankshaw, Edward: Der Niedergang des Hauses Habsburg, Wien 1967
Dallmeier, Martin / Knedlik, Manfred / Styra, Peter: „Dieser glänzende Hof …“, Ausstellungskatalog, Regensburg 1998
Dallmeier, Martin / Schad, Martha: Das fürstliche Haus Thurn und Taxis, Regensburg 1996
Dent-Sinsirt, M. Th.: Sisi à Sassetot-le-Mauconduit, o. O. 1996
Dreyer, Alois: Herzog Maximilian in Bayern, München 1909
Drimmel, Heinrich: Franz Joseph, Biographie einer Epoche, Wien/München 1983
Flesch-Brunningen, Hans: Die letzten Habsburger in Augenzeugenberichten, Düsseldorf 1967
Freystedt, K. v.: Erinnerungen aus dem Hofleben, hg. von K. Obser, Heidelberg 1902
Freytag, Rudolf: Die Kunst im fürstlichen Haus Thurn und Taxis, in: „Bayerland“ 1926
Gebhard, Bruno: Handbuch der deutschen Geschichte, Stuttgart 1959
Görlitz, Walter: Franz Joseph und Elisabeth – Die Tragik einer Fürstenehe, Stuttgart 1938
Goldner, Johann: Bayerische Herzöge, München o. J.
Größing, Sigrid-Maria: Amor im Hause Habsburg, Wien 1990
Größing, Sigrid-Maria: Schatten über Habsburg, Wien 1991
Größing, Sigrid-Maria: Starke Frauen – Schwache Männer, Wien 1995
Größing, Sigrid-Maria: Kaiserin Elisabeth und ihre Männer, Wien 1998
Grunwald, Konstantin v.: Ludwig II., Genf/Paris 1986
Hamann, Brigitte: Kaiserin Elisabeth – Das poetische Tagebuch, Wien 1984

Hamann, Brigitte: Elisabeth – Kaiserin wider Willen, Wien/München 1982
Hamann, Brigitte: Rudolf – Kronprinz und Rebell, Wien/München 1978
Hamann, Brigitte: Kronprinz Rudolf – „Majestät ich warne Sie" – Geheime und private Schriften, Wien 1979
Hamann, Brigitte (Hg.): Die Habsburger. Ein biographisches Lexikon, Wien 1988
Hantsch, Hugo: Die Geschichte Österreichs 1618–1916, Graz 1937–1969
Haslip, Joan: Elisabeth von Österreich, München 1964
Haslip, Joan: Die Freundin des Kaisers, Düsseldorf 1962
Herre, Franz: Kaiser Franz Joseph von Österreich, Köln 1978
Herre, Franz: Ludwig II. – Bayerns Märchenkönig, München 1986
Holler, Gerd: Sophie – Die heimliche Kaiserin, Wien 1993
Holzer, Hans: Der Fluch über dem Hause Habsburg, München 1981
Heut, Anton: Die Übernahme der Taxisschen Reichsposten in Bayern durch den Staat, München 1925
Judtmann, Fritz: Mayerling ohne Mythos, Wien 1982
Kalasz-Kellner, Jozsef: Dvi lasky Frantika Josefa, Praha 1993
Ketösy, Graf M.: Habsburger Mesalliancen und Liebesaffären im 19. Jahrhundert, Leipzig 1900
Kobell, Luise v.: Unter den vier ersten Königen Bayerns, München 1894
Kugler, Georg: Franz Joseph und Elisabeth, Florenz 1994
Kuhn, Annette / Rüsen, Jörn (Hg.): Frauen in der Geschichte, Düsseldorf 1982
Kühn, Richard (Hg.): Hofdamen – Briefe um Habsburg und Wittelsbach (1835–1865), Berlin 1942
Loehr, Clemens: Mayerling, Wien 1968
Lermann, Hilde: Die Braut des Märchenkönigs – Sophie von Wittelsbach, München 1997
Mathray, Maria / Krüger, Answald: Das Attentat. Der Tod der Kaiserin Elisabeth in Genf, Frankfurt a. Main / Berlin 1991
Mc Guigan, Dorothy Gies: Familie Habsburg, Wien 1967
Mehler, J. B.: Das fürstliche Haus Thurn und Taxis in Regensburg, Regensburg o. J.
Lübbecke, Friedrich: Das Palais der Thurn und Taxis zu Frankfurt am Main, Frankfurt 1955
Mitis, Oskar Freiherr v.: Das Leben des Kronprinzen Rudolf, Leipzig 1928, neu herausgegeben von Adam Wandruszka, Wien 1971
Nostitz-Rieneck, G.: Briefe Kaiser Franz Josephs an Kaiserin Elisabeth, Wien 1966
Ploetz, Karl: Hauptdaten der Weltgeschichte, Würzburg 1963
Praschl-Pichler, G.: Elisabeth – Mythos und Wahrheit, Wien 1996
Praschl-Pichler, G.: ... von dem müden Haupte nehm die Krone ich herab, München/Berlin 1995
Petacco, Arrigo: Die Heldin von Gaeta, Graz/Wien/Köln 1994
Piendl, Max: Thurn und Taxis, 1517–1867, Regensburg 1967
Rall, Hans und Marga: Die Wittelsbacher in Lebensbildern, Graz/Wien/Köln 1986
Rall, Hans / Petzel M.: Ludwig II. in Augenzeugenberichten, Düsseldorf 1966
Grein, Edir (Hg.): Tagebuchaufzeichnungen von Ludwig II., König von Bayern, Schaan/Liechtenstein 1925

Redlich, Joseph: Kaiser Franz Joseph von Österreich, Berlin 1928
Redwitz, Marie v.: Hofchronik 1888–1921, München 1924
Reger, K.-H.: Bayerns verkaufte Prinzessinnen, Pfaffenhofen 1988
Reiser, Rudolf: Die Thurn und Taxis, Regensburg 1998
Reitmeyer, Alois: Denkschrift zum 150jährigen Jubiläum der Verlegung der Residenz des Fürstenhauses von Thurn und Taxis, Regensburg 1898
Schad, Martha: Bayerns Königinnen, Regensburg 1992
Schad, Martha: Kaiserin Elisabeth und ihre Töchter, München 1997
Schad, Martha: Frauen, die die Welt bewegten, Augsburg 1997
Schad, Martha: Elisabeth von Österreich, München 1998
Schratz, W.: Maximilian Fürst von Thurn und Taxis, in: Verhandlungen des Historischen Vereins für Oberpfalz und Regensburg 40
Sebastian, Fritz: Thurn und Taxis, 350 Jahre Post, Hannover 1948
Sexau, Richard: Fürst und Arzt, Wien 1963
Schaeffer, E.: Habsburger schreiben Briefe, Leipzig 1935
Schreyer, Hans (Red.): Aristokraten-Almanach, Wien 1888
Schnürer, Hans (Hg.): Briefe Kaiser Franz Josephs an seine Mutter, 1838–1872
Sethe, Paul: Deutsche Geschichte im letzten Jahrhundert, Frankfurt a. Main 1960
Sokop, Brigitte: Jene Gräfin Larisch, Wien/Köln/Graz 1985
Spindler, Max: Handbuch der bayerischen Geschichte, Bd. 4, München 1975
Stadtlaender, Chris: Die geheimen Schönheitsrezepte der Kaiserin und des Hofes, Wien 1995
Stephanie, Prinzessin von Belgien, Fürstin von Lonyay: Ich sollte Kaiserin werden, Leipzig 1935
Sztaray, Irma: Aus den letzten Jahren der Kaiserin, Wien 1909
Thiele, Johannes: Elisabeth – das Buch ihres Lebens, München/Leipzig 1996
Tschudi, Clara: Elisabeth – Kaiserin von Österreich und Königin von Ungarn, o. O. 1901
Vacha, Brigitte (Hg.): Die Habsburger, Graz/Wien/Köln 1992
Vogel, Juliane: Elisabeth von Österreich, Momente aus dem Leben einer Kunstfigur, Wien 1992
Walderdorff, Hugo: Regensburg in seiner Vergangenheit und Gegenwart, Regensburg 1896
Wallersee, Marie Louise v. / Gräfin Larisch: Kaiserin Elisabeth und ich, Leipzig 1935
Wallersee, Marie Louise v.: Meine Vergangenheit, Berlin 1935
Weissensteiner, Friedrich: Frauen um Kronprinz Rudolf, Wien 1991
Weissensteiner, Friedrich: Mein lieber Rudolf, Wien 1993
Welcome, John: Die Kaiserin hinter der Meute, Wien/Berlin 1975
Winzer, Fritz (Hg.): Kulturgeschichte Europas, Köln o. J.
Witzleben, H. v. / Vignau, I. v.: Die Herzöge in Bayern. Von der Pfalz zum Tegernsee, München 1976
Zöllner, Erich: Geschichte Österreichs, Wien 1961

VERWENDETE QUELLEN

Regensburger Anzeiger
Jahrgänge 1858–1890

Regensburger Morgenblatt
Jahrgänge 1858–1890

Verordnungsblatt für den Thurn und Taxisschen Verwaltungsdienst Bd 2, 1882–1890 Regensburg, 1. Juli 1883, 15. Juni 1885, 4. Mai 1888, 13. Mai 1888, 26. Juli 1890

Eigenhändiges Kondolenzschreiben der Prinzessin Eugenie von Thurn und Taxis an die Erbprinzessin Helene, 12. Februar 1881

Eigenhändiger Brief der Erbprinzessin Helene an eine Freundin, Regensburg, 14.2.1868

Brief der Erbprinzessin Helene an die Fürstin Therese von Thurn und Taxis (Brief aus der Briefsammlung des Antiquariats I.A. Stargart, Marburg in Abschrift und Übersetzung)

Eigenhändiger Brief der Erbprinzessin Helene an die Baronin Pirok, Regensburg, 24. Januar 1882

Eigenhändige Briefe der Schwägerin Therese Wobensin an die Erbprinzessin, Lauenburg in Pommern, 10. Februar 1881 und 17. Januar 1882 (bei Gr. Jannewitz)

Eigenhändiger Brief Kaiser Franz Josephs an seinen Schwager Maximilian Anton von Thurn und Taxis, Spitzelpa, 22. September 1863

Eigenhändiger Brief Kaiser Franz Josephs an seinen Schwager Maximilian Anton von Thurn und Taxis, Schönbrunn, 24. Oktober 1863

Eigenhändiger Brief Kaiser Franz Josephs an seinen Schwager Maximilian Anton von Thurn und Taxis, Schönbrunn, 14. August 1864, Nachlaß Sexau, Bayerisches Hauptstaatsarchiv, München

Marie Valerie, Erzherzogin: Tagebücher, maschinenschriftliche Abschriften von C. Corti, Bayerische Staatsbibliothek, München

Nachlaß Conte Corti, Haus-, Hof- und Staatsarchiv Wien, Karton 10–17

I. STAMMTAFEL VON KAISER FRANZ JOSEPH

Ferdinand III.
(1608–1657)
Kaiser d. Hl. Röm. Reiches Dt. Nation (1637–1657)

Leopold I.
(1640–1705)
Kaiser d. Hl. Röm. Reiches Dt. Nation (1658–1705)

Josef I.
(1678–1711)
Kaiser d. Hl. Röm. Reiches Dt. Nation (1705–1711)

Karl VI.
(1685–1740)
Kaiser d. Hl. Röm. Reiches Dt. Nation (1711–1740)

Maria Theresia
(1717–1780)
⚭
Franz I. Stefan
(1708–1765)
Herzog von Lothringen
Kaiser d. Hl. Röm. Reiches Dt. Nation (1745 bis 1765)

Josef II.
(1741–1790)
Kaiser Hl. Röm. Reiches Dt. Nation (1765–1790)

Leopold II.
(1747–1792)
Großherzog v. Toskana (1765–1790)
Kaiser d. Hl. Röm. Reiches Dt. Nation (1790–1792)

Franz II. (I.)
(1768-1835)
Kaiser des Hl. Röm. Reiches Dt. Nation (1792-1806)
Kaiser von Österreich (1804-1835)
⚭
Maria Theresia v. Bourbon-Neapel
(2. Ehe)

Ferdinand I.
(1793–1875)
Kaiser v. Österreich
(1835–1848 abgedankt)

Leopoldine
(1797–1826)
⚭
Pedro I.
von Brasilien

M. Klementina
(1798–1816)
⚭
Leopold
von Salerno

Karolina
(1801–1832)
⚭
Friedrich August
von Sachsen

Franz Karl
(1802–1878)
Erzherzog v. Österreich
⚭
Sophie von Bayern

Franz Joseph I.
(1830–1916)
Kaiser v. Österr.
(1848–1916)
⚭
Elisabeth (Sisi)
Przssn. in Bayern

Rudolf
(1858–1889)
Erzherzog und
Kronprinz
(Selbstmord in
Mayerling)

Maximilian
(1832–1867)
Kaiser v. Mexiko
(1864–1867)
⚭
Charlotte von
Belgien

Karl Ludwig
(1833–1896)
Erzherzog
⚭
Margarete von
von Sachsen
(1. Ehe)

Franz Ferdinand
Erzherzog und
Kronprinz
(1863–1914)
In Sarajewo
Erschossen

Ludw. Viktor
(1842–1919)
Erzherzog
⚭
Maria Annunziatia
v. Neapel-Sizilien
(2.Ehe)

Otto Franz Josef
Erzherzog
(1865–1906)
⚭
Maria Josefa v. Sachsen

Karl I.
(1887–1922)
Kaiser v. Österreich (1916–1918)

II. STAMMTAFEL VON SISI UND NENÉ

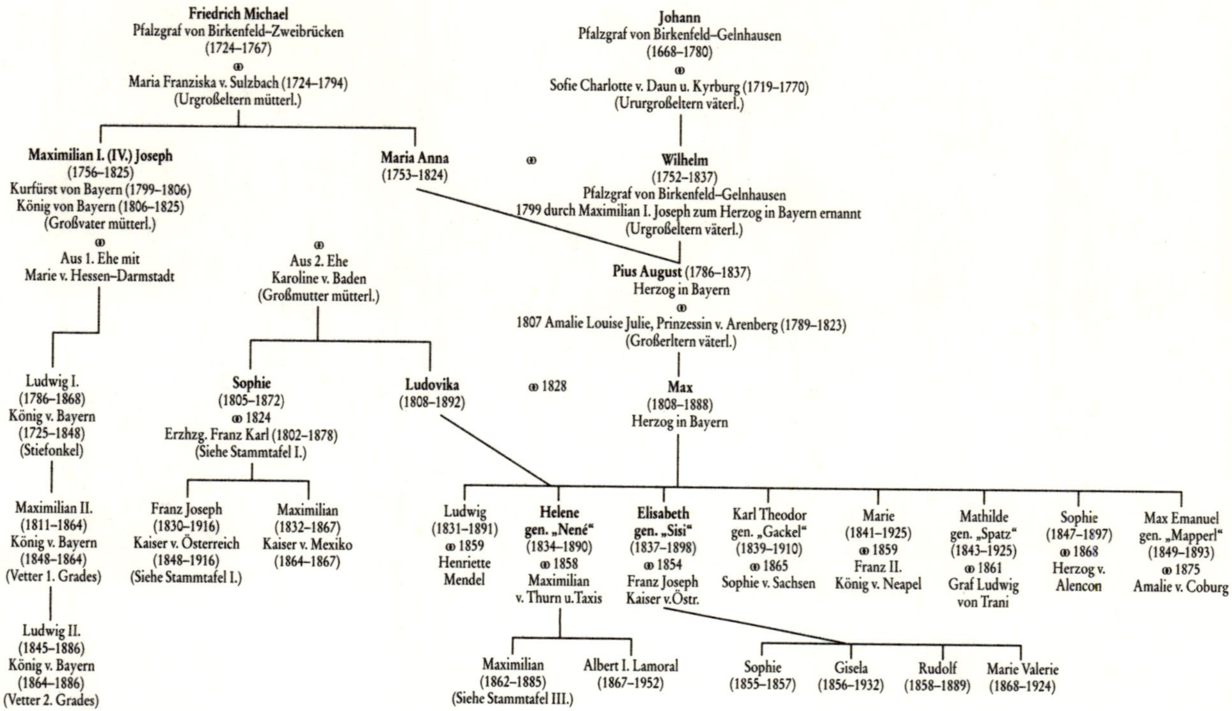

III. STAMMTAFEL DER FÜRSTEN VON THURN UND TAXIS

Eugen Alexander
(1652–1714)
Erster Fürst von Thurn und Taxis (1695–1714)
⚭ 1678 Anna Adelheid von Fürstenberg (1659–1701)

Anselm Franz
(1681–1739)
⚭ 1703 Maria Ludovica von Lobkowitz (1683–1750)

Alexander Ferdinand
(1704–1773)
Fürst von Thurn und Taxis (1739–1773)
Erster Kaiserl. Prinzipalkommissar am Reichstag in Regensburg
Verlegte die Residenz von Frankfurt nach Regensburg
⚭ 1731 Sophie, Markgräfin von Brandenburg-Bayreuth (1710–1739)

Carl Anselm
(1733–1805)
Fürst von Thurn und Taxis (1773–1805)
⚭ 1753 Augusta, Herzogin von Württemberg (1734–1787)

Karl Alexander
(1770–1827)
Fürst von Thurn und Taxis (1805–1827)
Letzter Kaiserl. Prinzipalkommissar u. Generalerbpostmeister
⚭ 1789 Mathilde Therese, Herzogin v. Mecklenburg-Strelitz (1773–1839)

Maximilian Karl
(1802–1871)
Fürst von Thurn und Taxis (1827–1871)
⚭ 1828 (1. Ehe) Wilhelmine v. Dörnberg, gen. „Mimi“ (1804–1835)

Maximilian Anton
(1831–1867)
Erbprinz v. Thurn und Taxis
⚭ 1858 Helene, gen. „Nené“, Prinzessin in Bayern (Siehe Stammtafel II)

Maximilian Maria (1862–1885) Fürst von Thurn und Taxis (1871–1885)	**Albert I. Maria Lamoral** (1867–1952) Fürst von Thurn und Taxis (1885–1952) ⚭ 1890 Margarete Klementine, Erzherzogin v. Österreich (1870–1955)

Kinder von Albert I. Maria Lamoral:

Franz Joseph (1893–1971) Fürst v. Thurn u. Taxis (1952–1971) ⚭ 1920 Elisabeth v. Braganza (1894–1970)	**Karl August** (1898–1982) Fürst v. Thurn u. Taxis (1971–1982) ⚭ 1921 Maria v. Braganza (1899–1971)	Louis Philipp (1901–1933) ⚭ Elisabeth v. Luxemburg (1901–1950)	Pater Emmeram (1902–1994)	Elisabeth Helene ⚭ Friedrich v. Sachsen (1893–1968)	Raphael (1906–1995) ⚭ Margarethe v. Thurn u. Taxis (1913–1932)	Philipp Ernst (1908–1964) ⚭ Eulalia v. Thurn u.Taxis
Gabriel (1922–1942) Prinz	**Johannes** (1926–1990) Fürst v. Thurn und Taxis (1982–1990) ⚭ 1980 Mariae Gloria von Schönburg-Glauchau (*1960)				Max Emanuel (* 1935) ⚭ Anna von Pocci	

Kinder von Johannes:

Maria Theresia (*1980)	Elisabeth (*1982)	**Albert II.** (*1983) Fürst v. Thurn und Taxis

DANKSAGUNG

Für die große Unterstützung bei den Recherchen und für die vielen fachlichen Hinweise danke ich allen, die mir behilflich waren, sehr herzlich.
Mein besonderer Dank gilt aber einem sehr dynamischen, fachlich ungewöhnlich versierten und interessierten jungen Mann, der mir durch seine unermüdlichen Recherchen über das Haus Thurn und Taxis immer wieder wertvolles Material hat zukommen lassen, Herrn Tobias Appl. Ohne seine Hilfe wäre es mir wahrscheinlich nicht möglich gewesen, in der mir zur Verfügung stehenden Zeit dieses Buch zu schreiben.
Weiters gilt mein Dank dem Archivdirektor des fürstlichen Archives, Herrn Dr. Martin Dallmeier, der mir alle vorhandenen Quellen in seinem Archiv zugänglich gemacht hat.
Ein besonderes Dankeschön möchte ich Herrn Dr. Konrad Maria Färber, dem Verlagsleiter des Buchverlages der Mittelbayerischen Zeitung, aussprechen, der mich zunächst auf das Thema des Buches aufmerksam gemacht hat und dem es letztlich gelungen ist, mich für das Leben und Wirken der Erbprinzessin Helene zu interessieren. Außerdem ist es ihm zuzuschreiben, daß mir Herr Tobias Appl namhaft gemacht worden ist.
Der Historikerin und Autorin zahlreicher Bücher über die bayerische und österreichische Geschichte, Frau Dr. Martha Schad, danke ich sehr herzlich für so manchen weiterführenden Hinweis, den sie mir in zahlreichen Privatgesprächen gegeben hat.
Daneben gilt auch mein Dank Herrn Horst Schad für seine Hilfe beim Auffinden wichtiger Stellen in Quellen, die das Leben der Erbprinzessin Helene betreffen.
Auch bei Herrn Dr. Drucker von der Staatlichen Bibliothek Regensburg bedanke ich mich für seine Hilfe, vor allem für die Möglichkeit, sämtliche Zeitungen der für mich interessanten Zeit durchsehen zu können.
Meiner Mutter, Frau Richilde Stöhr, bin ich zu großem Dank für die Übersetzung eines Buches über Kaiser Franz Joseph aus dem

Tschechischen verpflichtet. Im hohen Alter von fünfundachtzig Jahren übersetzte sie mir ein ganzes Buch, so daß mir auch diese Textstellen, die zum Teil neue Informationen enthielten, zugänglich gemacht wurden.

Eine gute Bekannte, eine in Australien namhafte Historikerin, Frau Dagmar Balcarek, schickte mir unermüdlich Hinweise auf Quellenmaterial und Sekundärliteratur zu dem von mir gewählten Thema. Ich bedanke mich bei ihr sehr herzlich.

Bei Ihrer Durchlaucht Fürstin Marie Gloria von Thurn und Taxis möchte ich mich für die Kooperation bedanken. Sie leitete meine Anfragen die die kompetente Stelle, zu Herrn Archivdirektor Dr. Martin Dallmeier, weiter.

Last but not least möchte ich mich beim Urenkel Kaiserin Elisabeths und Kaiser Franz Josephs, bei Erzherzog Markus von Habsburg-Lothringen für die vielen informativen Gespräche bedanken, die mir stets Anregungen gegeben und mich immer weiter geführt haben. Auch seinem Bruder, Erzherzog Dr. Michael von Habsburg-Lothringen gilt mein Dank für seine Auskünfte.

Sigrid-Maria Größing